Fritz Künkel

Einführung in die Charakterkunde

Nikol

Fritz Künkel

Einführung in die Charakterkunde

18. Auflage

Nikol

Nikol Verlagsgesellschaft mbH & Co. KG · Hamburg
www.nikol-verlag.de

Fritz Künkel, Einführung in die Charakterkunde

Nikol Verlagsgesellschaft mbH & Co. KG

Nachdruck der 18. Auflage mit freundlicher Genehmigung
des S. Hirzel Verlag, Stuttgart.

Umschlaggestaltung: Callena Creativ GmbH, www.callena.de
Abbildung auf der Umschlagvorderseite:
The Crowd von Diana Ong (Bildagentur Superbild, Berlin)
Printed in Germany

ISBN 3-933203-77-5

VORWORT

Wir wissen heute mehr über den menschlichen Charakter als in den vergangenen Zeiten, besonders in Hinsicht auf Gruppen- und Massenerscheinungen; aber die Grundlagen des menschlichen Handelns und unsere Einsichten in diese Grundlagen sind die gleichen geblieben.

Der Ausweg aus den Leiden und Schwierigkeiten, die unsere eigenen Fehler und anderer Leute Fehler in uns hervorrufen, ist noch immer derselbe: es ist der Weg vom Ich zum Wir. Nur ein kurzer Zusatz ist nötig, oder kaum noch nötig, nach den Erfahrungen der letzten zwanzig Jahre: die „Sachlichkeit", von der dieses Buch handelt, kann nicht mehr auf das sachliche Interesse – nämlich der Selbstentfaltung – einer Familie, einer Stadt oder eines Landes beschränkt bleiben. Wirkliche Sachlichkeit ist das Interesse an der Erhaltung und Entfaltung der Menschheit als Ganzes. Die Ichhaftigkeit eines Volkes ist genau so lebenswidrig, und darum krankhaft, wie die Ichhaftigkeit des Einzelmenschen. Das „Wir", in das wir hineinwachsen müssen, ist das Menschheits-Wir, der religiöse (nicht der politische) Organismus der Nationen. Wir müssen die Ichhaftigkeit im Individuum überwinden, ehe wir hoffen können, das Wir der Menschheit zu schaffen.

Los Angeles, Californien *Dr. Fritz Künkel*

Inhalt

Erster Teil
Form des Charakters

1. Ichhaftigkeit

Man stelle sich vor, daß ein alter Mann auf der Straße hingefallen ist und daß ein jüngerer herbeieilt, um ihm zu helfen. Eine solche Hilfeleistung kann zwei verschiedenen Zwecken dienen. Entweder ist ihr Zweck, daß dem Verunglückten geholfen werde, oder aber, daß der Helfer sich durch seine gute Tat ein Verdienst erwerbe. Überwiegt der erste Zweck, so nennen wir die Funktion des Handelnden „sachlich" oder „wirhaft", überwiegt der zweite, so nennen wir sie „ichhaft" oder „unsachlich".

Freilich werden immer beide Zwecke zugleich wirksam sein. Aber welcher von ihnen überwiegt, läßt sich leicht angeben, wenn man sich vorstellt, die Hilfeleistung sei nicht zustande gekommen. Dann wird der Helfer in beiden Fällen ein Bedauern spüren. Aber der sachlich Eingestellte wird an den Gegenstand seiner erfolglosen Bemühungen denken, an den verunglückten alten Mann. Er wird sich etwa fragen, wie es ihm weiterhin ergangen sein mag und ob er wohl allein nach Hause gehen konnte. Der ichhaft Eingestellte wird darunter leiden, daß er seine gute Tat nicht hat tun können. Er wird sich Vorwürfe machen oder sich zu entschuldigen suchen. Auf jeden Fall werden seine Gedanken sich mit ihm selber beschäftigen. Der eigentliche Gegenstand seiner Bemühungen war vorher derselbe, der er jetzt ist: sein liebes Ich.

Zweck jeder sachlichen Funktion ist der Dienst an der Welt (am Objekt); Zweck jeder ichhaften Funktion ist der Dienst am Ich (am Subjekt). Darum richtet sich der ichhaft Eingestellte, ob er es weiß oder nicht, ständig nach seiner Selbsteinschätzung. Er hat ein Ich-Ideal, das er zu erreichen strebt, ein Leitbild, wie wir es nennen, an dem er seinen Wert oder Unwert mißt. Alles, was geschieht, beurteilt er danach, ob es ihn seinem Leitbild näher bringt oder nicht. Jede Annäherung dorthin empfindet er als Glück, jede Entfernung als Unglück.

Das Leitbild kann sehr verschiedene Inhalte haben. Es kann etwa heißen: „Ich will reich sein wie Rothschild", oder „berühmt wie Goethe", oder „mächtig wie Napoleon", oder „fromm wie Luther", oder „leidend wie Christus am Kreuz". Immer aber ist das Ich-Ideal dadurch gekennzeichnet, daß sein Träger versucht, die Welt der Objekte, und das heißt auch die Mitmenschen, ihm dienstbar zu machen, während bei sachlicher Einstellung das Ich sich in den Dienst der Objekte stellt, und das heißt, auch den Mitmenschen dient.

In vielen Fällen bewirkt die Ichhaftigkeit, daß man sich mehr oder weniger deutlich bei seinen eigenen Handlungen zuschaut. Man steht auf Schritt und Tritt als sein eigener Kritiker neben sich, aber man ist sich nicht klar über den Sinn dieser seltsamen Form des Bewußtseins. Sie bedeutet nämlich nicht etwa ein besonders wachsames Gewissen, sondern sie bedeutet, daß man sich zu seinem eigenen Objekt macht, sich begutachtet und beaufsichtigt aus Angst vor Niederlagen oder, was dasselbe ist, aus Angst vor Abweichungen vom Ich-Ideal. – Aber die Zahl der Formen, in denen die Ichhaftigkeit auftreten kann, ist unendlich groß; und oft gehört ein gutes Stück Menschenkenntnis dazu, sie in ihren Verkleidungen und Verstecken aufzuspüren. Meist gelingt es noch leichter, die anderen zu entlarven als sich selber, denn die Entlarvung der anderen kann wiederum der Erhöhung des eigenen Ich zugute kommen. Und alles, was der Ich-Erhöhung dient, wird uns außerordentlich leicht.

Je ichhafter wir sind, um so deutlicher sind stets zwei einander entgegengesetzte Punkte auf der Stufenleiter der Selbsteinschätzung in uns wirksam. Je tiefer wir uns im Elend fühlen, um so höher liegt der Glückspunkt, auf den wir gleichzeitig Anspruch erheben. Je weniger Geld wir haben, um so größer ist die Erbschaft oder der Lotteriegewinn, den wir erträumen. Und je näher wir uns unserem Ideal fühlen, um so tiefer liegt der Punkt, vor dem wir uns fürchten. Je bedeutender ein Mensch zu sein glaubt, um so tiefer ist er gekränkt, wenn er auf der Straße von einem gewöhnlichen Sterblichen nicht gegrüßt wird. Je bedeutender er aber tatsächlich ist, um so ruhiger und gleichmütiger oder, wie wir nun sagen können, um so „sachlicher" bleibt er, auch wenn andere ihm unrecht tun.

Kennzeichnend für die Ichhaftigkeit ist immer die Unerbittlichkeit ihrer Forderungen. Das Ich wirkt wie ein Herrscher, der keinen Widerspruch duldet. Wer etwa das seltsame Ich-Ideal hätte, so unglücklich zu sein wie Hiob, der könnte sich hegen und pflegen lassen, soviel er wollte, er würde sich nur immer zäher in sein Unglück hineinbohren, und er würde, ohne es zu wissen, die raffiniertesten Kunstgriffe anwenden, um nur ja nicht glücklich zu werden. Denn glücklich sein wäre für ihn ein Unglück, es wäre der Untergang seines Ich-Ideals. Wir bezeichnen deshalb die Verhaltungsweise des ichhaften Menschen als Reizbarkeit oder Irritabilität, sein Jagen nach dem Leitbild, ohne Rücksicht auf den jeweiligen Inhalt, als Selbstvergottung und seine Haltung als Egozentrizität. – Wem diese Ausdrücke zu kraß erscheinen, der möge warten, bis er sich oder einen anderen in den Krisen eines Reifungsprozesses erlebt hat. Er wird dann merken, daß jedes Ich, auch das des verhältnismäßig wenig ichhaften Menschen, wenn es angegriffen wird, sich benimmt wie ein beleidigter Götze.

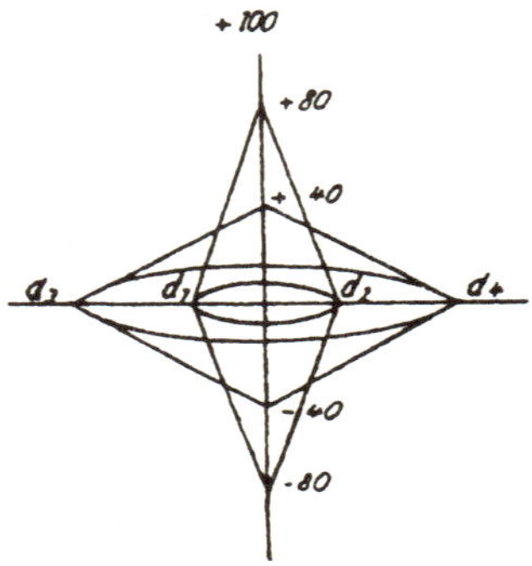

Abb. 1

Wir veranschaulichen uns das Verhalten des ichhaften Menschen durch eine senkrechte Linie, die wie ein Thermometer den Nullpunkt in der Mitte hat. Jeder Punkt über Null steht in Beziehung zu dem entsprechenden Punkt unter Null. Das heißt, je tiefer das Minderwertigkeitsgefühl eines Menschen ist, um so höher erhebt sich sein Geltungsbedürfnis und umgekehrt. Die ganze Linie stellt die Selbsteinschätzung des Menschen dar. In seinem Bewußtsein empfindet er aber nicht etwa die Größe der Spannung zwischen Geltungsbedürfnis und Minderwertigkeitsgefühl, also nicht die Entfernung des oberen Punktes vom unteren, sondern er fühlt jeweils die Entfernung eines der beiden Punkte von seinem Ich-Ideal, das man sich etwa auf + 100 vorstellen kann. (Vgl. hierzu Abb. 1.)

Die meisten Menschen haben somit nur den einen dieser beiden Punkte in ihrem Bewußtsein. Man fühlt sich entweder überlegen und sicher oder aber unterlegen und unsicher. Es kommt im gewöhnlichen Leben sehr selten vor und ist meist schon der Beginn eines Reifungsprozesses, daß man sich seines Minderwertigkeitsgefühls und seines Geltungsstrebens gleichzeitig bewußt wird. Es gibt sogar Menschen, die ihr ganzes Leben hindurch nur auf dem einen oder auf dem anderen Punkte zu stehen glauben. Die genauere Untersuchung zeigt aber ausnahmslos, daß auch in diesen Fällen beide Punkte ununterbrochen in Wirksamkeit sind.

Nehmen wir an, jemand habe das Ich-Ideal, ein guter Mensch zu sein. „Ein guter Mensch sein" entspricht also auf seiner Ich-Linie dem Punkte + 100. Er selber schätzt sich wahrscheinlich nicht als restlos gut ein, denn auch die Bescheidenheit gehört als notwendiger Bestandteil zu einem guten Menschen. Er fühlt sich etwa auf + 80. Aber durch eine kleine Beeinträchtigung seiner Güte, durch ein Stückchen Selbstsucht oder Eitelkeit, das er möglicherweise bei sich entdeckt, würde seine Selbsteinschätzung nicht etwa von + 80 auf + 75 sinken, sondern sie würde sofort von + 80 auf – 80 herabstürzen. Er würde sich nicht für einen guten Menschen mit einigen Fehlern halten, sondern er würde zerknirscht und zerbrochen sein und sich zu den Ruchlosesten aller Geschöpfe rechnen. In der Heftigkeit seines Schmerzes würde er sich aber wiederum einen Beweis für seine Güte erbringen, denn man muß doch sehr gut sein, wenn man über einen so kleinen Fehler so völlig in Verzweiflung geraten kann. – Was hier unter der Maske des Gutseinwollens auftritt, ist in Wirklichkeit die Liebe zum eigenen Ich. Denn nur auf der ichhaften Linie schwanken wir so heftig hin und her (darum eben ist die Irritabilität, die Reizbarkeit, ein Kennzeichen für die ichhafte Einstellung). Nur hier gibt es soviel Hinterlist und Selbstbetrug. Die wirkliche Liebe zum Guten liegt auf einer anderen Linie, auf der auch andere Gesetze gelten.

Ichhaftigkeit ohne Selbstbetrug ist nicht möglich. Auch wer offen sagt wie Richard der Dritte: „Ich bin gewillt, ein Bösewicht zu werden!“, täuscht nicht nur die Welt, indem er alle seine Schwächen durch Gewalttätigkeiten übertönt, sondern er täuscht auch sich selbst. Er verheimlicht sich nämlich, daß er nur haßt, weil er den Mut zum Lieben nicht aufbringt, und daß er „nein“ sagt zu den Freuden der Welt, weil er zu seinem eigenen Leiden nicht „ja“ sagen will. Jeder Hassende ist ein unglücklich Liebender, ohne es zu wissen. Aber davon soll später die Rede sein. Hier genügt es, festzustellen, daß jeder ichhafte Mensch sich selbst betrügt. Gründliche Einsicht und Ichhaftigkeit können nicht nebeneinander bestehen, darum wird die Einsicht durch die Ichhaftigkeit verhindert; und darum gibt es bei jedem Menschen (denn ein Stück weit ist jeder Mensch ichhaft) ein Stück Selbstbetrug aufzudecken und ein unbewußtes Gaukelspiel zu enthüllen. Je ichhafter aber ein Mensch ist, um so listiger gestaltet sich der Selbstbetrug, und um so listiger sind auch die Vorwände, mit denen er sich gegen seine Entlarvung verteidigt. Denn er fühlt sehr genau, ohne es sich einzugestehen, daß vor der Wahrheit seine Ichhaftigkeit zusammenbrechen müßte.

2. Sachlichkeit

Man denke sich einen Großstädter, der des Sonntags einen Ausflug machen will. Wenn er frühmorgens auf den Bahnhof kommt, hört er, daß der Zug, auf den er rechnete, an diesem Tage nicht verkehrt. Je ichhafter er ist, um so gründlicher wird dieses Mißgeschick ihm die Laune verderben; denn das Ziel des ichhaften Menschen liegt fest. Wenn er es nicht erreichen kann, ist seine Herrscherwürde gekränkt, und nur mit einem großen Aufwand von Flüchen oder Tränen kann er, gleichsam wie durch ein inneres Salutschießen, seiner gefährdeten Majestät wieder zu Ansehen verhelfen.

Der sachlich Eingestellte aber fragt sich, was er nun unternehmen könne. Er beschließt etwa, einen anderen Ausflug zu machen und zwar mit einem Zuge, der eine halbe Stunde später fährt.

Es zeigt sich hier, daß Sachlichkeit auch gleichbedeutend ist mit Anpassungsfähigkeit, und zwar durch Weiterentwicklung der eigenen Ziele. Der erste Ausflug, der vielleicht in den Wald gehen sollte, war ja nicht Endzweck, sondern er sollte als Mittel der Erholung dienen. Der gleiche Zweck, die Erholung, läßt sich aber durch ein anderes Mittel, z. B. durch einen Ausflug ans Wasser, ebensogut erreichen. Je anpassungsfähiger der Mensch ist, um so mehr Mittel stehen ihm zur Verfügung, um so produktiver ist er, und um so weniger braucht er auf sein Ziel zu verzichten.

Aber nehmen wir an, ehe der zweite Zug abgehe, setze ein Unwetter ein, und ein Ausflug sei überhaupt nicht mehr möglich. Dann würden wohl die meisten von uns niedergeschlagen oder verstimmt (und das heißt, in ihrer ichhaften Gottähnlichkeit gekränkt) nach Hause gehen. Je sachlicher man aber ist, um so leichter wird man sich in der neuen Lage zurechtfinden. Man wird sich, ohne viel Zeitverlust, an ein Buch setzen, oder man wird einen Besuch verabreden, oder man wird glücklich sein, nun endlich seine längst fälligen Briefschulden erledigen zu können.

Überall da, wo der Ichhafte einen Affekt, wie Zorn oder Niedergeschlagenheit, empfindet, zeigt sich beim Sachlichen eine zielsichere Tat. Der Ausflug (einerlei ob ans Wasser oder in den Wald) war ebenfalls nicht Endzweck, sondern nur ein Mittel im Dienste einer lebensvollen Gestaltung des Sonntags. Der gleiche Zweck läßt sich aber auch durch einen Besuch oder durch einen einsamen Nachmittag bei guten Büchern oder guten Briefen erreichen.

Sobald ein Ziel nicht mehr verwirklicht werden kann, tritt die Frage auf, welchem übergeordneten Zwecke es als Mittel dienen sollte, und durch welche anderen, noch nicht unmöglich gewordenen Mittel dieser übergeordnete Zweck nun erlangt werden kann. So wird das Unglück, die Unerreichbarkeit eines Zieles, nachträglich zum Glück, zur Produktivität, zum Hervortreten neuer und höherer Zwecke – aber nur für den sachlich eingestellten Menschen. (Der Ausdruck „Zweck" soll in diesem Zusammenhang ein vorläufig noch unbewußtes, aber doch schon wirksames Ziel bedeuten.)

Schon das Auftauchen neuer Mittel im Dienste eines alten Zieles kann man als etwas Schöpferisches bezeichnen. Man nennt es meistens: gute Einfälle haben. Ist aber das Ziel unerreichbar geworden, so würde nur ein Ichhafter weiterhin daran festhalten. Er würde dem Unmöglichen nachtrauern und sich aus seinem Kummer eine Märtyrerkrone machen. Denn seinem uneingestandenen Endzweck, der Ich-Erhöhung, dient der Schmerz über das nicht erreichte Ziel oft noch besser als der Stolz über das Erreichte (weil nämlich die Erreichung des Zieles eine neue Zielsetzung oder Zielentdeckung nötig machen würde, und dazu gehört ziemlich viel Sachlichkeit).

Dem sachlichen Menschen aber kann es an Zielen so wenig wie an Mitteln fehlen. Aus der unendlichen Pyramide der Zwecke, die in ihrer ganzen Unerschöpflichkeit jedem Einzelnen von uns innewohnt, tritt dem Sachlichen jeweils das nächste Ziel ins Bewußtsein, wenn das bisherige erreicht oder unerreichbar geworden ist. Man nennt diese ewige Frische des lebendigen Menschen: Schaffenskraft oder Originalität oder gar Genialität. Und man bildet sich ein, daß sie ein Vorrecht für einige Auserlesene wäre. Aber hinter dieser Ansicht versteckt sich schon eine Sicherung des lieben Ich. Denn wer zugeben würde, daß uns allen eine solche Produktivität zu eigen ist, wäre ja verpflichtet, seinen eigenen Mangel an Produktivität auf seine Ichhaftigkeit zurückzuführen; und das tut man nicht gern.

Man lasse sich durch den Ausdruck „Sachlichkeit" nicht verleiten, nur an trockene Geschäfte zu denken. Sachlich, nämlich so wie es die Sachlage verlangt, soll die Art des Funktionierens sein. Die Funktion, der Vorgang selber, wird dann meist zu einem Erlebnis, das nach dem heutigen Sprachgebrauch als das Gegenteil von sachlich empfunden wird, nämlich als urlebendig. Die sachliche Verhaltungsweise einem Menschen gegenüber ist die Menschlichkeit, und dem Geliebten gegenüber sachlich sein, heißt lieben. Gelassenheit und Begeisterung können ebenfalls sachlich sein (aber sie müssen es nicht); Gleichgültigkeit, Stumpfheit, Kälte, Fanatismus, Wut und alle Verkrampfungen sind dagegen stets ichhaft. Anders gesagt: man sollte das Wort Fanatismus nur anwenden wie ein blindwütiges Vorgehen im Dienste der Ichhaftigkeit selbst; wo es sich dagegen um Mut und zielbewußte Wagnisse handelt, sollte man von Begeisterung sprechen.

Furcht kann sachlich sein, denn der Lebenswille ist es ebenso; aber Angst kommt immer nur in Verbindung mit Ichhaftigkeit vor.

Alle Stürme des Gefühls, die tiefste Trauer und die hellste Freude, gehören zu den sachlichen Verhaltungsweisen des Menschen, denn wenn sie echt sind, stehen sie im Dienste des Lebens, weil sie ausnahmslos zu Taten führen. Je mehr sie aber durch Ichhaftigkeit verfälscht werden, je mehr die Trauer zur Gekränktheit, zum Zorn oder zur Niedergeschlagenheit wird, und je mehr die Freude zum stolzen Triumph ausartet, um so mehr geht das Gefühl in den Affekt über, und um so unfruchtbarer muß es verlaufen. – –

Wir stellen uns die sachlichen Verhaltungsweisen als konzentrische Kreise dar, die waagerecht durch den Nullpunkt der Ich-Linie gelegt sind. Das Subjekt denken wir uns im Mittelpunkt dieser Kreise, der gleichzeitig jener Nullpunkt ist. Die sachlichen Beziehungen sind die Radien, die ihn mit der Peripherie verbinden. Die Größe der Kreise versinnbildlicht den Grad der Sachlichkeit. Diese Verbundenheit des Menschen mit der Welt bezeichnen wir als seine Lebendigkeit oder Feinfühligkeit und stellen sie als Sensibilität der vorhin geschilderten Irritabilität gegenüber. (Vgl. Abb. 1.)

Man darf sich indessen durch dieses Bild nicht verführen lassen, nur denjenigen für sachlich oder sensibel zu halten, dessen Aufmerksamkeit und Tatkraft den Dingen des praktischen Lebens zugewandt ist. Der Ausdruck Sensibilität soll vielmehr darauf hinweisen, daß auch der feinfühlige Denker oder Künstler sachlich eingestellt sein kann, selbst wenn er so zurückgezogen lebt, daß ihn zeitweise nur die innere Schau noch mit der Welt verbindet. Entscheidend ist hier nicht, wo er seine Aufgabe sucht, sondern wie er sie in Angriff nimmt. Aber freilich sind die feinfühligsten Menschen auch am stärksten der Gefahr ausgesetzt, in Reizbarkeit zu verfallen und dadurch ihre Sachlichkeit zu verlieren[1].

Drückt man den Gegensatz der beiden Grundeinstellungen durch die Zielstrebigkeit aus, so ergibt sich als höchstes Ziel des ichhaften Menschen immer die Verwirklichung seines Ich-Ideals. Und wenn man noch genauer zusieht, steckt hinter jedem Streben nach dem „Obensein“ immer nur die Angst vor dem „Untensein“. Das Endziel des ichhaften Menschen ist stets negativ, es heißt: Vermeidung einer Katastrophe, Bewahrung und Sicherung des lieben Ich. Darum ist der Ichhafte in erster Linie „gegen“ irgend etwas, und nur im Dienste dieser Gegnerschaft ist er auch „für“ die Mittel, die er nötig hat. Sein letzter Bestimmungsgrund ist die Angst – und da es

[1]) C. G. Jung teilt bekanntlich die Menschen ein in Introvertierte und Extravertierte. Aber man darf nicht die Extraversion mit Sachlichkeit und die Introversion mit Ichhaftigkeit gleichsetzen. Beide Typen sind nur gekennzeichnet durch die Mittel, mit denen sie arbeiten; ihren Zielen nach können beide sowohl ichhaft als auch sachlich sein (L.* 2). – Bei Hans Künkel wird der sachliche Mensch als der „äonische“ geschildert (L. 4). Ricarda Huch bezeichnet ihn als „Persönlichkeit“; ihre „Entpersönlichung“ meint genau das, was wir als „Ichhaftigkeit“ darstellen (L. 1). Ichhaftigkeit kann mit Egozentrizität gleichgesetzt werden; sie ist aber nicht gleich Egoismus und auch nicht gleich Individualismus. Später wird sich zeigen, daß man sie höchstens als „erstarrten Individualismus“ definieren kann. Bogislav von Selchow braucht allerdings das Wort „ichhaft“ ganz im Sinne von „individualistisch“ (L. 7). Aber er unterscheidet dann eine gesunde und zeitgemäße von einer starren und überalterten Ichhaftigkeit.

* Der Buchstabe L. in den Anmerkungen bedeutet den Hinweis auf das Literaturverzeichnis am Ende des Buches.

über die Erhaltung des Ich hinaus keine weiteren Ziele geben kann, so ist die Zielpyramide hier schon zu Ende. Starr, unfähig zur Anpassung, ohne Wachstum, ohne Entwicklung, hängt das Ich, das zum Selbstzweck geworden ist, zwischen seiner starren Angst und seinem starren Ich-Ideal. Die Verabsolutierung des Ich ist das Gegenteil von Lebendigkeit. Die Selbstvergottung führt nicht, wie sie sollte, zur Sicherung des lieben Ich sondern zu seinem Untergang; sie ist die „Krankheit zum Tode".

Der sachliche Mensch dagegen ist nicht in erster Linie „gegen" das Unglück, sondern „für" das Glück[2)]. Er starrt nicht fasziniert oder hypnotisiert auf die Katastrophe, die ihm etwa drohen könnte; er bleibt mutig, lebendig und produktiv auch mitten in der Gefahr. Wenn ein Mittel versagt, findet er ein anderes; wenn die alten Ziele zerbrechen, tritt ihm ein Ziel höherer Ordnung ins Bewußtsein, und wenn er selber stirbt, weiß er, daß ein anderer seine Aufgabe übernimmt. Seine Zielpyramide ist unendlich; ihr Träger heißt nicht „Ich", sondern „Wir". Er fühlt sich als Teil eines Ganzen, einer Familie, eines Standes, eines Volkes, eines „Wir". So erweist sich der Begriff „Wirhaftigkeit" als eine Seite der „Sachlichkeit", und zwar als diejenige, die das Verhältnis der Subjekte zueinander betrifft. Sachlichkeit in engerem Sinne wird meist (unrichtigerweise) auf das Verhältnis zu den toten Objekten eingeschränkt. Wir gebrauchen es hier in weiterem Sinne, indem wir sagen: Wirhaft ist die sachliche Haltung gegenüber den Mitmenschen. – Auch der einsame Denker

2) Franz Schauer hat eingehend nachgewiesen, daß die Ichhaftigkeit stets einer primären Einstellung gegen das Negative entspricht, während Sachlichkeit die primäre Einstellung für das Positive bedeutet.

oder Künstler, der von seinen Zeitgenossen nicht viel hält und der sich ganz in seine Arbeit zurückzieht, kann wirhaft eingestellt sein. Er dient der Wahrheit oder der Schönheit, und das heißt, er dient dem Leben; und diesen Zielen, die weit über sein Ich hinaus liegen, bringt er sein Dasein zum Opfer. Seine Produktivität reicht genau so weit wie seine Wirhaftigkeit. Ichhaftigkeit ist im Grunde stets unlebendig und unfruchtbar, auch wenn sie an der Oberfläche noch so lebhaft und beweglich zu sein scheint.

3. Das Charakterbild

Es gilt das Gesetz: Je reizbarer ein Mensch ist, je stärker auf seiner Ich-Linie die Spannung zwischen Minderwertigkeitsgefühl und Geltungsbedürfnis hervortritt, um so kleiner ist der Kreis seiner sachlichen Beziehungen, und umgekehrt. Oder anders ausgedrückt: *Die Sensibilität ist umgekehrt proportional der Irritabilität.* – Durch diesen Satz sind die Grundbegriffe der dialektischen Charakterkunde festgelegt.

Der waagerechte Kreis der sachlichen Beziehungen wird um so kleiner, je weiter die dazugehörigen Punkte der Ich-Linie vom Nullpunkt entfernt liegen. Ein sehr reizbarer Mensch verträgt sich schlecht mit seiner Umgebung. Er ist leicht beleidigt und meist auch anspruchsvoll oder klageselig; darum meidet man ihn, sobald es irgend möglich ist. Der Kreis seiner Freunde wird immer kleiner. Neue Bekanntschaften wachsen sich nie zu Freundschaften aus; und selbst wenn äußerlich ein großer Verkehrskreis vorhanden ist, herrscht innerlich trotzdem stets zunehmende Einsamkeit. Das „Wir“ vertrocknet. Auch zu den Dingen hat der reizbare Mensch oft kein sachliches Verhältnis. Er leidet unter „der Tücke des Objekts“. Wenn ihm ein Schuhband reißt, fühlt er sich genau so gekränkt, als ob ein Feind ihm einen bösen Streich gespielt hätte. – Ein solcher Charakter entspricht in unserem Bilde dem Doppelkegel, der zwischen + 80, d_1, – 80 und d_2 gelegen ist.

Im äußersten Falle wachsen Minderwertigkeitsgefühl und Geltungsbedürfnis ins Unendliche. Man glaubt, von aller Welt im Stich gelassen, verraten, gehaßt oder gar verfolgt zu sein; und gleichzeitig hält man sich für den Erlöser der Welt. Die Berührung mit der Wirklichkeit ist alsdann auf einen winzigen Punkt zusammengeschrumpft. Man ist für keine Korrektur oder Kritik mehr zugänglich; die letzte Verbindung mit dem allgemein Menschlichen, nämlich der Logik, wird nicht mehr als zwingend anerkannt. Der Doppelkegel ist in eine unendliche senkrechte Linie übergegangen, der horizontale Kreis der Sachlichkeit ist verschwunden. Auch der letzte Schein des „Wir“ ist verloren, und nur noch das starre, zum Abgott gewordene Ich bleibt übrig. Darum fallen jetzt das Ich und das Ich-Ideal zusammen in eine Größe oder in ein Nichts. – Das ist der Beginn des Wahnsinns.

Im entgegengesetzten Falle wird die Linie der Ichhaftigkeit gleich Null und der Kreis der Sachlichkeit unendlich groß. Kein Mißerfolg kann dann kränken, kein Gelingen kann stolz machen. Die Feinfühligkeit aber, die Einsicht in das Wesen der Welt, und die freie Verfügung über Mittel und Ziele sind ins Grenzenlose gewachsen. Das Ich steht völlig im Dienste des Wir: Das ist der Held oder der Heilige.

Beide, der Heilige und der Irre, leben an den Grenzen des Menschlichen. Wir anderen befinden uns zwischen ihnen in der Mitte. Wir bewegen uns bald mehr auf der einen, bald mehr auf der anderen Seite. Der Sinn des Lebens aber ist das Wachsen der Kreise. – Es gibt jedoch auch einzelne Menschen, die auf der waagerechten Ebene weite Kreise beherrschen und trotzdem, meist durch spätere Schicksale, doch noch sehr ichhaft werden. Man denke etwa an Napoleon I. Solche „dämonischen Naturen“ steigern durch ihr Wirken die allgemeine Ichhaftigkeit außerordentlich stark.

An der Stelle, wo in unserem Bilde der Doppelkegel auf den waagerechten Kreisen steht (z. B. in d_1 und d_2), machen sich Verankerungen bemerkbar, die sein Weiterwachsen in der waagerechten Richtung verhindern, so daß er gleichsam gezwungen ist, sich in senkrechter Richtung zu vergrößern.

Ein Pessimist sieht die Welt durch eine schwarze Brille an. Er bemerkt ihre Helligkeiten nicht. Wohin er sieht, erblickt er Mißerfolge, Undank, Krankheit, gescheiterte Hoffnungen, Not und Verderben. Und da er die entgegengesetzten Eindrücke nicht in sich aufnimmt, kann er auf Grund seiner eigenen Erfahrungen den Pessimismus niemals überwinden. Im Gegenteil, seine Erfahrungen liefern ihm von Jahr zu Jahr nur immer neue Beweise für die Richtigkeit seiner Weltanschauung.

Diese unsachliche Auswahl und die dazugehörige unsachliche Verarbeitung des Beobachtungsmaterials bilden ein unbewußtes System zur Aufrechterhaltung des einmal gewonnenen Weltbildes. Dieses Weltbild aber ist wieder ein Mittel zur Sicherung des eigenen Ich. Und so kommt es, daß der Pessimist für seinen Pessimismus kämpft wie ein König für seinen Thron. Er will lieber unglücklich sein und recht behalten, als unrecht haben und glücklich sein.

Wir bezeichnen eine solche Fälschung der Wirklichkeit als tendenziöse Apperzeption oder, deutsch und bildlich, als ichhafte Brille. Die tendenziöse Apperzeption ist oft so stark, daß der ichhafte Mensch überall, wo geredet wird, seinen Namen zu hören meint. Wo gelacht wird, glaubt er zu bemerken, daß man über ihn lacht, und wenn er etwas sagt, rechnet er damit, daß der Eindruck seiner Worte nie verlorengehen kann.

Die Wirkung dieser ichhaften Brille macht sich in zwei verschiedenen Richtungen bemerkbar. Erstens ergibt sie einen hohen Grad von Einheitlichkeit und Geschlossenheit des Charakters, so daß man oft Persönlichkeiten findet, deren Ansichten, Erlebnisformen und Verhaltungsweisen bis ins kleinste miteinander übereinstimmen und ein nahezu unangreifbares (scheinbar „wahres") Weltbild ergeben. Und trotzdem ruht dieses System auf falschen Voraussetzungen, führt zu falschen Ergebnissen und treibt mit Notwendigkeit in die Katastrophen eines Zusammenbruchs hinein. Andererseits bewirkt die ichhafte Brille die schon erwähnte Festigkeit und Starrheit des Charakterbildes. Die tendenziösen Apperzeptionen stehen wie Pflöcke der sachlichen Entwicklung im Wege. Sie lassen sich oft als willkürliche Behauptungen formulieren, die aber für ihren Träger die Form und die Wirksamkeit von Naturgesetzen annehmen. Solche Behauptungen lauten etwa: „Ich bin unbegabt", oder „ich bin begabt", oder „die anderen müssen für mich sorgen", oder „alle Frauen sind unlogisch", oder „alle Männer sind schlecht".

Diese Ansichten, die gleichsam den festgewordenen Niederschlag tendenziöser Erfahrungen darstellen, bezeichnen wir als Dressate, weil sie durch eine Art von Dressur ohne das Dazutun ihres Trägers zustande kommen. Die Frage aber, wie sie im einzelnen entstehen, wie ihre Entstehung zu verhindern wäre und wie sie überwunden werden können, wo ihre Entstehung nicht verhindert werden konnte, soll in den folgenden Kapiteln ausführlich beantwortet werden.

Nicht nur Einsichten, Meinungen, Verhaltungsweisen und Lebensgewohnheiten, sondern auch körperliche Zustände und Krankheiten, die als Folgen unnatürlicher Verhaltungsweisen auftreten, werden durch derartige Dressate hervorgerufen. Jemand hat z. B. die Überzeugung, daß alle Menschen unzuverlässig und hinterlistig seien. Sich selbst aber hält er, gerade wegen dieser „Einsicht", für klüger als alle anderen. Er wird infolgedessen verschlossen und einsam durchs Leben gehen. Vielleicht zeigt er nach außen eine gewisse Liebenswürdigkeit oder gar Hilfsbereitschaft. Aber auch diese Eigenschaften wird er nur verwenden, um sich die Menschen innerlich fernzuhalten, und jede ernsthafte Annäherung wird er mehr oder weniger geschickt zu verhindern wissen.

Die mit Höflichkeit übertünchte Zurückhaltung muß in allen seinen Bewegungen, in seinem Mienenspiel, in seiner Haltung, seinem Gang und seiner Handschrift zum Ausdruck kommen. Ja, es kann keine einzige Funktion seines Körpers geben, in der sich diese Grundeinstellung nicht bemerkbar machte. Wer sich darauf versteht, wird in der Art der Atmung, in der Stimmbildung, in der Durchblutung der Haut und vor allem auch im Muskelspiel der

Augen, im sogenannten „Blick“, erkennen können, mit wes Geistes Kind er zu tun hat. Daß aber eine bestimmte Art der Atmung mit bestimmten Lungenkrankheiten und daß eine bestimmte Art des Blutumlaufes mit bestimmten Erkrankungen der Blutgefäße und des Herzens zusammenhängen, dürfte ohne weiteres klar sein. Den erfahrenen Lungenärzten ist es längst bekannt, daß die Tuberkulose nur heilbar ist, wenn es gelingt, den Kranken zur Lebensbejahung zu bringen. Daß aber die ichhaften, starren und „bösen“ Menschen an qualvollen Krankheiten zugrunde gehen, haben bisher nur fromme alte Großmütter geglaubt. Durch die Forschungen der neuesten Zeit und besonders durch die Erfahrungen der „Rothenburger Atemschule“ rücken diese Zusammenhänge in ein überraschend helles Licht.

Die Dressate wirken sich um so starrer und lebensfeindlicher aus, je mehr das Ich sie zu seiner Sicherung nötig hat. Je stärker also die Spannung zwischen Minderwertigkeitsgefühl und Geltungsstreben ausgebildet ist, um so schwerer lassen sich die Hemmnisse überwinden, die einer sachlichen Weiterbildung des Charakters im Wege stehen. Je ichhafter der Mensch ist, um so geringer ist seine Anpassungsfähigkeit, Wachstumsfähigkeit und Erlebnisfähigkeit; und das heißt, um so mehr gleicht er einem toten Gegenstand, einem Nur-Objekt.

4. Die Charakteränderung

Die mehr ichhafte oder mehr sachliche Einstellung, die durch das Bild der senkrechten Linie und der waagerechten Kreise veranschaulicht wird, ist nicht etwa eine angeborene und unveränderliche Eigenschaft. Sie entwickelt sich erst während des individuellen Lebens, erreicht allmählich eine gewisse Widerstandsfähigkeit und bricht früher oder später (spätestens wohl während des Sterbens) in den Krisen der Reifungsprozesse zusammen.

Fragt man sich nun, welche Veränderungen erstens während der Entstehung, zweitens während des Ausbaues und drittens während des Zusammenbruchs dieser Charakterform vor sich gehen, so findet man, daß hier nur zwei verschiedene Arten von Ereignissen in Betracht kommen, deren jede wieder in zwei verschiedenen Formen verlaufen kann.

Ein Kind spielt mit Zündhölzern. Es gelingt ihm, ein Hölzchen zu entzünden. Es hat sein Ziel erreicht; die aufgewandten Mittel haben sich als tauglich erwiesen. Es hat sich im Objekt, in den Zündhölzern, etwas geändert; ein Holz ist verbrannt. Aber im Subjekt, im Kind, hat sich nichts geändert. Es hat nur noch einmal die Erfahrung gemacht, daß man auf die ihm schon bekannte Weise Zündhölzer in Brand setzen kann. Es liegt eine positive Erfahrung vor, die aber nichts Neues enthält. Das schon bestehende Wissen um die Objekte wird bestätigt, und die Wiederholung der gleichen Mittel zur Erreichung des gleichen Zieles wird für die Zukunft vorbereitet. Wir sprechen alsdann von Gewöhnung und Übung.

Nehmen wir aber an, das Kind verbrennt sich. Es erreicht sein Ziel nicht vollständig. Denn es muß das gewünschte Aufflammen des Hölzchens mit einem übergroßen Preis, nämlich mit dem Schmerz an den verbrannten Fingern, bezahlen. Es liegt eine schlechte Erfahrung vor. Gewisse Eigenschaften des Feuers waren bisher unbekannt und wurden nun „Erfahrung“. Dadurch aber wurden die bisher für tauglich erachteten Mittel (das Anzünden des Holzes) als untauglich für den bisherigen Zweck (für die Herstellung einer Flamme) erkannt. Darum ist die Erfahrung negativ; sie verkleinert den Kreis der zur Verfügung stehenden Mittel. Und es fragt sich nun, ob das Kind sein bisheriges Ziel noch aufrechterhalten kann.

Sowohl die positive wie auch die negative Erfahrung beziehen sich auf die Objekte, die dem Subjekt als Mittel dienen. Bei der negativen Erfahrung aber tritt außerdem eine Beeinflussung des Subjektes hervor. Denn wenn das Kind auf Grund negativer Erfahrung das Spiel mit den Zündhölzern aufgibt, so verzichtet es nicht nur auf ein Mittel, sondern auch auf ein Ziel. Der Verzicht auf das Ziel aber beeinträchtigt das Subjekt. Man vergleiche diesen Vorgang mit dem vorhin geschilderten Verhalten des Großstädters beim Sonntagsausflug, und man wird finden, daß es sich in beiden Fällen um die Frage handelt, welches Ziel weiterhin verfolgt wird. Dort erweist es sich als wünschenswert, daß das nächst höhere Ziel in Wirksamkeit tritt, weil das bisherige nicht mehr erreicht werden konnte. Hier ist es wünschenswert, daß das bisherige Ziel (das Ziel mit den Zündhölzern) festgehalten werde, trotzdem die dazu nötigen Mittel eine Voraussetzung aller Ziele, das körperliche Wohlbefinden des Kindes, in Gefahr bringen.

Wenn nämlich das Kind die Sicherung seines Wohlbefindens für wichtiger hält als die Erreichung seines Zieles, muß es auf Grund seiner negativen Erfahrungen mit den Zündhölzern diese Objekte in Zukunft meiden. Es handelt nach dem Satze: „Gebranntes Kind scheut Feuer.“ Eine Voraussetzung, die als allgemeines und selbstverständliches Mittel kaum beachtet wurde, das Wohlbefinden, droht nun zum Selbstzweck zu werden. Das Kind wagt nicht mehr, sein Wohlbefinden einer Gefahr auszusetzen. Es errichtet das Dressat: „Nie mit dem Feuer spielen“, und damit ist es als ein entmutigtes Kind, oder wie wir auch sagen können, als ein Subjekt mit eingeschränkter (erstarrter) Freiheit charakterisiert.

Den Vorgang der Entmutigung bezeichnen wir – im Gegensatz zur negativen Erfahrung – als negatives Erlebnis. Er stellt sich in unserem Bilde als eine Einschränkung des waagerechten Kreises und ein Anwachsen der senkrechten Linie dar. Die negative Erfahrung läßt dagegen den Kreis unverändert; sie verbessert nur gleichsam seine Peripherie. Die Erfahrung läßt kalt, aber das Erlebnis schlägt Flammen. Es erschüttert, stellt alles in Frage, ängstigt und begeistert und drängt zur Entscheidung.

Ein Naturgesetz, das für die Objekte zutrifft, nämlich daß man sich unter gewissen Bedingungen an den Zündhölzern verbrennt, wird irrtümlicherweise durch ein Subjekt, das an seiner Subjektivität verzweifelt, auf das Subjekt selber bezogen. Dann lautet dies Naturgesetz: „Wenn ich Streichhölzer anzünde, verbrenne ich mich.“ – Dieser Satz ist falsch, wird aber von dem Subjekt, das hier gleichzeitig der Gesetzgeber ist, respektiert, als ob er unentrinnbar wäre. Denn dahinter steht die Erfahrung: „Wenn ich mich verbrenne, muß ich leiden", und die Willensentscheidung: „Ich will lieber auf meine Ziele verzichten, als leiden." Das Subjekt, der handelnde Mensch, ist von nun an vor allem „gegen" eine Minderung seiner Subjektität und nicht mehr „für" die Eroberung der Welt. Die tiefste Bestimmung seines Charakters ist nicht mehr positiv, sondern negativ. Seine Selbsterhaltung, die nur Mittel sein sollte im Dienste höherer wirhafter Ziele, ist ihm zum Endziel geworden. Die Angst um sein Ich hat zur Erstarrung der Zielpyramide geführt.

Wenn es aber dem Erzieher gelingt, den Mut des Kindes in diesem kritischen Augenblick zu retten, so läßt das Kind sein bisheriges Ziel, das Spiel mit dem Feuer, nicht fahren. Es wird alsdann auf neue Mittel sinnen, um die notwendige Voraussetzung seiner Zielstrebigkeit, nämlich sein körperliches Wohlbefinden, nach Möglichkeit zu schonen und trotzdem sein Ziel zu erreichen. Es wird die Schmerzen als Preis für seine innere Entfaltung zunächst mit in Kauf nehmen, auch wenn es sich noch dreimal oder fünfmal verbrennt. Und dann wird es wissen, wie man die Zündhölzer anfassen muß, um sich nicht zu verbrennen.

Aus der schlechten Erfahrung ist eine gute geworden. Das Kind weiß mehr, als es vorher wußte, der Bereich seiner Mittel hat sich erweitert. Aber unvergleichlich viel wichtiger als dieser Zuwachs an verstandesmäßigem Wissen und technischer Fertigkeit ist der Wachstumsprozeß, der sich gleichzeitig im Subjekte vollzogen hat. Das Subjekt ist „größer" geworden. Sein Mut ist gewachsen. Seine Fähigkeit, die Objekte in seinen Dienst zu stellen, ist in demselben Maße gestiegen wie seine Leidensfähigkeit. Es wird sich in Zukunft durch die Widerwärtigkeiten der

Außenwelt weniger beeinträchtigen lassen als bisher. (Der Doppelkegel verliert an senkrechter Ausdehnung und wächst dafür in die Breite.)

So gewöhnt sich der werdende Mensch an die Wahrheit, die aller lebendigen Entfaltung zugrunde liegt, daß nämlich das Leben nicht geradlinig fortschreitet, sondern nur in gebrochenen Linien; und daß die schöpferische Kraft der Wirklichkeit nur durch die Überwindung von Leiden und nur durch den Verzicht auf die Ansprüche des eigenen Ich zur Entfaltung kommt. Was das Kind hier gelernt hat, ist das Äußerste, das überhaupt erlernt werden kann, nämlich der Dreischritt von „Ja", „Nein" und „Trotzdem". Es ist der Schritt, in dem die Menschheit ihren Weg zur Reifung gehen muß[3]. –

Wer auf den Unterschied zwischen Erfahrungen und Erlebnissen sorgfältig achtet, wird auch verstehen, daß ein ichhafter Mensch durch noch so viele Erfahrungen nicht geändert werden kann. (Das ist wichtig für das Problem der Strafe.) Er wird im Laufe der Jahre zwar klüger, das heißt, er lernt die Mittel für seine ichhaften Zwecke immer bewußter auszunutzen, aber er wird nicht weise, er vermag nicht von den ichhaften Zwecken loszukommen und sich den wirhaften Zwecken zuzuwenden. Seine Charakterform ändert sich nicht, sondern seine Dressate werden immer feiner ausgearbeitet. Aber gerade diese Dressate machen ihn erlebnisunfähig; sie berauben ihn der inneren Lebendigkeit, denn sie haben ja den Zweck, sein Ich zu

3) Dialektisch gesehen erscheint die positive Erfahrung als These (als Ja), die negative Erfahrung als Antithese (als Nein), das positive Erlebnis als Synthese (als Trotzdem), das negative Erlebnis als Katathese (als Dann-nicht). Man vergleiche hierzu „Charakter, Wachstum und Erziehung", Kapitel 7.

schützen. Das einzige Erlebnis, das ihm zuteil werden könnte, würde im Zusammenbruch der Ichhaftigkeit und in der Überwindung der Dressate bestehen. Darum wird das Erleben um so schmerzhafter, je starrer die Ichhaftigkeit ausgebildet ist. Und jeder Mensch hat einmal zu wählen zwischen der leeren und quälenden Erlebnisunfähigkeit und dem Leiden des wieder aufflammenden Erlebens in der Ich-Katastrophe.

Zweiter Teil

Werden des Charakters

5. Beginn der Ichhaftigkeit

Ein Kind von etwa zwei Jahren baut einen Turm. Die Mutter kommt dazu und freut sich über das Bauwerk. Das Kind freut sich wieder über die Freude der Mutter und sucht seinen Bauklötzen immer neue Wirkungen abzugewinnen. Die Mutter aber begnügt sich nicht mit ihrer Freude. Sie lobt, und zwar lobt sie nicht den Turm, sondern das Kind. Auch das Lob spornt den Eifer des Kindes an, indessen ändert sich nun der Zweck seiner Bemühungen. Es will zwar auch jetzt noch ein schönes Gebäude aufführen, aber nicht mehr sachlich, um des Gebäudes willen, sondern ichhaft, um des mütterlichen Lobes willen. Es arbeitet nicht mehr im Dienste der Sache, sondern im Dienste seiner Ich-Erhöhung. – Für die Mutter erweist es sich demnach als sachlich richtig, die Leistung des Kindes zu loben, aber als verderblich, das Kind selbst zu loben. Und es wird sich alsbald zeigen, daß der Grund für den letztgenannten Fehler wieder in der Ichhaftigkeit der Mutter zu suchen ist.

Noch deutlicher ergibt sich das gleiche, wenn es sich nicht ums Loben, sondern ums Tadeln handelt. Nehmen wir an, der Turm falle um. So würde es sich zunächst fragen, wie sich das Kind zu dieser negativen Erfahrung verhält. Ist es noch sachlich eingestellt, so wird es an seinem Ziele festhalten und seine Mittel zu verbessern suchen. Das heißt, es fängt von neuem an zu bauen und wird nicht müde, bis es seinem Material das Geheimnis der Statik abgelauscht hat. Dann gelingt der Turmbau, die negative

Erfahrung wird positiv, das drohende negative Erlebnis ist vermieden und durch ein positives ersetzt worden. Das Kind hat in seiner Entwicklung einen Schritt vorwärts gemacht.

Je stärker aber das Kind schon in die ichhafte Einstellung hineingeraten ist, um so früher wird es auf die wiederholten Mißerfolge bei seinen bautechnischen Versuchen mit Zorn oder mit Tränen antworten. Dann aber würde das negative Erlebnis Tatsache werden, und die Mutter würde sich gezwungen sehen, einzugreifen.

Nehmen wir aber zunächst an, das Kind sei beim dritten oder vierten Versuch noch nicht zornig, sondern nur einfach traurig, und es fange an zu weinen. Und nehmen wir weiter an, die Mutter setze sich freundlich zu ihm auf die Erde, um ihm zu helfen. – Was lernt das Kind aus diesem Vorgang?

Das Kind lernt, daß Erwachsene mehr können als Kinder (das ist diejenige negative Erfahrung, die später den Inhalt des Minderwertigkeitsgefühls bildet). Und es lernt ferner, daß man als Kind nicht imstande ist, einen Turm zu bauen (das ist das negative Erlebnis, das das Minderwertigkeitsgefühl in seiner Form bedingt). Man wird also nie wieder versuchen, sich an eine so schwere Aufgabe wie einen Turmbau heranzuwagen. (Das ist das Dressat „ich kann nicht“, von dem das Kind für lange Zeit nicht mehr loskommen wird.) Drittens aber lernt es noch: Wenn man ganz außerordentlich traurig ist, kommt ein Erwachsener und erfüllt einem den Wunsch, den man sich selbst nicht erfüllen kann. (In dieser positiven Erfahrung liegt der Inhalt des Geltungsbedürfnisses, das später die Form eines Dressats annimmt und etwa lautet: „Man muß mich bedienen.") – Wenn das Kind am nächsten Tage wieder mit seinen Bauklötzen spielt, wird es, um den fertigen Bau zu erreichen, dasjenige Mittel anwenden, das sich als zweckentsprechend erwiesen hat, es wird nicht Bauklötze aufeinanderschichten, sondern jämmerlich weinen.

Je öfter die Mutter das Mitleid walten läßt, um so ausschließlicher drängt sie ihr Kind in jene Dressate, jenes Minderwertigkeitsgefühl und jenes Geltungsstreben hinein. Es wird sich später nie anders zu helfen wissen als dadurch, daß es leidet und klagt, bis ein anderer kommt und ihm dient.

Auch hier wird sich bei genauerem Zusehen erweisen, daß es die Unsachlichkeit, die Ichhaftigkeit der Mutter ist, die sie veranlaßt, dem Kinde die Leistungen abzunehmen, anstatt es den Weg zur Leistung auf eigene Faust finden zu lassen.

Ist die Ichhaftigkeit der Mutter anders geartet, so glaubt sie vielleicht, dem Kinde mit strenger Belehrung zu helfen. Dann lernt das Kind zunächst das gleiche wie im vorigen Falle, nur weit krasser: „Die Erwachsenen können alles, und die Kinder können nichts. Darum muß man alles tun, was die Mutter verlangt. Man muß die Bausteine so und so übereinanderlegen, weil die Mutter es so haben will." Es sind nicht mehr die unerschöpflichen Geheimnisse des Materials, denen das Kind nachspürt, sondern es ist die mütterliche Gesetzgebung, der man gehorcht: „So macht man es und nicht anders, sonst ist man dumm"; oder „sonst ist man kein artiges Kind"; oder „sonst hat dich die Mutter nicht lieb".

Man stelle sich vor, was aus dem Kinde werden muß, wenn die Mutter bewußt oder unbewußt ein solches Verhalten zur Richtlinie ihrer Erziehung macht. Alles Spiel muß ersterben. Alles, was man noch tut, tut man nicht mehr aus der schöpferischen Fülle des Kinderlebens heraus, sondern nur, weil die Mutter sagt, daß man es tun soll. Was noch übrigbleibt, ist ein gehorsamer, willenloser kleiner Sklave.

Je stärker sich das Minderwertigkeitsgefühl ausbildet, das durch derartige negative Erlebnisse gezüchtet wird, je gründlicher der kleine Sklave also lernt, daß er den Aufgaben des Lebens nicht gewachsen ist, um so mehr muß er versuchen, die Mutter in seinen Dienst zu stellen und sie seinerseits zum Sklaven zu machen. Ohne sich über den Sinn seines Verhaltens klar zu sein, wird er bald durch Mißerfolge und Tränen, bald aber auch durch Zärtlichkeit und Schmeichelei das Mitleid und die Aufmerksamkeit der Mutter auf sich zu ziehen suchen. Alle seine Handlungen sind begleitet von einem „Mutter, sieh mal". – Und die Mutter ist vielleicht sogar beglückt (nämlich in ihrer Ichhaftigkeit geschmeichelt) durch die innige Anhänglichkeit ihres Kindes.

Was sich hier im kindlichen Charakter vollzieht, bezeichnen wir als Umfinalisierung. Ein Lebensvorgang (das Bauen) wird seinem ursprünglichen Zweck entfremdet und als Mittel zu einem anderen Zwecke mißbraucht. Er dient nicht mehr dem überpersönlichen Leben, sondern dem persönlichen und begrenzten Zwecke des Kindes, mit dem er von sich aus gar nichts zu tun hat, nämlich Eindruck auf die Mutter zu machen. Ebenso ißt ein Kind, um satt zu werden. Nach der Umfinalisierung ißt es, um der Mutter zu gefallen. Oder es will zuerst nicht essen, um im Spiel nicht gestört zu werden. Nach der Umfinalisierung will es nicht essen, um die Aufmerksamkeit der Mutter beliebig lange zu fesseln.

Die Umfinalisierung besteht also darin, daß ein Lebensvorgang aus seinem sachlichen Zweckzusammenhang losgelöst und in den Dienst eines ichhaften Sonderzweckes gestellt wird. Aber man kann beobachten, daß die meisten Lebensvorgänge bald darauf wieder in den Dienst ihrer natürlichen Zwecke treten, wenn die besonderen Gründe für die Umfinalisierung wegfallen. Die Wiederherstellung der ursprünglichen Ordnung bleibt aber aus, wenn eine wichtige Vorbedingung des Subjekt-Seins selber gegen eine gefährliche Störung geschützt werden soll und wenn Grund zu der Annahme vorliegt, daß diese Vorbedingung auch weiterhin noch in Gefahr sein könnte. In unserem Beispiel und in den weitaus meisten Fällen der Wirklichkeit ist es das gute Einvernehmen zwischen Mutter und Kind, das dem Kinde durch das Verhalten der Mutter gefährdet zu sein scheint. Wie im Beispiel vom Spiel mit den Zündhölzern das körperliche Wohlbefinden, so bildet hier die gute Beziehung zur Mutter eine so unerläßliche Voraussetzung für alle weiteren Lebensvorgänge, daß in Zukunft das gesamte Verhalten des Kindes durch die Rücksichtnahme auf diese Beziehung beeinflußt wird. Auch hier kann man sagen: „Gebranntes Kind scheut Feuer."

Das Kind erlebt eine Gefahr, es hat ein negatives Erlebnis; daraufhin verzichtet es auf alle weiteren Ziele und macht die Verhütung dieser Gefahr zum Gipfel seiner Zielpyramide. Was bisher Mittel war, ist jetzt Zweck geworden. Alles, was das Kind hinfort tut, hat den Zweck, ihm die Lieber der Mutter zu sichern, und das heißt, ihm sein

Leben zu sichern. Die Zielpyramide ist erstarrt im Anhauch der ersten furchtbaren Angst. Das „Wir“ zwischen Mutter und Kind hat versagt. Es gab einen Augenblick, in dem dieses Wir, ohne das kein Kind leben kann, nicht mehr da zu sein schien. Die Voraussetzung des Lebens war bedroht; alles Gleichgewicht außen und innen war erschüttert. Ein grauenhafter Abgrund tat sich auf; und seitdem ist es das Wichtigste von allem, daß die Wiederholung dieses Augenblicks vermieden werde. Auch hier bleibt die tiefste Bestimmung des Charakters von jetzt ab nicht mehr positiv, sondern negativ; das Kind ist seiner Grundeinstellung nach nicht mehr „für“, sondern „gegen“ etwas. – Auch wo der Wirbruch nur von ferne gedroht hat, ist er erfolgt; denn ein Wir, das einmal in Frage gestellt werden konnte, ist nachher nicht mehr das alte, harmlose Wir; das tiefste Vertrauen ist nicht mehr vorhanden; es kann erst viel später in ganz anderer Gestalt – nämlich als „Reifendes Wir“ – wieder lebendig werden. Das Kind ist entmutigt, ist ichhaft und erlebnisunfähig geworden. Die Umfinalisierung seiner sonst ins unendliche gerichteten Lebensvorgänge auf den nunmehr starren Gipfel seiner Lebenspyramide, nämlich auf die Sicherung seines Ich, wird zu einer ständigen Einrichtung. Sie wird durch Dressate verewigt. Damit aber ist die Ichhaftigkeit auf Jahrzehnte hinaus festgelegt.

Das Kind empfindet die Gefahr nur selten in voller Klarheit, und die unheimlich zwecksichere Errichtung der Dressate vollzieht sich immer ohne sein bewußtes Dazutun. Der ganze Vorgang ist als der Ausdruck einer grundsätzlichen Eigenschaft allen Lebens anzusehen, und etwa mit der Mimikry, der Schutzfärbung der Tiere, zu vergleichen. Das Kind nimmt diejenige innere Gestalt an, in der es am sichersten zu leben vermag.

Wer diesen Zusammenhängen nachgeht, muß sich fragen, ob er denn noch ein Recht habe, seine eigenen oder gar fremde Kinder zu erziehen. Aber die Frage ist müßig. Denn wer soll erziehen, wenn nicht wir? Sind wir nicht alle ichhaft? Und wenn einer ein Heiliger wäre, könnte er seine Zöglinge doch nicht vor der Ichhaftigkeit bewahren, denn irgendeine Tante, ein Großvater oder ein Dienstmädchen würde dafür sorgen, daß das Schicksal der Kinder sich vollzieht. Wir müssen alle durch ichhafte Wirren hindurch, um aus der unbewußten Klarheit des Kindes zur bewußten Klarheit des reifen Menschen zu gelangen. Wir dürfen also nicht fragen, wie wir die Kinder vor diesem Übel bewahren, sondern wir müssen fragen, wie wir den Weg durch das Übel so fruchtbar wie möglich gestalten. Und die Anwort lautet: indem wir trachten, den Mut der Kinder nicht zu brechen, sondern durch Sachlichkeit und Wirhaftigkeit so weit wie möglich zu retten.

Meist wird hier der Einwand erhoben, daß das Kind doch an die Ordnung der Welt gewöhnt werden müsse, es müsse lernen, sich unterzuordnen. Darauf aber ist zu antworten: Das Kind liebt die Ordnung weit mehr als die Erwachsenen. Es sorgt dafür, daß bei Tisch jeder auf seinem angestammten Platze sitzt, es sorgt dafür, daß die Zeiten und die Reihenfolge aller häuslichen Verrichtungen genau innegehalten werden, und es wird zornig, wenn jemand den Vater bei der Arbeit stört. Es wirkt wie ein Schutzmann der Ordnung – vorausgesetzt, daß die Erwachsenen es nicht vorher aus seiner naturhaften Ordnung heraus und in eine ichhafte Unordnung hineingedrängt haben. – Und wie vermeidet man das letztere? – Indem man seine eigene Ichhaftigkeit zu verringern und sich selbst der großen Ordnung einzufügen trachtet. – Und bis dahin? – Bis dahin muß man versuchen, nur möglichst kleine Fehler zu machen.

Kritisiere nie das Kind, sondern immer nur die Leistung. Sage nie: „Du bist dumm“, sondern: „du bist klug, aber hier hast du seltsamerweise eine Dummheit gemacht“. Und auch wenn man meint, schelten zu müssen, lasse man das Kind stets fühlen, daß man bei klarer Einsicht in seine Fehler und bei ruhiger Ablehnung seiner augenblicklichen Unart in der Tiefe doch unerschütterlich zu ihm hält, an seinen Wert glaubt und es liebt. Wo Liebe und Einsicht beieinander sind, wird es gelingen, das Schlimmste zu verhüten. Und damit müssen wir uns begnügen. – Je mehr in den Erziehern die wirhafte Einstellung vorherrscht, um so wirhafter müssen auch die Kinder sich entwickeln; und wo die Kinder sehr ichhaft geraten, werden sie zu einem Spiegel, in dem die Erzieher ihre eigene Schwäche erkennen sollten.

6. Die innere Verfassung

In der Entwicklung jedes Kindes gibt es eine Zeit, in der die Finalisierung sämtlicher Lebensvorgänge, also des ganzen Charakters, ständig hin und her schwankt. Das Kind spielt eben noch harmlos und ist ganz noch Subjekt seiner Objekte, nämlich der Spielsachen. Im nächsten Augenblick aber fühlt es sich beobachtet, macht sich selbst zum Objekt des Erwachsenen und benimmt sich bis in die Fingerspitzen hinein ichhaft. Allmählich aber wird die Gesamthaltung des Kindes festgelegt, und zwar, wie es vorhin geschildert wurde, durch negative Erlebnisse, durch die Erschütterungen des Wirbruches und durch die beginnende Angst. An Stelle des „infinalen“, unbegrenzt zweckhaften Lebens tritt das ichhafte Finale, das Ich-Ideal, dessen Inbegriff die Selbstbewahrung ist. Von dieser Zeit an ordnen sich alle bewußten und unbewußten Lebensvorgänge dem Ich-Ideal unter. An Stelle der ursprünglichen Natur tritt die sogenannte „zweite Natur“ des Kindes.

Dieser Übergang von der gelegentlichen zur grundsätzlichen Ichhaftigkeit ist vielleicht das wichtigste Ereignis in der kindlichen Charakterbildung. Es läßt sich vergleichen mit den Veränderungen, die ein primitives Volk erlebt, wenn es ständig von kriegerischen Nachbarn bedroht wird. Wie in einem solchen Volke plötzlich alles wirtschaftliche und kulturelle Leben stockt, sobald die Alarmzeichen das Nahen des Feindes verkünden, und wie es von nun an nur noch ein Interesse gibt, nämlich das kriegerische, und wie sich sofort eine neue Ordnung geltend macht, nämlich die militärische, so kennt das Kind plötzlich an Stelle seiner frohen Lebensentfaltung nur noch Gegnerschaft und Verteidigung, die Politik und den Krieg gegen die Erwachsenen, die Wahrung seines Ich.

Ein Volk, das immer wieder überfallen wird, richtet sich grundsätzlich auf die Verteidigung ein. Burgen, Grenzwälle und ein stehendes Heer, kriegerische Sitten, heldenhafter Ehrgeiz und soldatische Disziplin sind die Folgen. Was als Notgesetz im Augenblick der Gefahr entstanden ist, wird festgehalten und bildet von nun an einen unentbehrlichen Bestandteil im Leben des Volkes. Ja, es besteht die Gefahr, daß an Stelle des Volkes, das dem Leben diente, nun ein Staat tritt, der sich selber dient.

Genau so richtet sich das Kind auf einen dauernden Kriegszustand ein. Und die Notgesetze, die gewissermaßen als Paragraphen in die Verfassung seines Charakters übergehen, sind eben jene Dressate, durch die die Umfinalisierung zu einer ständigen Einrichtung wird.

Aber alle einzelnen Dressate verdanken ihre Gesetzeskraft dem obersten Dressat, gleichsam einem Staatsgrundgesetz. Und dieses Gesetz lautet für alle Menschen gleich. Es bildet den einfachsten Ausdruck der Ichhaftigkeit und stellt für uns heutige Menschen die Grundlage aller Verirrungen dar. Es heißt: „Wehre dich, du hast Feinde, und du bist allein, auch deine Freunde lassen dich im Stich."

Indessen geht es dem jungen Einzelmenschen weit schlimmer als dem jungen Völkerstamm. Das Volk wird durch äußere Feinde zwar in seiner Entwicklung aufgehalten und bedroht, aber es antwortet auf dieses „Nein" mit einem „Trotzdem", nämlich mit einer Verstärkung seiner inneren Geschlossenheit, seiner Wirhaftigkeit und seines Mutes, und zwar um so kräftiger, je jünger und lebendiger es noch ist. Der Einzelmensch dagegen verliert sein Wir, seinen Mut und seine Lebendigkeit; und zwar wird der Zarteste, der am produktivsten werden könnte, am gründlichsten in die Erstarrung getrieben.

In den Angstträumen der Erwachsenen, in den Phantasien der Künstler und in den Sagen der Völker findet sich immer wieder jenes Entsetzen, wenn das Vertraute sich als fremd, wenn der Freund sich als Feind und der Mensch sich als Werwolf erweist. Das bekannte Weltbild, mit dem man zu leben gewohnt war, zerreißt plötzlich. Alle Ordnung und alle Sicherheit geht unter in einem Chaos. Feste Stützen, auf die man sich eben noch verlassen konnte, werden zu feindlichen Waffen. – Es ist die gleiche Angst, die uns alle zu befallen droht, wenn wir um Mitternacht allein in einem Zimmer sind und plötzlich denken, es könnte ein Toter hinter uns stehen. Es ist die Angst vor dem Zerfall der Weltordnung und vor dem Verschwinden der Naturgesetze. Es ist auch die Angst des ichhaften Menschen vor dem Tode. Aber wir würden diese Angstbereitschaft nicht haben, wenn wir jene Katastrophe, den Bruch der Gemeinschaft und den Zwang zur Ichwerdung, in unserer Kindheit nicht erlebt hätten.

„Fides vero si tangitur, tangitur pupilla oculi nostri." – „Wenn unser Vertrauen verletzt wird, wird die Pupille unseres Auges verletzt", sagt ein Kirchenvater. Daß das Wort „Fides" zugleich Vertrauen, Treue und auch Glauben bedeutet und daß die Verletzung der Seele mit der Verletzung des Auges verglichen wird, beweist die tiefe Einsicht, die das frühe Christentum besaß. Wer in seiner „Fides" Schaden leidet, sieht alle Dinge verzerrt. Einfacher und richtiger kann die Brille der Ichhaftigkeit, die tendenziöse Apperzeption, nicht dargestellt werden.

Der einfältige Glaube, das Wir, das unbedingte Vertrauen des Kindes zur Bundesgenossenschaft der Erwachsenen zerbricht in jener Katastrophe, die das erste große und nie wieder verwischbare negative Erlebnis jedes Menschen darstellt. Und darum wird im Leben des Einzelnen und auch im Leben der Völker, solange sie noch als Volk lebendig sind, die Treue als die adligste Tugend und der Treuebruch als das verruchteste Laster empfunden. Durch den Treubruch zwingt der Verräter den Verratenen in die Verteidigung, in die Vorsicht und in das Mißtrauen hinein. Der Verrat erzwingt die Umfinalisierung alles Lebens auf Ichhaftigkeit. Und darum ist der Verrat die Quelle alles Bösen, aller Qual, aber auch die Voraussetzung für die Überwindung des Bösen durch das bewußte „Trotzdem", durch den bewußten Mut und durch die bewußte Treue, die zur Liebe wird.

Aber man kann einwenden, daß in unserem Falle das Kind doch nicht im Recht sei. Denn was die Mutter vielleicht nicht ganz einwandfrei, aber doch nach bestem Wissen und Gewissen tut, darf niemals als Verrat bewertet werden. Indessen stelle man sich vor, wie das Kind mit strahlenden Augen zur Mutter gelaufen kommt. Es hat einen Stein gefunden und sagt: „Sieh, Mutter, das ist Gold." – Und die Mutter hat gerade die Gasrechnung bekommen und weiß nicht, wovon sie sie bezahlen soll, und die Haustür klingelt, und die Suppe kocht über. Wer will es ihr verdenken, wenn sie sagt: „Geh jetzt weg und laß mich in Ruhe." – Und wer von uns Erwachsenen will ermessen, was das Kind in diesem Augenblick erlebt. Wer will auch nur beschreiben, wie der Ausdruck in seinen Augen sich ändert. – Vielleicht aber ist es gar nicht die Mutter, sondern die böse Welt, unser gehetztes und gequältes Jahrhundert, das den Verrat begeht und die Verantwortung trägt.

In dieser Not, besonders, wenn sie sich des öfteren wiederholt, bleibt dem Kind nichts anderes übrig, als seine gesamten Lebensvorgänge dauernd auf die Sicherung seiner Persönlichkeit einzustellen. Alle neuen Erfahrungen führen nur dazu, die schon entstandenen Dressate durch immer neue Zusätze auszubauen, ganz ähnlich, wie eine einmal beschlossene Gesetzgebung durch Zusätze und Ausführungsbestimmungen verfeinert und geglättet, aber in ihren Grundlagen nicht geändert wird. Alle Verhaltungsweisen, die für das Ich nützlich sind, werden beibehalten und zum Gesetz erhoben, während die als schädlich erkannten auf dem Wege der inneren Gesetzgebung verboten werden.

Da die ersten Dressate sehr früh, oft schon im zweiten Lebensjahre zustande kommen, kann man ihren Sinn später nicht mehr ohne weiteres erkennen. Man erlebt nur das Zwangsläufige: „Ich bin nun einmal so", gegen das man weder durch äußere noch durch innere Mittel etwas ausrichten kann. Man weiß nicht mehr, daß man ausgelacht wurde, als man aus voller Kehle und mit der ganzen Hingabe seines Kinderherzens zu singen versuchte. Man weiß nur das Dressat: „Ich kann nicht singen." Man ist zum Nicht-singen-können dressiert worden. Denn die schmerzhaftesten Mittel, Verlust der Liebe und der Achtung, wurden angewendet, sobald man sich zu singen anschickte. Da aber die Erhaltung dieser Liebe und dieser Achtung im Interesse des Ich-Ideals unbedingt erforderlich war, erhielt der Niederschlag dieser negativen Erlebnisse in Gestalt jenes Dressates Gesetzeskraft.

Wenn man 30 Jahre später trotzdem zu singen versucht, taucht die Not jener Zeit wieder auf und vereitelt den Versuch. Man merkt dann, daß man lieber sterben als singen würde. Die Funktion des Singens bleibt umfinalisiert auf das Ich-Ideal eines „Unmusikalischen". Und das unbewußt gewordene Singverbot bleibt auch wirksam, wenn die Angehörigen längst anderer Meinung geworden sind und jeden Versuch in dieser Richtung als lobenswert begrüßen würden. Denn das Dressat hängt nicht ab von dem tatsächlichen Vorteil oder Nachteil des Menschen, sondern von seinem starren und längst veralteten Ich-Ideal, das sich später oft geradezu als schädlich erweisen kann. Darin eben drückt sich aus, daß es sich hier nicht mehr um lebendige Entwicklungen, sondern schon um starre, „sklerotische" Zustände handelt, die das lebende Subjekt in ein totes Objekt umfälschen.

Oft hegt man die Meinung, daß eine Funktion, die infolge eines solchen Verbotes jahrelang nicht ausgeübt wird, schließlich aus Mangel an Übung unmöglich würde. Dem ist aber nicht so. Denn an dem Tage, an dem das Dressat wegfällt, tritt die Funktion in all ihrer kindlichen Schönheit und Lebendigkeit wieder hervor. Und was an Übung versäumt wurde, kann in kurzer Zeit nachgeholt werden. – Aber wer in das Paradies der lebendigen Ordnungen zurückgelangen will, muß noch einmal an dem flammenden Schwerte vorüber, das ihn einst daraus vertrieben hat. – –

Zahllose, angeblich instinktive Neigungen und Abneigungen und auch das meiste von dem, was sonst der Vererbung zur Last gelegt wird, läßt sich auf Dressate zurückführen. Auch die Behauptung, man könne nicht rechnen, man könne nicht tanzen, man habe ein schlechtes Gedächtnis und ähnliche Einschränkungen der Lebensfülle stammen regelmäßig aus dieser Quelle.

Aber den schlimmsten Abbruch erleidet das Leben durch diejenigen Dressate, die sich auf den Mitmenschen beziehen. Und zwar kommen diese folgenschwersten aller irrtümlichen Einstellungen stets durch die ersten Pflegepersonen, also durch die Mutter, den Vater oder das Kindermädchen zustande. In dem einen Kind entsteht das Dressat: „Du darfst nie eine eigene Meinung haben“, in dem anderen: „Kinder haben keinen eigenen Willen“, in dem dritten: „Man darf sich nie einem anderen anvertrauen“, in dem vierten: „Man darf sich nicht freuen“, in dem fünften: „Man darf keine Gefühle haben“, in dem sechsten: „Man muß immer das Gegenteil von dem tun, was der andere sagt“, in dem siebenten: „Man muß alles entzwei machen.“ – Es läßt sich leicht vorstellen, wie tief derartige Gesetze, die dem Kinde zur zweiten Natur werden, die Lebensentfaltung beeinträchtigen müssen.

Alle Dressate, die das Verhalten gegen den Mitmenschen regeln, haben den Zweck, die Beziehung zu diesem Mitmenschen in eine ganz bestimmte, eng umgrenzte Bahn zu lenken. Entweder soll die Dienstbereitschaft oder das Mitleid oder die Bewunderung oder auch die Furcht oder gar der Haß der betreffenden Personen erreicht werden, ganz als ob das Kind in einer andersartigen Beziehung nicht leben könnte. – So kommt es, daß es den Kindern immer wieder gelingt, durch ihr Verhalten sämtliche Pflegepersonen in die gleiche Einstellung zu bringen. Das eine Kind besticht jeden durch Liebenswürdigkeit, das andere bringt durch Verstocktheit jeden zur Verzweiflung. Manche Kinder aber haben auch eine Art von Klasseneinteilung für die Erwachsenen. Sie unterscheiden Freunde und Feinde, quälen die Feinde bis aufs Blut und kämpfen um die Zuneigung der Freunde mit allen Künsten eines Liebhabers. An sich sind alle diese Kinder weder liebenswürdig noch verstockt, sondern sie müssen sich zwangsläufig so benehmen, weil sie von ihren Dressaten nicht loskommen. Indessen kennen sie nie den wirklichen Sinn ihrer Verhaltungsweisen. – –

Ein Dressat ist demnach ein inneres Gesetz, an dessen Entstehung man sich nicht mehr erinnert, das man in sich vorfindet und das zwangsläufig wirkt, wie ein Naturgesetz, weil bei seiner Übertretung die stärksten negativen Erlebnisse wieder wirksam werden würden. Alle Dressate stehen im Dienste der Ichhaftigkeit und verlieren ihre Macht erst, wenn das Ich-Ideal aufhört, Endzweck der Persönlichkeit zu sein.

Der weitaus größte Teil aller Charakterzüge besteht aus Dressaten oder läßt sich als Folgeerscheinung von Dressaten ableiten. Jedes Dressat ist eine Einschränkung der produktiven Persönlichkeit, eine Hemmung des Lebens und eine Umfälschung des Subjektes in ein Nur-Objekt; und darum ist es, wie alles Unlebendige, nicht nur kausal bedingt und wissenschaftlich erklärbar, sondern auch der psychologischen Behandlung zugänglich.

7. Kinderfehler

Unter den Eigenschaften, welche den ichhaften Menschen (also uns allen) gemeinsam sind, findet sich eine, die für die Entwicklung des Charakters eine besonders wichtige Rolle spielt. Es ist das Nicht-warten-können, das man als eine unmittelbare Äußerung der Reizbarkeit auffassen muß. Je reizbarer wir sind, um so tiefer werden wir durch jede Unannehmlichkeit ins Minderwertigkeitsgefühl hineingedrückt, und um so rascher bedürfen wir, um weiter leben zu können, eines Ausgleichs, der uns wenigstens vor uns selber genau so hoch erhebt, als wir eben noch hinabgedrückt waren.

Bismarck konnte den Hohn seiner Feinde und das Kopfschütteln seiner Freunde jahrelang ertragen, bis die Weltgeschichte ihm recht gab. Der mutlose Mensch hält meist nicht eine Stunde lang den Gedanken aus, daß irgend jemand von ihm eine schlechte Meinung haben könnte. Er möchte Himmel und Hölle in Bewegung setzen, um sich und allen anderen sofort zu beweisen, daß er das Gegenteil von verächtlich und lächerlich ist – wodurch er meistens beweist, daß er es ist.

Das Kind befindet sich in einer ähnlichen Lage wie der entmutigte Erwachsene. Oder richtiger gesagt, der entmutigte Erwachsene ist in Hinsicht auf das Nicht-warten-können noch ein Kind. Denn auch das Kind muß sofort einen Ausgleich für seine negativen Erfahrungen suchen, da es bei seiner geringeren Widerstandsfähigkeit leichter von negativen Erlebnissen heimgesucht wird als ein Erwachsener.

Nun gibt es ein Mittel für diesen Ausgleich, das seine Wirkung nie verfehlt und das jederzeit anwendbar ist: Die Selbsterhöhung durch den Verstoß gegen die Wünsche der anderen. Das unheimliche Vergnügen, mit dem die Kinder gerade das Verbotene zu tun pflegen, nur weil es verboten ist, kennen die meisten Erwachsenen noch aus eigener Erinnerung. Und manch einer erliegt bis ins hohe Alter hinein immer wieder der Verlockung, die Straßenbahn um ihre 20 Pfennig zu betrügen, oder einen Weg zu gehen, nur weil eine Tafel ihn als verboten bezeichnet. Immer entsteht auf diese Weise ein Gefühl der Überlegenheit, das sich etwa in die Worte fassen läßt: „Ihr könnt verbieten, so viel ihr wollt, ich tue doch, was ich will, und es gibt keine Macht der Welt, die mich hindern könnte."

Das angeblich grundlose Lügen (und auch das Stehlen) der Kinder hat seinen wichtigsten Grund in diesem Gefühl der Überlegenheit. „Ich kann euch erzählen, was mir in den Sinn kommt." Aber ein zweiter Grund liegt meist in dem Dressat, auf alle Fälle und immer die Wahrheit zu verschleiern und die Nebelwolken der Lüge um sich her zu verbreiten. Der Grund für diese unbewußte Vorsicht ist der gleiche, der den Tintenfisch veranlaßt, sich unsichtbar zu machen, nämlich die Annahme, daß man von Feinden umgeben sei.

Doppelt stark wirkt die Verlockung zum Verbotenen, wenn mit der unerlaubten Handlung gleichzeitig ein körperlicher Lustgewinn verbunden ist. Ein Kind, das Zucker stiehlt, hat nicht nur den Zucker, um seinem bedrückten Ich einen körperlichen Trost zu verschaffen, sondern es hat auch noch den Triumph, klüger und gewissermaßen mächtiger zu sein als die, die das Zuckeressen zwar verbieten, aber nicht verhindern können.

Ferner gibt es für jeden Erzieher ein Gebiet, auf dem er sich pädagogisch in gefährlicher Lage befindet. Es ist der Tiefpunkt seines Minderwertigkeitsgefühls. Und ein Kind, das diese Achillesferse einmal entdeckt hat, kann jeden beliebigen Grad von Verlegenheit oder Zorn bei ihm hervorrufen. Man nennt es dann ein enfant terrible. Es braucht nur etwa bei Tisch in Gegenwart vieler Gäste zu sagen: „Mutter, iß nicht soviel, sonst mußt du wieder ein Kind bekommen, um schlank zu werden." Wieviel schwere Kränkungen und Bevormundungen, die die Mutter sich hat zuschulden kommen lassen, sind durch eine solche Bemerkung heimgezahlt! Diesem Triumph gegenüber macht es sogar wenig aus, wenn man nachher in der

Ecke stehen muß oder kein Kompott bekommt. – Wer ist der Sieger, der Erwachsene oder das Kind?

Die enfants terribles besitzen stets noch einigen Mut. Aber ihr Mut reicht meistens nicht so weit, daß sie sich den Sinn und die Tragweite ihrer Äußerungen ins Bewußtsein treten lassen dürfen. Man sagt von ihnen: Sie wissen und wissen auch gleichzeitig nicht, was sie tun.

Wer noch gründlicher entmutigt ist, begnügt sich mit dem Triumph im Verborgenen. Es gibt Kinder, die heimlich, wenn niemand sie hört, unanständige Worte sagen, über die ihre Mutter in Ohnmacht fallen würde. Auch das ist ein Mittel, durch das man sich ein erhöhtes Ansehen vor sich selber verleihen kann. (Wenn die Erwachsenen fluchen oder ihrem abwesenden Vorgesetzten den Tod an den Hals wünschen, tun sie etwas sehr Ähnliches: Sie übernehmen die Rolle des Mächtigen, ohne ihre Macht ernstlich beweisen zu müssen.)

Die wichtigste Handlung dieser Art ist die geschlechtliche Selbstbefriedigung. Die Kinder wissen fast ausnahmslos, daß sie jenem rätselhaften Gebiete angehört, das wie ein verbotener Baum mitten im Garten des Lebens steht und dessen Früchte den Erwachsenen erlaubt, den Kindern aber versagt sind. Darum schafft die Selbstbefriedigung dem Kinde einen dreifachen Vorteil: Erstens hat es das Überlegenheitsgefühl, etwas Verbotenes tun zu können, zweitens hat es einen körperlichen Lustgewinn, der es für viele Kränkungen schadlos hält, und drittens hat es den Triumph, sich gerade auf demjenigen Gebiete zu betätigen, das die Erwachsenen den Kindern voraus haben.

Das Lebenswidrige dabei liegt nicht in der Tatsache, daß es sich um etwas Geschlechtliches handelt, sondern in der Tatsache, daß die geschlechtliche Funktion mißbraucht wird im Dienste der Ichhaftigkeit. Es ist die krasseste Umfinalisierung, die gedacht werden kann. Die Funktion, welche der innigsten Verschmelzung zweier Subjekte dienen sollte, wird dazu verwandt, daß das einzelne Subjekt sich selbst zum Objekt seines Lustgewinnes macht.

Indessen muß man sich klar darüber sein, daß genau das gleiche auch auf anderen Gebieten geschieht. Das Rauchen, das Trinken, das zwangsläufige Essen von Süßigkeiten läuft ebenfalls darauf hinaus, daß man sich einen leicht erreichbaren Genuß ergaunert, weil man es nicht aushält, irgendwelche Unlustgefühle unausgeglichen mit sich herumzutragen. Man ist nicht imstande, negative Erfahrungen längere Zeit in Spannung zu halten, ohne daß ein negatives Erlebnis daraus wird. Darum muß man sich auf möglichst rasche und möglichst billige Weise eine positive Erfahrung verschaffen. In der Seelenheilkunde hat man diesen Vorgang schon vor langer Zeit sehr treffend mit einem elektrischen Kurzschluß verglichen: Eine vorzeitige Entladung kommt zustande, weil die Spannung größer ist als die Tragfähigkeit (die Kapazität) des Apparates, und das heißt in unserem Falle, als die Geduld des Kindes. Wir sprechen dann von einem zu kurzen Spannungsbogen. Und wir finden, daß die Länge des Spannungsbogens dem Radius des Wirkungskreises, dem Aktionsradius entspricht (Strecke Od_2 und Od_4 in Abb. 1, S. 12).

Meist knüpfen sich an die Selbstbefriedigung allerlei Schuldgefühle. Sie sind zum Teil berechtigt, weil durch den Mißbrauch der Funktion die Neigung zum Kurzschluß gesteigert und die Fähigkeit zum Ertragen innerer Spannungen noch verringert wird. Zum Teil erwachsen sie aus falschen Drohungen und Vorurteilen der Erzieher. In ihrer Gesamtheit aber verstärken sie regelmäßig das Minderwertigkeitsgefühl des Kindes, so daß ein neuer Akt der Selbstbefriedigung unvermeidlich wird, da das Kind ja über kein besseres Mittel verfügt, das ihm rasch genug auf der Linie des Selbstgefühls von – 100 auf + 100 hinaufhelfen könnte. Dadurch wird die Onanie zum Onanismus, der nach den gleichen Gesetzen verläuft wie der Alkoholismus, Morphinismus und vieles ähnliche, und der auch durch die gleichen Mittel geheilt werden kann wie alle derartigen Süchte.

Es ist sinnlos, die zwangsläufigen Kinderfehler durch Drohungen oder Strafen bekämpfen zu wollen. Auf diesem Wege kann man es bestenfalls dahin bringen, daß das Kind auf ein anderes Mittel verfällt, um aus seinem Minderwertigkeitsgefühl herauszukommen. Wenn man ein lügenhaftes Kind hart genug behandelt, hört es zwar auf zu lügen, aber es sagt noch nicht die Wahrheit, sondern es schweigt überhaupt. Es wird aus einem redseligen und phantastischen Kind ein verstocktes und starres; das alte Dressat wird nicht aufgehoben, sondern durch ein neues ergänzt. Die Mutlosigkeit und das Mißtrauen gegen die Menschheit wird stärker als vorher; das uneingestandene Ich-Ideal wächst ins Maßlose und die Unzulänglichkeit für erzieherische Maßnahmen ebenso.

Es gibt nur ein Mittel, das helfen kann. Das aber ist den Eltern und auch vielen Erziehern fast ausnahmslos so zuwider, daß sie es nicht anwenden mögen. Es ist die Stärkung des kindlichen Mutes und die Verselbständigung der kindlichen Persönlichkeit durch ihre volle Anerkennung von seiten der Erwachsenen. Aber dem Vater ist die Freude verdorben, wenn er nicht mehr kommandieren kann, und der Mutter blutet das Herz, wenn sie nichts mehr zu sorgen, zu behüten und zu kritisieren hat. Beide haben dann einen Untertan weniger, und das Dressat: „Mein Kind muß seinen Eltern (nämlich mir) gehorsam sein“, muß verschwinden. Das Kind gehört dem Leben und nicht den Eltern. Das vierte Gebot gilt für die Kinder, darf aber nicht von den Eltern zur Begründung eines Rechtsanspruches mißbraucht werden.

Es ist wohl durch keine List der Ichhaftigkeit so viel Unheil angerichtet worden wie durch diese ichhafte Ausdeutung des vierten Gebotes. Aber gerade weil wir alle in diesen oder ähnlichen Vorurteilen befangen sind, wird die Heilung unserer Kinder für uns selbst zu einer schweren Entwicklungskrisis. Denn die Gefahr und das Leiden unserer Kinder zwingt uns, ein Stück unserer Ichhaftigkeit abzubauen und sachlicher und lebendiger zu werden, oder aber die Verantwortung für das Mißraten der nächsten Generationen auf uns zu nehmen.

Die Verselbständigung des Kindes, sein langsames Hineinwachsen in das eigene Schicksal, stellt sich regelmäßig als ein „Wartenlernen“ dar. Der Säugling kann nicht warten, obgleich er mutig ist. Er schreit von dem Augenblick, in dem eine Mißlichkeit auftritt, bis zu dem Augenblick, in dem sie beseitigt wird. Das ist für ihn sachlich. Und je mutloser die Erwachsenen sind, um so reizbarer sind sie, und um so mehr gleichen sie dem Säugling. Aber dann ist es ichhaft. Wir müssen also lernen und auch unsere Kinder lehren, negative Erfahrungen, unlustvolle Zustände und unbefriedigte Wünsche auf uns zu nehmen, ohne uns dadurch die Ziele verleiden zu lassen und ohne darauf mit einer Steigerung unserer Ichhaftigkeit zu antworten.

Man glaube aber nicht, daß man Kinder zu dieser Spannkraft erziehen kann, indem man ihnen leuchtende Ideale vorhält oder ihnen goldene Berge verspricht. Diese Mittel müssen genau so versagen wie Drohungen und Strafen. Sie können immer nur ein nachgemachtes Heldentum und vorgetäuschte Sachlichkeit aus ichhaften Gründen erzeugen. Denn wie kann das Kind von seinem Ich-Ideal loskommen, solange man es zwingt, sich immer wieder an hochgesteckten Idealen zu messen?

Man stelle das Kind in eine möglichst sachliche Umgebung, in ein lebendiges Wir, und mitten hinein in sachliche Aufgaben, denen es gewachsen ist. Ist es drei Jahre alt, so wird es die Entdeckung machen, daß es sich allein anziehen kann. Ist es sechs Jahre alt, so lernt es allein auf der Straßenbahn fahren. Ist es zwölf Jahre alt, so kann es wandern gehen.

Man mische sich so wenig wie möglich ein, auch wenn Fehler gemacht werden. Denn nur durch seine negativen Erfahrungen kommt das Kind zu positiven Erlebnissen. Ein Junge, der in sechs Wochen nach zwanzig verfehlten Versuchen ein Haustelephon zustande bringt, durch das man ab und zu ein halbes Wort verstehen kann, wird dreißig Jahre später ein Edison oder Marconi sein. Ein Junge aber, der unter der Kontrolle und Anleitung seines Vaters in drei Tagen ein tadelloses Telephon herstellt, hat bestenfalls Aussicht, ein gewissenhafter Beamter zu werden, der die Entwürfe jenes Edison oder Marconi dienstbeflissen ausführt.

Die wichtigste Regel aber für die Erziehung zur Sachlichkeit lautet: Sei sachlich! Nicht nur die Mutlosigkeit, sondern auch der Mut, nicht nur die Ichhaftigkeit, sondern auch die Sachlichkeit steckt an. Damit wird das Erziehen im wesentlichen zu einem Problem der Selbsterziehung für den Erzieher. Und damit stehen wir vor der Frage, wie denn die Charakterklärung im Erwachsenen vor sich geht, und was sich etwa tun läßt, um sie zu einem guten Ausgang zu führen.

8. Kindercharaktere

Man hat sich leider zu sehr daran gewöhnt, alle deutlichen Charakterzüge als ererbt von den Vorfahren aufzufassen. Man sagt etwa, ein Kind habe seinen Jähzorn vom Großvater und seine Naschhaftigkeit von der Urgroßmutter, und man meint damit, daß diese Eigenschaften erblich festgelegt (determiniert) und darum nicht mehr veränderbar seien; genau so wie dies für die Haarfarbe, die Form des Kopfes und den Typus der Gestalt tatsächlich zutrifft. Vererbungslehre und Rassenforschung kennen viele Anhaltspunkte für die Gesetzmäßigkeit, die bei der Mischung und bei der erblichen Wiederkehr von körperlichen Eigenschaften wirksam ist. Über die Vererbung der Charakterzüge konnte man dagegen bisher nicht viel Brauchbares feststellen. Man weiß, daß die sogenannte „Konstitution" und vor allem ihre Hauptbestandteile, die Eigentümlichkeiten der inneren Drüsen und des Nervensystems, sowohl rassische wie auch familiäre Erblichkeit zeigen. Aber man weiß noch nicht genau, wie diese Eigentümlichkeiten, die zunächst körperlicher oder funktioneller Art sind, mit den seelischen Eigenschaften, den

Temperamenten oder den sonstigen Charakterzügen in Verbindung stehen[1]).

Wir wissen ferner, daß einzelne Familien und ganze Völker entarten können[2]); wir unterscheiden sowohl körperlich wie geistig verschiedene Grade der „Artreife“; wir sprechen von Jugendlichkeit, von Lebenshöhe und von Alterserscheinungen in einer Familie oder auch in einem Volke. Aber wenn wir feststellen wollen, wie alle diese Bestimmungen sich in der Charaktergestaltung der Einzelmenschen auswirken, so verstricken wir uns in unlösbare Schwierigkeiten. Und diese Verlegenheit wird um so größer, je mehr uns das praktische Leben drängt, aus dem gegebenen Tatbestand, aus der vorhandenen Erbmasse, auch wenn sie längst nicht mehr einwandfrei ist, doch noch das Beste zu machen, was aus ihr gemacht werden kann. Der Erzieher, der Führer, der Seelsorger, jeder einzelne, der mit der Bildung von Charakteren betraut ist, wäre zur Tatenlosigkeit und zur Hoffnungslosigkeit verdammt, wenn der menschliche Charakter durch die Vererbung endgültig festgelegt wäre.

Hier stehen sich zwei Weltanschauungen kraß gegenüber. Wer sich zum Determinismus bekennt, muß an die zwangsläufige Unveränderlichkeit der Erbmasse und der durch sie bedingten Charaktere glauben. Für ihn ist Erziehung immer nur die Unterdrückung des Schlechteren und die Förderung des Besseren. Wer dagegen auf dem Standpunkt des Indeterminismus steht, muß davon überzeugt sein, daß sich auch die Erbanlagen planmäßig verändern

[1]) Zur Konstitutionsforschung vergleiche man die bekannte Arbeit von Ernst Kretschmer (L. 3).

[2]) Zur Degenerationsfrage lese man das Werk von Fritz Lenz (L. 5 Bd. II).

lassen. Für ihn ist Erziehung stets Höherzüchtung der Rasse. In der Praxis begnügen sich die meisten Menschen freilich mit einem faulen Kompromiß; sie sagen etwa: „Ein wenig läßt sich ändern, aber allzu viel nicht." Sie machen sich keine genauen Vorstellungen über das Ineinanderwirken von Erbanlage und Umwelt und erziehen einfach drauf los. Mißlingt es ihnen, so war die schlechte Erbmasse schuld; haben sie Erfolg, so halten sie sich für große Pädagogen.

Wir wollen nun anerkennen, daß der Mensch gleichzeitig determiniert, nämlich durch die Erbmasse bestimmt, aber auch gleichzeitig indeterminiert, nämlich mit verschiedenen Möglichkeiten und Freiheiten ausgestattet ist. Und dieser scheinbare Widerspruch löst sich sofort, wenn man außer dem Zusammenhang von Ursache und Wirkung auch noch den Zusammenhang von Mittel und Zweck gelten läßt.

Erblich gegeben sind nur die Mittel, die Stoffe, das Material, aus dem die Charaktere geformt werden sollen; zu diesen Mitteln gehören auch noch die naturhaften Zwecke wie Selbsterhaltung und Arterhaltung; aber nicht gegeben, nicht festgelegt sind die weiteren Zwecke, in deren Dienst die Selbsterhaltung und die Arterhaltung und die endlose Zahl der übrigen Mittel dereinst verwandt werden soll. Selbstentfaltung und Artentfaltung gehören schon in die unendliche Zweckpyramide, die nach oben offen ist, weil ihr Gipfel im Unendlichen liegt. Die vorhandenen Mittel sind ein Ergebnis der Vergangenheit; sie stehen unveränderlich fest; die Ziele sind Aufgaben der Zukunft und gehören noch ins Reich der Freiheit. Die gegebenen Mittel können arm oder reich sein, gesund oder krank und vor allem zart und differenziert oder plump und massiv; im Dienste welcher Zwecke sie jedoch dereinst verwandt werden, wieviel oder wie wenig aus ihnen gemacht wird und wem dies Viele oder Wenige zugute kommt, dem Ich oder dem Wir, dem Einzelmenschen oder seinem Volk – das alles entscheidet einzig und allein die Erziehung.

Es gibt Schwachsinnige, denen keine Macht der Welt das Rechnen oder das Lesen beibringen kann; aber die wirhafte Grundeinstellung, die Bereitschaft, sich für seine Kameraden im Notfall totschlagen zu lassen, läßt sich meistens erreichen – wenn die Wirhaftigkeit der Umgebung nur stark genug ist. Niemand ist durch seine Veranlagung gezwungen, ein schlechter Mensch zu werden; aber ein Kind, das mit unzulänglichen oder „schlechten" Mitteln zur Welt kommt (sei es, daß es einer schlechten Mischung entstammt, daß es schwächlich ist oder an einem organischen Fehler leidet, oder sei es auch, daß es in sehr ungünstigen sozialen Verhältnissen aufwächst) ist immer der Gefahr, in eine kraß ichhafte Einstellung zu geraten, weit mehr ausgesetzt als ein gesundes Kind in günstiger Umgebung. Doch die Verantwortung trifft auch in diesen Fällen noch die Erzieher.

Oft vermag eine weise Erziehung gerade aus den schwer gefährdeten Kindern besonders tüchtige Charaktere zu bilden; denn sie sehen sich mehr als andere genötigt, das Ertragen negativer Erfahrungen und die Anwendung unlustvoller Mittel zu erlernen; der Spannungsbogen, der Mut und die Wirhaftigkeit solcher Kinder kann sich daher am stärksten entfalten. Aber es gibt auch Fälle, in denen die pädagogische Aufgabe, aus den zahllosen negativen

Erfahrungen keine negativen Erlebnisse werden zu lassen, also die Erhaltung des kindlichen Mutes, bis zur Unlösbarkeit schwer wird. In diesen Fällen muß es den Erziehern freistehen, von ihrer Aufgabe zurückzutreten; sie müssen bekennen dürfen: „So wie wir heute sind, mit unseren jetzigen Kräften und Fähigkeiten, sind wir außerstande, aus solchen Kindern wirhafte Menschen zu machen; sie würden unter unseren Händen zu Verbrechern werden." – Es fragt sich dann allerdings, wer Glauben, Mut und Liebe genug hat, um das Wir mit diesen Unglücklichen noch zu versuchen.

Vom Staate aus gesehen liegt das Problem freilich noch anders. Der Staat muß nicht nur fragen, ob diese Kinder überhaupt noch wirhaft erzogen werden können, sondern er muß auch fragen, ob auch bei günstigem Ausgang der ungeheure Aufwand von pädagogischen Leistungen sich lohnt. Der Schwachsinnige bleibt, auch wenn er wirhaft wird, ein nahezu nutzloser Mensch, der sicher mehr kostet, als er zu leisten vermag. Darum ist es sinnvoll, wenn der Staat zu verhindern sucht, daß Kinder mit allzu schlechten Mitteln ausgerüstet zur Welt kommen. Aber andererseits darf der Staat nicht vergessen, daß Aufsieg und Abstieg eng miteinander verflochten sind. Ein besonders zartes Kind, das bei schlechter Pflege zeitlebens krank und untüchtig sein würde, kann bei guter Pflege ein Rembrandt, ein Goethe oder ein Bismarck werden. Die meisten großen Männer sind mehr oder weniger gut disziplinierte „Nervenbündel".

Je gründlicher man sich in die Charakterkunde vertieft, um so deutlicher erkennt man, daß alle Charakterzüge, auch wenn sie schon in frühester Kindheit hervortreten, immer doppelseitig bedingt sind. Sie gehen nicht selbständig oder geradlinig aus der Erbmasse hervor (wie der Nativismus es annimmt); aber sie werden auch nicht eindeutig durch die Umgebung bestimmt (wie die Milieutheorie es behauptet); sondern es handelt sich um Wechselwirkungen zartester Art. Jede Regung des Charakters ist eine Antwort, die das Lebewesen auf die Anregungen seiner Umwelt gibt; überall findet sich Aktion und Reaktion zugleich; aber die Anregungen und Aufgaben, die durch die Sinnesorgane (als Wahrnehmungen) und aus dem eigenen Körper (als Bedürfnisse) zustande kommen, sind wiederum durch die Eigenart des kindlichen Organismus bedingt. Das eine Kind leidet unter zu viel Lärm oder zu großer Hitze, wo das andere nur erfreuliche Abwechslung oder angenehme Wärme erlebt. Das eine Kind antwortet schon mit Rückzug, Ermüdung und Apathie, wo das andere sich noch durch aktive Verteidigung eines Übels zu erwehren sucht. Wer die Verhaltungsweisen der Kinder studiert, kann aus ihnen einerseits die Beschaffenheit des mitgebrachten Materials, andererseits aber auch die Eigenart, die Härte oder Weichheit und vor allem die Fehlerhaftigkeit der kindlichen Umwelt aufs deutlichste ablesen.

Der wichtigste Bestandteil in der kindlichen Charakterbildung ist die Ichhaftigkeit. Sie ergibt sich stets erst durch den Wirbruch als die Anwort des Kindes auf die ichhaften Fehler von seiten der Erziehung. Diese Fehler können nur in zwei Richtungen liegen: die Erziehung kann zu weich oder zu hart sein. Aber die gleiche Erziehung, etwa in einer Familie, kann auf das eine von zwei Geschwistern zu weich und gleichzeitig auf das andere zu hart wirken, je nach dem Grade der Zartheit, die sich erbmäßig oder entwicklungsmäßig in den Kindern gebildet hat. Was für einen Ackergaul richtig ist, kann für ein Rennpferd verderblich werden und umgekehrt.

Aber nicht nur die Art, sondern auch der Grad des Fehlers muß an der kindlichen Erbmasse gemessen werden. Nehmen wir an, die Erziehung zweier Geschwister sei zu hart; so werden sich gewisse Charakterfehler ichhafter Art bei beiden herausbilden. Aber nehmen wir weiter an, das ältere Kind sei widerstandsfähiger; es setzt sich mit der harten Erziehung aktiv und kämpferisch auseinander; so entsteht ein „aktiver verhärteter Charakter" (Typus Cäsar). Nehmen wir dagegen an, das zweite Kind sei so zart und feinfühlig, daß es sich nicht mehr aktiv gegen die Härte zur Wehr setzen kann, sondern in stumpfe Abwehr und passiven Widerstand zurückgedrängt wird, so verstehen wir, daß gerade die feinfühligste Veranlagung in die dumpfeste Unlebendigkeit umschlagen muß. So entsteht ein „passiver verhärteter Charakter" (Typus Tölpel). Freilich wird der Druck auf den Jüngeren auch objektiv stärker sein, weil er durch die „Autorität" des Älteren, des Cäsar, vermehrt ist.

Nehmen wir dagegen an, zwei Geschwister werden gleichmäßig zu weich erzogen; so ist der Grad der Weichheit oder richtiger der Grad des Fehlers doch für beide ein verschiedener, sofern sie verschiedene Erbmassen mitbringen. Beide werden ichhaft; aber auf das stärkere Kind wirkt die Weichheit so, daß es zu herrischen Ansprüchen neigt und sich ichhaft bedienen läßt; dann entsteht ein „aktiver verweichlichter Charakter" (Typus Star). Auf das schwächere Kind wirkt die gleiche Weichheit jedoch so, daß es immer ängstlicher und schüchterner wird; es will nicht bedient, sondern beschützt werden, es will nicht erobern, sondern nur noch sich retten. So entsteht ein „passiver verweichlichter Charakter“ (Typus Heimchen). Auch hier ist das jüngere Kind schlechter dran, weil es durch das ältere miterzogen wird.

In diesen vier Typen, die durch die Gegensatzpaare hart und weich sowie aktiv und passiv gekennzeichnet sind, müssen notwendigerweise alle Formen erschöpft sein, die im Bereich der ichhaften Charakterstruktur als möglich gedacht werden können. (Vergleiche Tabelle 1, S. 65). Aber es sei nochmals betont, daß diese Typen zwar durch die Erbanlage wesentlich mitbedingt, aber nicht aus ihr allein entstanden sind. Es handelt sich hier nicht um erblich determinierte Eigenschaften. Das Wichtigste, was es im Schicksal des Einzelnen und im Schicksal der Völker überhaupt geben kann, nämlich der Grad der Ichhaftigkeit, ist nicht von vornherein festgelegt (ist nicht determiniert), sondern er unterliegt einer geschichtlichen Entwicklung tragischen Stils. Das neugeborene Kind ist noch nicht ichhaft, aber es bringt die Bereitschaft dazu erbmäßig mit. Seine Ichhaftigkeit entsteht erst nach dem Wirbruch als Anpassung an die Ichhaftigkeit seiner Umgebung, wird nach Form und Grad und Inhalt durch die Wechselwirkung zwischen Kind und Umwelt bedingt, übersteigert sich schließlich in schweren Konflikten und bricht früher oder später ganz oder teilweise in den Krisen der Charakterreifung zusammen. Darum können die Typen der Ichhaftigkeit nicht nur in allen denkbaren Mischungen auftreten, sondern auch im Verlaufe der Jahre wechseln, teilweise verschwinden und wieder zur

Geltung kommen. In der Mehrzahl der Fälle bleiben sie freilich durch mehrere Jahrzehnte hin unverändert.

Der Sinn dieser typischen Verhaltungsweisen ist eindeutig und ausnahmslos die Bewahrung des Ich. Ihr Wesen ist der starre automatische Ablauf, der sich oft genug wie eine „fremde Macht" gegenüber der „besseren Einsicht" durchzusetzen scheint: die Psychosklerose. Anders ausgedrückt: Es handelt sich um die starren Formen der Ichhaftigkeit, deren letzter Sinn darauf hinausläuft, eine Wiederholung des Wirbruchs um jeden Preis zu vermeiden.

Ferner beachte man, daß die folgende Schilderung aus Gründen der Kürze und der Deutlichkeit nur jeweils die wichtigsten Charakterzüge in ihrem typischen Zusammenhang darstellen kann. Dadurch entsteht leicht der Eindruck, als ob es sich hier um ausgesprochen kranke oder entgleiste Kinder handle. Indessen gelten die gleichen Gesichtspunkte, die in krassen Fällen kraß zum Ausdruck kommen, auch für die weniger auffälligen Charaktere, nur freilich in weniger auffälliger Weise. Es muß dem Scharfsinn und der Menschenkenntnis des Lesers überlassen bleiben, mit Hilfe der hier gegebenen schematischen Typen die unendliche Fülle von Abstufungen und Mischungen, die das Leben darbietet, auf ihre wesentlichen Linien zurückzuführen und aus ihren Grundformen zu verstehen. Auch die vier Namen Star, Cäsar, Heimchen und Tölpel kennzeichnen weniger den eigentlichen Typus, der uns im Alltag begegnet, als vielmehr seine karikaturhafte Übertreibung. Aber gerade von der Karikatur aus ist das Typische am besten zu verstehen. Bei „Star" ist weniger an den wirklich Prominenten gedacht als vielmehr an die Primadonna, wie sie im Witzblatt erscheint; und die

Bezeichnung „Cäsar“ soll nicht an den großen Gajus Julius erinnern als vielmehr an seine angeblichen Nachfolger, die sich zweitausend Jahre lang mit seinem Namen geschmückt haben.

Typen der Ichhaftigkeit

	Verweichlicht	Verhärtet
Aktiv	Star anspruchsvoll, will bewundert werden	Cäsar herrisch, will gefürchtet werden
Passiv	Heimchen wehleidig, will beschützt werden	Tölpel stumpf, will in Ruhe gelassen werden

Tabelle 1

I. Typus Star

Ein verwöhntes Kind hat gelernt, daß es eine ganz besonders wichtige und beachtenswerte Persönlichkeit sei. Wegen dieser Eigenschaften meint es, Anspruch zu haben auf die Erfüllung aller seiner Wünsche. Aber aus demselben Grunde glaubt es, nicht verpflichtet zu sein, sich eigenhändig um die Erreichung seiner Ziele zu bemühen. Da es ein so wundervoller Mensch ist, hat jeweils der andere die Pflicht, ihm zu helfen. Darum ist der Star anspruchsvoll, fordernd, siegesbewußt und manchmal auch zudringlich. Aber solange man ihn befriedigt, zeigt er sich fröhlich, übermütig und oft in hinreißender, strahlender Laune. Wie ein König spendet er Gnadengaben an seine Bewunderer. Und da es überall Menschen gibt, die auf solche Geschenke angewiesen sind, so hat der Star oft jahrelang oder auch jahrzehntelang großen Erfolg. Er ist der Liebling seiner Eltern und Lehrer und manchmal sogar auch seiner Geschwister. Aber wehe, wenn der Erfolg ausbleibt! Ohne die dauernde Lieferung von Weihrauch und Lorbeer kann der Star nicht bestehen. Er übersteigert im Notfall seine gewohnten Mittel, er wird noch liebenswürdiger, noch lebhafter, – aber schon verkrampft sich aus unbewußter Angst jede Bewegung. Er entgleist, führt seine eigene Niederlage herbei und bricht jählings zusammen: er wird zum Tölpel oder zum Heimchen.

Solange er Star bleibt, kann man ihm heilpädagogisch nicht helfen. Erst der Übergang zu einer passiven Form der Ichhaftigkeit macht es möglich, diese Ichhaftigkeit selbst zu beeinflussen.

II. Typus Heimchen

Auch dieses verwöhnte Kind hat gelernt, daß es beachtenswert und wichtig sei. Auch seine Wünsche müssen erfüllt werden, aber nicht wegen seiner strahlenden Sieghaftigkeit, sondern wegen seiner Zartheit, Schwäche und Hilfsbedürftigkeit. Das Heimchen ist nicht bewunderungswert, sondern bedauernswert. Es leidet immer, darum darf man ihm keine neuen Leiden zumuten, und darum muß man ihm alle Wünsche erfüllen. Das Mittel also, durch das die Heimchen (selbstverständlich völlig unbewußt) die Dienstleistungen ihrer Umgebung erkaufen, ist das Leiden, und darum wird die Leidensfähigkeit in erstaunlicher Weise entwickelt. Aber es handelt sich nicht um gemachte oder gar geschauspielerte Schmerzen, sondern um wirklichen Kummer, um echtes Elend und ehrliche Tränen. – Selbstverständlich gibt es überall Menschen, die gern den Schwächeren helfen oder wenigstens die Traurigen trösten. Darum findet das Heimchen zunächst die Beschützer, auf die es angewiesen ist. Nicht nur im Elternhaus, sondern auch in der Schule und später im Leben gibt es Stars, denen es wohltut, einige Schützlinge zu betreuen. So leben Star und Heimchen oft in einer gegenseitigen Abhängigkeit voneinander wie in einer Symbiose.

Aber allmählich werden alle Mittel durch ihre Wiederholung wirkungslos. Die großen, bittenden Augen rufen nicht mehr Mitleid hervor, sondern Langeweile, und die leise klagende Stimme macht den Hörer nicht mehr fügsam, sondern ungeduldig. Die Helfer und Diener bleiben aus, das Heimchen steht verlassen, hilflos und unbeschützt mitten im Leben. Und da es nicht gelernt hat, sich selber zu helfen, bricht jetzt die Krisis unaufhaltsam herein.

Die Pädagogik hat hier die Aufgabe, das Heimchen gerade an das zu gewöhnen, was es am allermeisten fürchtet (weil es ihm durch seine Dressate verboten ist), nämlich an eigene Leistung und eigene Anstrengung. Je früher dies gelingt, um so milder werden die Krisen. Aber die Lösung dieser Aufgabe scheitert fast regelmäßig an der Ichhaftigkeit, an der Ungeduld und dem pädagogischen Ehrgeiz der Eltern und Lehrer. Meist ist die Überführung in eine neue Umgebung und oft auch eine besondere heilpädagogische Behandlung unerläßlich.

III. Typus Cäsar

Ganz anders verhalten sich die Kinder, deren Erziehung zu hart war. Aber nicht nur zu hohe Anforderungen und zuviel Kritik (die nörgelnde Erziehung), sondern auch das

Fehlen der nötigen Fürsorge (die Verwahrlosung) können hier als Ursache wirken. Die entgegengesetzten Fehler, das Zuviel und das Zuwenig in der Erziehung, führen den gleichen Mißerfolg herbei.

Ein solches Kind erlebt den Wirbruch meist ziemlich früh und ziemlich gründlich. Es lernt dabei, daß es sich auf die Erwachsenen nicht verlassen kann. Denn seine Wünsche und Strebungen, seine kindlichen Ordnungen erscheinen in den Augen der Erwachsenen als unordentlich. Es fühlt sich immer und überall gestört, wo es echt und lebendig sein will. Darum lernt es: „Die anderen helfen mir nicht, die anderen hindern mich nur, darum muß ich mir selber helfen." Wenn die Erfahrungen, die das Kind von diesem Standpunkt aus macht, einigermaßen günstig verlaufen, so lernt das Kind weiter: „Und wenn ich mich einsetze, kann ich mir selber helfen; ich habe Erfolg gegen die anderen für mich allein, aber Mißerfolg, wenn ich mich den anderen anvertraue."

Darum handelt ein solcher Cäsar immer egoistisch. Er kann seine Mitmenschen, die Erwachsenen ebenso wie die Altersgenossen, immer nur als Mittel für seine Zwecke betrachten, er macht sie zum Objekt, um nicht selbst von ihnen zum Objekt gemacht zu werden. Er glaubt gewissermaßen an den alten Irrtum, daß man Hammer oder Amboß sein müsse, weil ihm das Eigentliche und Lebendige, nämlich das produktive Leben und der wirkliche Mut, verlorengegangen ist. Trotzdem erscheint der Cäsar oft recht mutig: Sein Spannungsbogen ist lang, und er setzt manchmal leidenschaftlich sein Leben aufs Spiel. Aber letzten Endes kämpft er nie *für,* sondern immer nur *gegen* etwas. Und je tiefer man ihn versteht, um so mehr begreift man, daß er gegen die Wirhaftigkeit, gegen die lebendigen Gefühle und darum auch gegen alles Wachstum und gegen das produktive Leben zu Felde zieht. Gefühl ist für ihn gleichbedeutend mit Niederlage. Nur Feindseligkeit und Fanatismus sind noch erlaubt; nicht nur seine reinste, sondern auch seine einzige Freude ist Schadenfreude; sein Glück ist ichhafter Stolz und sein einziges Unglück ist die Einbuße an Überlegenheit und Macht.

Hier liegt auch der Punkt, der ihn zu Fall bringen muß. Zunächst hat der Cäsar Erfolg daheim und auch in der Schule. Er fügt sich manchmal klug in die Ordnungen ein, um sie für seine eigene Machtpolitik zu benutzen. Er macht sich Liebkind beim Lehrer, um so die Klasse zu beherrschen, oder er vertritt den Vater und tyrannisiert in dessen Namen die Geschwister. – Sobald er aber feindlich mit einem zweiten Cäsar zusammenstößt, führen alle Verhaltungsweisen, die er gelernt hat, nicht mehr zum Siege, sondern zur Niederlage. Je anspruchsvoller er auftritt, um so mehr wird er abgelehnt; je mehr er wütet, um so gründlicher verfällt er der Lächerlichkeit. – Aber man kann dem Cäsar, genau wie dem Star, erst pädagogisch helfen, wenn er aus der aktiven in die passive Haltung übergeht, wenn er zum Heimchen oder zum Tölpel wird.

IV. Typus Tölpel

Der Tölpel hat ebenfalls gelernt, daß die Erwachsenen nicht seine Freunde sind und daß er auf ihre Hilfe nicht rechnen darf. Aber alle Versuche, sich selber zu helfen, sind schon gescheitert, sei es, weil die Erwachsenen zu aufmerksam waren oder sei es, weil die körperliche und die geistige Geschicklichkeit des Kindes nicht ausreicht.

Diese neuen Mißerfolge brachten ihm die Lehre ein: „Ich selber bin nicht imstande, mir zu helfen“. Aber was soll ein Kind tun, das weder durch äußere Hilfe noch durch Selbsthilfe die Erfüllung seiner Wünsche erlangen kann? Sein Leben würde eine ununterbrochene Reihe von Entbehrungen und Enttäuschungen werden, wenn dieses Leben selbst nicht einen großartigen und doch armseligen Ausweg eröffnete. Dieser Ausweg ist der Verzicht.

Das Kind lernt nicht nur, auf die Erfüllung seiner Wünsche zu verzichten (das wäre ein ewiges Entbehren), sondern es lernt, jedem einzelnen Wunsche und schließlich allem Wünschen überhaupt von Grund aus zu entsagen, – dann kann es trotz seiner inneren Armut wunschlos glücklich sein. Die innere Politik des Tölpels ist ganz auf Rückzug eingestellt. Sie entwertet von vornherein alle Genüsse höheren Grades, jede Entwicklung, jede Freude, jeden Erfolg und vor allem jede Gemeinsamkeit. Nur das Genießertum auf seiner frühesten Stufe, gut essen, trinken, schlafen und in der Sonne liegen, wird meist noch als lebenswert anerkannt. Darum gilt der Tölpel als faul, als dickfellig und manchmal geradezu als schwachsinnig. Im Grunde ist er aber weder das eine noch das andere. Die große Reizbarkeit und Empfindlichkeit, die sich hinter seinem Panzer von Stumpfsinn verbirgt, bedeutet eher eine übertriebene Leidensfähigkeit und Zartnervigkeit.

Wer etwas von Charakterkunde versteht, sieht bald, daß das Ich-Ideal solcher Kinder (freilich, ohne daß sie auch nur das geringste davon wissen) kurz und bündig lautet: „Ich bin einer, dem kann keiner.“ Ehrgeiziger und herrischer kann wohl niemand sein als der, dem die ganze Welt gleichgültig ist. Seine Gottähnlichkeit läßt sich auch in die Worte fassen: Außer mir gibt es nichts in der Welt. –

Darum kann man solche Kinder schlagen, ohne daß sie es fühlen. Man kann sie hungern lassen, und sie lachen. Sie sträuben sich weder innerlich noch äußerlich gegen Demütigungen, denn sie haben das Dressat: „Bei mir erreichst du nichts, auch wenn du mich totschlägst." Sie halten durch, bis der Erzieher seine Mittel erschöpft hat. Und sie bleiben Sieger.

Wenn es gelingt, ein solches Kind zu ermutigen, so ändert es ziemlich rasch seine gesamten Verhaltungsweisen von Grund aus.

Dritter Teil
Charakter im Alltag

9. Arbeit und Ruhe

Fleiß kann, Faulheit muß unsachlich sein. Aber der sachliche Fleiß läßt sich vom ichhaften ebenso unterscheiden wie die ichhafte Faulheit vom sachlichen Ausruhen. Und zwar liegt das Unterscheidungsmerkmal in einer Tatsache, die für die Charakterkunde von außerordentlicher Wichtigkeit ist. – Wer sachlich funktioniert, hat Freude am Funktionieren selbst, auch wenn die Funktion als solche mit Unlust verbunden sein sollte.

Jemand arbeitet zu einem Examen. Er muß vieles lernen, das ihn nicht interessiert und das er nach seiner Meinung später nie wieder braucht. Ist er ichhaft eingestellt, so hat er das Examen für sein Geltungsbedürfnis nötig oder, psychologisch besser gesagt, er braucht es, um eine Verschärfung seines Minderwertigkeitsgefühls zu vermeiden. Vielleicht würde sein Vater ihm sonst die Geldmittel entziehen; er würde sich dem Kampf ums Dasein nicht gewachsen fühlen, und darum würde das nicht bestandene Examen für ihn ein negatives Erlebnis bedeuten. Seine Bemühungen sind nicht mehr ursprünglich für das Positive, sondern gegen das Negative gerichtet.

Dann ergeben alle Mittel, die er für sein Ziel aufwendet, ebenso viele Umfinalisierungen. Sachlicherweise würde er etwa sein Gedächtnis mit den Rhythmen und den Lauten lebender Sprachen erfüllen, und statt dessen verwendet er es nun, um die Grundbegriffe des Römischen Rechts auswendig zu lernen. Seine Phantasie möchte er vielleicht mit den Bildern fremder Länder und Völker beschäftigen, nun aber befaßt er sich mit der Konstruktion von Zivilrechtsfällen. Seine Muskeln möchte er im Wanderschritt spielen lassen, und statt dessen zwingt er sie zum Sitzen am Schreibtisch. Alles dies tut er, um auf sein Ziel nicht verzichten zu müssen.

Die Umfinalisierung natürlicher Funktionen auf ichhafte Ziele wird für die Dauer meist als Qual empfunden. Denn der angestrebte ichhafte Gewinn haftet nur dem Ziele selber an, die Mittel an sich sind nur noch mit Unlust verbunden. Sie werden nur um des Zieles willen und trotz ihres negativen Wertes angewendet.

Für den sachlich Eingestellten hat dagegen nicht nur das Ziel, sondern auch schon jedes Mittel für sich selber sachlichen Wert. Die allgemeine Zweckhaftigkeit und der letzte Sinn des Lebens, der den sachlichen Zielen ihren Wert verleiht, liegt ja im Unendlichen, und in seinem Dienste sind auch die Ziele noch Mittel. Der Unterschied zwischen Ziel und Mittel fällt weg, und jedes, auch das bescheidenste Mittel, kann als Selbstzweck erlebt werden. Wir sagen darum, alles, was im Dienste der Lebendigkeit steht, trägt seinen „Sinn" in sich selber. Es kann nicht Qual sein.

Wer aus ichhaften Gründen eine Wanderung macht, etwa um sagen zu können, „da und da bin ich gewesen", der hat keine Freude am Wandern selbst. Er denkt, wenn er ehrlich ist, immer, und wenn er weniger ehrlich ist, wenigstens an Regentagen: „Wenn es doch erst überstanden wäre!" Wer aber sachlich, nämlich aus Freude am Leben, zum Wandern gekommen ist, dem ist jeder Schritt schon Befriedigung. Und wenn es regnet, ist das Erlebnis im Regen ihm ebenso reich wie das Erlebnis im Sonnenschein. Wenn das Ziel nicht erreicht wird, erscheint dem Unsachlichen aller Aufwand an Mitteln als sinnlos vertan, dem Sachlichen aber waren schon die Mittel selber Zwecke und darum sinnvoll. Er braucht ihren Aufwand nie zu bereuen.

Genau das gleiche gilt für denjenigen, der aus sachlichen Gründen ein Examen machen will. Da er dieses Ziel hat, hat er kein „eigentliches" anderes Ziel. Er möchte seine Funktionen augenblicklich mit nichts anderem beschäftigen als mit den Dingen, die im Dienste seines Zieles stehen. Solange er arbeitet, hält er mühelos die Aufmerksamkeit, das Gedächtnis, die Phantasie und alle Organe auf das Ziel gerichtet. Und siehe da, je mehr er sich dem ungewohnten Stoffe anpaßt, um so mehr zeigt sich, daß er auch hier das Leben erlebt. Auch das trockenste Auswendiglernen macht ihm noch Freude, denn er merkt, wie sein Gedächtnis immer leichter und immer fröhlicher seine Aufgaben löst.

Der Ichhafte, der seiner eigenen Natur entfremdet ist, weil ihm die Ichhaftigkeit zur „zweiten Natur" wurde, muß sich dauernd überwachen. Er könnte sonst in seine Natürlichkeit zurückfallen und aufhören zu arbeiten. Er muß sich, wie man sagt, beherrschen. Und das kostet ihn eine größere Anstrengung als die Arbeit selbst. Der Sachliche dagegen tut, was ihm natürlich ist. Und da er es gerne tut, hat er keinerlei Selbstbeherrschung dazu nötig. Ausruhen kann er sich so oft und so lange er mag, denn er weiß, daß er nachher mit ausgeruhten Organen rasch alles etwa Versäumte nachholen kann. Der Erste gleicht dem Führer einer landfremden und widerwilligen Truppe. Er muß achtgeben, daß ihm seine Leute nicht bei der ersten

Gelegenheit davonlaufen. Der Zweite gleicht dem Führer eines Aufgebotes, das die eigene Heimat verteidigt. Er weiß, daß er sich auf jeden Einzelnen verlassen kann.

Es gibt nicht verfehlte und richtige Berufe, sondern es gibt nur Menschen, die ihren Beruf sachlich anpacken, und Menschen, die ihm ichhaft gegenüberstehen. Wer lieber einen anderen Beruf hätte, sollte den, den er hat, um so sachlicher ausfüllen. Dann wird er mit der gleichen Sachlichkeit die Grundlagen für den neuen schaffen können; und es müßte seltsam zugehen, wenn er nicht in fünf oder sechs Jahren an der Stelle stünde, an die er sachlicherweise gehört. Das Warten würde ihn aber nicht sehr belasten, da er Tag für Tag das Bewußtsein hätte, auf einem sinnvollen Wege zu sein.

Geht man den Klagen über den sogenannten verfehlten Beruf sorgfältig nach, so findet man regelmäßig, daß der Beruf entweder als zu niedrig empfunden wird, dann leidet der Betreffende nicht an seinem Beruf, sondern an seinem Geltungsbedürfnis; oder aber er wird als zu hoch empfunden, dann stammt das Leiden wieder nicht aus dem Beruf, sondern aus dem Minderwertigkeitsgefühl. In beiden Fällen würde das Leiden verschwinden, wenn die Ichhaftigkeit verschwände.

Andererseits sind alle solche Klagen ein Stück weit berechtigt. Dem einen ist die Handarbeit zu tot, dem anderen die Kopfarbeit zu schwer. Und vor allem denke man an den Fabrikarbeiter, der jahrzehntelang die gleichen, eintönigen Bewegungen macht. Hier aber handelt es sich um soziale Übelstände, die man benutzt, um sein eigenes Versagen damit zu entschuldigen. Der Sachliche würde in dieser Lage zwar auch leiden, aber das Leiden, die negative Erfahrung, würde ihn nicht zerbrechen, würde nicht zum negativen Erlebnis werden; sondern er würde sich im Gegenteil gezwungen sehen, entschlossen und immer entschlossener an der Heilung der sozialen Schäden mitzuhelfen. Wenn es ihm nicht gelänge, seine Arbeit als sinnvollen Teil des Ganzen, nämlich der Volkswirtschaft, sinnvoll und froh zu erleben, müßte er zum politischen Kämpfer werden; und sein Ringen um Abstellung der Übelstände würde sich dann zum sinnvollen Teil der geschichtlichen Entwicklung und somit zum Sinn seines Lebens gestalten. Er würde keine Zeit haben zum Hadern mit dem Schicksal, weil seine Stimmungen sich nicht in unfruchtbaren Affekten totlaufen, sondern in sinnvolle Taten umwandeln würden. Wer sich aber nun beschwert, daß eine solche Umwandlung der Stimmung in Taten bei ihm nicht eintritt, der beklagt sich schon nicht mehr über seine soziale Lage, sondern über seinen Charakter. Und damit steht er unmittelbar vor seiner eigensten Aufgabe. Er muß in seinen eigenen Klärungsprozeß hinein, oder er muß leiden bis an sein Ende.

Die Störung der Arbeitskraft ist ein Notsignal des gefährdeten Ich und gleichsam die Fanfare für den beginnenden Sturmangriff des Schicksals. Hier ist die innere Entwicklung im Gange. Weit schlimmer steht es dagegen mit denjenigen ichhaften Menschen, denen es gelungen ist, ihre Leistungsfähigkeit zur Virtuosität zu steigern. Sie „können", was ihr Beruf von ihnen verlangt, und meistens können sie es besser als die anderen. Scheinbar arbeiten sie sachlich richtig, aber freilich nur in der Breite, die auf unserem Bilde durch den Bruchteil des horizontalen Kreises dargestellt wird, der noch innerhalb des ichhaften

Doppelkegels liegt. Daß aber hier die Sachlichkeit nicht Selbstzweck ist, sondern im Dienste des Ich-Ideals steht, zeigt sich immer, sobald es sich darum handelt, entweder einen Teil seines Ich oder einen Teil seines Werkes zu opfern. Die Betroffenen opfern das Werk dem Ich und nie umgekehrt; es sei denn, daß sie infolge ihrer Dressate die Selbstzerstörung im Dienste eines ichhaften Märtyrerideals betreiben.

Immerhin reicht bei vielen Menschen der Anteil an sachlicher Leistungsfähigkeit noch aus, um ihnen für lange Zeit eine erfolgreiche Arbeit ohne allzu große innere Anspannung zu ermöglichen. Die Umfinalisierung und die damit verbundene Naturwidrigkeit läßt sich noch ertragen, und darum bemerkt zunächst niemand, daß es sich hier um eine falsche Einstellung handelt.

Zum Zusammenbruch und damit zum Beginn der inneren Entwicklung gelangen diese mehr oder weniger virtuos eingestellten Menschen erst, wenn Mißerfolge oder Katastrophen auf anderen Gebieten ihres Lebens ihnen zeigen, daß in den Grundlagen ihres Charakters ein Irrtum vorhanden sein muß. Das beste Beispiel für ein solches Schicksal ist der erfolgreiche Mann der Arbeit, der in seinem Privatleben menschenscheu ist und der das Minderwertigkeitsgefühl, das er mit sich herumträgt, hinter dem Stolz auf seine anerkannten Leistungen zu verstecken sucht. Er versteht zwar das Arbeiten, aber er versteht nicht das Ausruhen. Bestenfalls hat er sich eine oberflächliche Technik erworben, mit der er sich über die Leerheit seiner freien Stunden hinwegtäuscht. Er leitet Vereine, liest Romane, züchtet Kakteen oder löst Kreuzworträtsel. Indessen ist es fraglich, wie lange er ohne Alkohol auskommt;

ohne Nikotin kann er wahrscheinlich nicht leben. Und besonders an Feiertagen muß er zu künstlichen Mitteln greifen, um das in ihm lauernde Minderwertigkeitsgefühl nicht aufkommen zu lassen. Der gefährlichste Punkt aber liegt zwischen dem Zubettgehen und dem Einschlafen.

Wer der Welt oder dem Leben mißtrauisch gegenübersteht, darf sich nicht schutzlos der Natur überlassen. Wenn er nicht wie Salomo dreihundert Schwerbewaffnete um sich versammeln kann „wegen der großen Angst", muß er wenigstens innerlich wachsam sein. Er verschließt die Türen siebenfach und sichert sich gegen seine moralischen Feinde, indem er für alle Möglichkeiten und Fälle raffinierte Abwehrmaßnahmen ersinnt. Er denkt immer wieder alles durch, was ihn von außen oder von innen bedrohen könnte, und bemüht sich, einzuschlafen, ohne das Gefühl sorgloser Sicherheit in sich aufkommen zu lassen. Die Muskeln entspannen sich nicht, die Gedanken kommen nicht zur Ruhe, und das Herz schlägt eifrig wie am hellen Tage. Es ist kein Wunder, wenn sein Schlaf so oberflächlich wird, daß das geringste Geräusch ihn weckt, und wenn er sich am nächsten Morgen wie zerschlagen fühlt. Seine inneren Funktionen haben nicht, wie er meint, schlecht, sondern sehr gut ihre Pflicht getan. Sie waren nicht auf Ruhe, sondern auf Alarmbereitschaft eingestellt.

Im Laufe der Jahre macht sich die Schlafstörung immer quälender bemerkbar, oder es zeigen sich im Blutkreislauf die krankhaften Folgen der ununterbrochenen zu hohen Anforderung, oder die Tatsache, daß man seine Gedanken nicht zur Ruhe kommen läßt, führt zu Grübelzwang oder Ideenflucht. Auch Verdauungsbeschwerden und Nierenleiden können als Folgen einer jahrzehntelangen falschen

Gesamteinstellung zur Entwicklung kommen (meist auf dem Wege einer falschen Blutzirkulation). Immer aber ist es der Verstoß gegen den natürlichen Rhythmus von Arbeit und Ruhe, der schließlich zum körperlichen oder seelischen Zusammenbruch führt. Das Leben duldet nicht, daß die Ichhaftigkeit ihre eigene Ordnung, die vom Leben aus gesehen eine Mißordnung ist, an Stelle der natürlichen Rhythmen treten läßt. Darum wird durch jede Form der Ichhaftigkeit, und sei sie noch so geschickt ausgebildet, der natürlichen Leistungsfähigkeit früher oder später eine Grenze gesetzt. Nur der Sachliche ist fast unbegrenzt leistungsfähig, weil er nicht gegen die Forderung des Lebens verstößt.

10. Umgang und Einsamkeit

Deutlicher als im Verhältnis zur Arbeit zeigt sich die Charakterform im Verhältnis zu den Menschen. Freilich darf man nicht denjenigen, der gesellig lebt, unbesehen für wirhaft und darum für sachlich eingestellt halten, und umgekehrt beweist auch die Tatsache, daß jemand zurückgezogen lebt, noch nicht, daß er menschenscheu und ichhaft sein muß. Hier, wie überall in der Charakterkunde, muß von Fall zu Fall untersucht werden, wozu oder in welchem Sinne der Betreffende die Gesellschaft sucht oder meidet.

Je mehr ein Mensch um seine Geltung besorgt ist, ein je stärkeres Minderwertigkeitsgefühl er mit sich herumträgt, um so mehr muß ihm jede neue Bekanntschaft eine Gefahr bedeuten. Er hat darum in seinem Inneren eine Art von Tastorgan ausgebildet, das fast wie eine Paßkontrolle oder ein Polizeibureau wirkt. Jeder Unbekannte, den er kennenlernt, wird blitzschnell daraufhin geprüft, ob er als überlegen oder als unterlegen anzusehen ist.

Gehört man selbst dem aktiven Typus an, so sieht man in dem Überlegenen einen unangenehmen Konkurrenten und ist von vornherein überzeugt, daß alles, was er sagt, falsch sein wird, und daß man ihm jeden Punkt widerlegen muß. Dem Unterlegenen aber wird man Behauptungen und Einsichten unter die Nase halten, die ihn gründlich von seiner eigenen Unbedeutenheit überzeugen, und man wird ihn um so sympathischer finden, je mehr er sich imponieren läßt.

Gehört man selbst zu den passiven Naturen, so ordnet man sich eilfertig dem Überlegenen unter und ist von vornherein überzeugt, daß alles, was er jemals sagt, immer tief und wahr und geistreich sein wird. Dem Unterlegenen aber (den man selten findet) imponiert man aufs gründlichste, indem man ihm von seinen freundschaftlichen Beziehungen zu jenen bedeutenden Menschen erzählt.

Solange man mit einem Einzelnen zu tun hat, läßt sich eine solche Ich-Politik ganz gut durchführen. Aber das Zusammensein mit mehreren wirkt außerordentlich ermüdend, weil man seine Politik wie ein gehetzter Diplomat nach den verschiedenen Seiten verschieden orientieren muß. Darum sagt man lieber: ich bin so sensibel, daß ich die Gegenwart so vieler Menschen nicht ertragen kann. Man macht also aus der Not eine Tugend; und die anderen wissen ebensowenig wie man selber, daß die Sensibilität, die hier als Zeichen von hoher Kultur geltend gemacht wird, in Wirklichkeit ihr eigenes Gegenteil ist, nämlich Irritabilität.

Bezeichnend ist der scheinbare Widerspruch, der in vielen Fällen zwischen der Behandlung Fremder und der Behandlung Angehöriger aufzutreten pflegt. Gegen Fremde ist man außerordentlich liebenswürdig, und die Seinen tyrannisiert man erbarmungslos. Oder umgekehrt, man ist gegen die Fremden abstoßend schroff und umhüllt die Seinen mit unendlicher Fürsorge. Aber stets ist das Ziel das gleiche: Man sucht seine Geltung, nur jeweils mit verschiedenen Mitteln, den verschiedenen Lagen entsprechend. Wer sich stärker fühlt als seine Angehörigen, aber schwächer als die Fremden, handelt nach dem ersten Rezept; und im zweiten Falle ist es umgekehrt.

Sehr reizbare Menschen, besonders wenn sie auf irgendeinem anderen Gebiet dank irgendeiner Virtuosität etwas Brauchbares leisten, ertragen nur die Gegenwart weniger, besonders ausgesuchter Freunde. „Freunde" sind hier diejenigen, die einem blindlings folgen, die also keine Gefahr für die eigene Gottähnlichkeit darstellen. Allen anderen aber geht man aus dem Wege, indem man sie für geistlos oder unmoralisch erklärt. Man selbst hält sich dann für eine Führernatur, weil man auf die Gefolgschaft seiner Anhänger nicht verzichten kann. Das eigene Minderwertigkeitsgefühl aber, das dieser Einstellung zugrunde liegt, ist so tief unter dem Bewußtsein des eigenen Führertums verborgen, daß es meist erst in den letzten großen Krisen des Daseins zum Durchbruch kommt.

Die Anhänger und Bewunderer wiederum brauchen den gefeierten Helden, weil sie an der Größe ihres Meisters Anteil haben und dadurch ihr eigenes (noch tieferes) Minderwertigkeitsgefühl ohne alle Anstrengung ausgleichen können. So kommen beide, der Leithammel und die

Herde, auf ihre Rechnung, weil jeder dem anderen gerade das liefert, was er braucht, nämlich eine dauernde Rente für seine Ichhaftigkeit. Wir haben das vor uns, was wir eine Scheingemeinschaft nennen.

Gekennzeichnet ist die Scheingemeinschaft durch ihren schroffen Abschluß gegen die Außenwelt. Sie entzieht sich der Kritik und sucht jede Konkurrenz auszuschalten. Daher gilt für alle derartigen Sekten (und auch für die eheliche Scheingemeinschaft) das Dressat: „Und willst du nicht mein Bruder sein, so schlag ich dir den Schädel ein!" Das Schädeleinschlagen aber wird aus Mangel an Mut meistens durch ein moralisches Todesurteil ersetzt. Es lautet dann: Du bist rückständig, und wir gehen vorwärts, du bist blind, und wir sind sehend, du dienst dem Teufel, und wir dienen Gott; auf jeden Fall aber kann man mit dir nicht verkehren.

Steigt das Geltungsbedürfnis noch höher, so wird der Umkreis, in dem man sich gesicherten Ichs bewegen und darum wohlfühlen kann, immer kleiner. Man hat vielleicht nur noch seinen Ehepartner oder seine alte Mutter, die man mit vieler Mühe zur Dauerlieferantin von uneingeschränkter Bewunderung dressiert hat und deren Gegenwart man darum zu ertragen vermag. Steigt die Ichhaftigkeit aber noch weiter, so hält man es nur noch mit einem Gefährten aus, vor dessen Kritik man noch sicherer ist als vor der seines Haussklaven. Dazu eignen sich am besten die Hunde. Zu denen kann man mit weicher Stimme sagen: „Plus je connais l'homme, plus j'aime le chien", oder noch weicher: „Ja, du meinst es gut, du wirst mich nie verraten wie die bösen Menschen, die mich nie verstanden haben." – Und man sagt die Wahrheit. Denn wer bis auf den Hund gekommen ist, der ist so wund an seiner ganzen Seele, daß jede harmlose Freude, jedes Lachen eines anderen ihn bis zur Unerträglichkeit verletzt. An ihm ist so viel gesündigt worden von Kindheit an, daß nur noch ein Mensch es auszugleichen vermag, der ohne jede Ichhaftigkeit in restloser Festigkeit und restloser Liebe sein Leben an diese Aufgabe setzt. Die Heiligen aber sind sehr selten heutzutage. Wer sich heute opfert, tut es wahrscheinlich aus Ichhaftigkeit und geht darum dem Mißerfolg entgegen.

Oft leidet der Vereinsamte nur wenig unter seiner Einsamkeit. Oft ist er sogar froh, wenn er keinen Menschen sieht, weil er dann nicht um seine Geltung besorgt zu sein braucht. Er geht gesicherten Ichs seinen Träumen oder seiner Arbeit nach und fühlt sich wohl. Im Grunde aber kann niemand ohne die Verbindung mit seinen Mitmenschen lebendig bleiben, und darum hat jeder Einsame eine schwache Stelle, deren Berührung ihn in Zorn versetzt oder an der auch der Zorn nicht mehr ausreicht, die Wahrheit zu verbergen, nämlich das ehrliche und fassungslose Weinen des alleingelassenen Kindes.

Bei dem einen ist es der Pfingstsonntag, an dem er sich ärgert, daß alle Menschen zu zweien gehen und daß alle Mädchen weiße Kleider tragen. Bei dem anderen ist es eine marschierende Kompagnie und der Hohenfriedberger Marsch, der ihm die Tränen in die Augen jagt. Und bei dem dritten sind es die Weihnachtsglocken, das Schimmern des Lichterbaumes durch die Fenster und das Jubeln der Kinderstimmen. – Immer ist es die Berührung dessen, was einst Gemeinschaft war. Immer ist es die aufdämmernde Einsicht, daß Lebendigkeit nur da zu finden ist, wo an Stelle von Vereinsamung und Reizbarkeit und Haß das Eingegliedertsein in eine Gemeinschaft, das Teilsein in einem übergreifenden Ganzen und das Aufgehen in ichloser, harmloser, sachlicher Gegenwart zustande kommt.

Aber es gibt noch eine andere Einsamkeit, nämlich die, die das Schicksal des Mutigen, des Sachlichen und Lebendigen unter lauter Unsachlichen und Ichhaften sein muß. Nicht nur Christus ist in den großen Augenblicken seines Lebens verlassen gewesen; jede Frau, die gebiert, jeder Mann, der sein Leben wagt, jeder Mensch, der stirbt, muß das Äußerste ohne die Hilfe seiner hilfsbereiten Umgebung durchleben. Und etwas Ähnliches gilt für alle, die es wagen, „an den Schlaf der Welt zu rühren". Sie rütteln an den Dressaten, die die Menschheit noch braucht, weil ihre Ichhaftigkeit sich darin verkriechen kann, und darum müssen sie den Haß derjenigen ertragen, denen sie helfen.

Ob aber ein Mensch sich in die ichhafte Vereinsamung verirrt hat oder ob sachliche Einsamkeit sein Schicksal ist, entscheidet sich sofort, wenn er seinesgleichen begegnet. Die große Wirhaften werden einander verstehen und lieben; sie gehören dem gleichen Leben an. Die Ichhaften belegen sich gegenseitig mit Acht und Bann. Denn sie können nur eine Gottheit in der Welt gelten lassen, nämlich sich selber.

11. Ausgaben und Einnahmen

Viele Menschen wollen lieber kärglich von einem kleinen, aber sicheren Einkommen leben als großzügig von gewinnbringenden und gewagten Unternehmungen. Scheinbar handeln sie dabei nach vernünftigen wirtschaftlichen Grundsätzen. Beobachtet man sie aber genauer, so zeigt sich, daß sie nicht der freien Vernunft, sondern ihren starren Dressaten gehorchen, und zwar auch da noch, wo die Vernunft längst etwas anderes verlangen würde. So herrschte das Dressat „man muß mit den Zinsen auskommen" während der Inflation bei vielen guten Bürgern noch immer, als ihr Kapital schon längst auf den Wert von wenigen Goldmark zusammengeschrumpft war.

In krassen Fällen macht sich das Minderwertigkeitsgefühl unmittelbar bemerkbar, indem es bei jeder angeblich unnützen Ausgabe als Schuldgefühl hervortritt. Diese Eigentümlichkeit ist fast immer mit dem Dressat verbunden: „Genuß ist Sünde." Wenn solche Menschen sich trotzdem einmal zu Unbefangenheit und Freude verführen lassen, erwarten sie nachher wie Polykrates den Zorn der Götter. Sie besitzen das, was wir ein Druckbedürfnis nennen. Sie können nicht leben, ohne daß ein Druck auf ihnen lastet.

Mit Hilfe ihrer Dressate, die sämtlich mit der Formel „man darf nicht ..." beginnen, bringen sie es fertig, sich immer denjenigen Grad von Druck zu verschaffen, auf den sie nun einmal eingestellt sind. Aber sie wissen nicht, daß sie selbst ihre Erfahrungen „machen". Sie wagen nicht, in wirtschaftlichen Dingen auf ihrem Rechte zu bestehen. Wenn der Chef sie nach ihren Gehaltsforderungen fragt, nennen sie die Hälfte von der Summe, die sie eigentlich meinen. Wenn sie Rechnungen auszustellen haben, tun sie es viel zu spät, oder sie tun es so, daß sich niemand verpflichtet fühlt zu bezahlen. Sie lassen sich anpumpen von Menschen, die mehr Geld haben als sie selber. Sie wagen nie, den vollen Wert für ihre Arbeit oder ihre Ware zu verlangen, aus Furcht, man könnte sie für habgierig halten.

Wenn es ihnen trotz alledem nicht gelingt, sich wirtschaftliche Schwierigkeiten zu schaffen, so fühlen sie sich durch ihren Wohlstand genau so bedrückt, wie sie es sich sonst durch ihre Armut fühlen würden. Ihr Dressat heißt: „Druck muß sein." Sie leiden an Angst vor der Freude. Die Wurzeln aber für diese Einstellung findet sich fast ausnahmslos in ihren negativen Erlebnissen der frühen Kinderzeit, die etwa nach der Formel verlaufen sind: „Wenn man sich freut, ist man den Feinden ausgeliefert." Aber nicht nur die Freude, sondern auch das Bitten und das Neinsagen ist ihnen unmöglich. Und in den beiden letztgenannten Dressaten kommt, trotz der scheinbaren Bescheidenheit, ihr überaus krasses Geltungsbedürfnis zum Ausdruck. Man fürchtet, in den anderen ein ungünstiges Urteil wachzurufen, und darum will man lieber kein Geld haben und den anderen angenehm sein, als Geld bekommen und bei den anderen in Ungnade fallen. – Das Ich-Ideal heißt: fehlerlos sein, bei Gott angenehm und allen Menschen wert. Und ganz im Geheimen meint man, man müsse für seine Bescheidenheit dadurch belohnt werden, daß man das Dreifache von dem bekommt, was man beansprucht.

Sachlich sein aber heißt: Der Ichhaftigkeit des anderen niemals dienstbar werden. Darum ist es falsch, von unserer Charakterkunde, die die Menschlichkeit fordert, zu befürchten, sie könne der Ausbeutung Vorschub leisten. Im Gegenteil, der Arbeitnehmer, der bei den Tarifverhandlungen seinem Arbeitgeber aus Menschenfreundlichkeit (will sagen aus Minderwertigkeitsgefühl) auch nur um eines Pfennigs Breite entgegenkommt, schädigt nicht nur seine Arbeitsgefährten, sondern auch den Unternehmer;

denn er unterstützt dessen Geltungsstreben und damit seine Unsachlichkeit. –

Am Charakter der wirtschaftlich Kleinmütigen läßt sich mit besonderer Deutlichkeit ein Gesetz nachweisen, das im Gesamtbereich der Charakterkunde wirksam ist und dessen Kenntnis für jeden, der Schicksale verstehen will, unentbehrlich sein dürfte. Es ist das Gesetz, das wir als den Teufelskreis bezeichnen.

Wer infolge seines Minderwertigkeitsgefühls nicht wagt, seine sachlich berechtigten Ansprüche geltend zu machen, der wird weniger bekommen, als ihm zusteht. Infolgedessen wird er noch tiefer als vorher von seiner eigenen Schwäche und von der Schlechtigkeit der Welt überzeugt sein. Infolgedessen wird er das nächste Mal noch zaghafter auftreten, und darum noch weniger bekommen als das vorige Mal. Dadurch wird er noch unsicherer werden, und dadurch noch erfolgloser, und dadurch noch unsicherer, und so fort, bis in den Zusammenbruch hinein.

Solche Teufelskreise sind überall wirksam, wo es Ichhaftigkeit gibt. Sie zwingen mit der Unerbittlichkeit eines Naturgesetzes jedes Ich, an sich selber zugrunde zu gehen.

Wenn ein solcher Mensch eine Anstellung sucht, geht er aus Sparsamkeit stundenlang zu Fuß, kommt erschöpft und kleinlaut bei seinem zukünftigen Prinzipal an, wagt kaum, den Mund aufzumachen, und ist fast noch dankbar, wenn er mit einem freundlichen „Bedaure“ wieder nach Hause geschickt wird. Hätte er sich aufraffen können, sich zuerst ein gutes Mittagessen und nachher ein Auto zu leisten, selbst wenn er dafür seine letzte Mark ausgegeben hätte, so wäre er mit hellen Augen und frischem Herzen vor dem Machthaber erschienen, und der Erfolg wäre anders gewesen.

Aber für manch einen ist diese kleine List zu einem verhängnisvollen Dressat geworden. Das sind die gleichen Charaktere, die vorhin bei den Süchten erwähnt wurden. Sie haben frühzeitig entdeckt, daß man durch einen rasch erkauften Genuß einem drohenden Minderwertigkeitsgefühl aus dem Wege gehen kann. Und je mehr Minderwertigkeitsgefühle in ihnen lauern, um so unerbittlicher herrschen die Dressate: „Ich muß Auto fahren, muß Kuchen essen, muß Lackschuhe tragen, muß Sekt trinken, sonst komme ich mir vor wie der elendeste Gesellschaftskrüppel auf dieser Erde."

Man mache sich klar, daß die Bedrohung des Ich-Ideals für uns alle unerträglicher ist als die Bedrohung unseres Lebens. Wer sich in seinem Ich-Ideal bedroht fühlt, benimmt sich wie ein Mensch in Notwehr. Er fragt nicht nach den späteren Folgen, sondern er schlägt blindlings um sich. Wer nur ein einziges Mittel kennt, das ihn im Augenblick der Ichgefahr retten kann, der wendet dieses Mittel an, wenn es ihn auch später mit den denkbar schwersten Folgen belastet. Wer seine Ichgefahr durch Geldausgaben zu beseitigen gelernt hat, der gibt Geld aus, ohne zu fragen, wem das Geld gehört. Er verkauft seine Sachen, macht Schulden, unterschlägt oder stiehlt und denkt dabei nur, „ich muß Auto fahren, ich muß Sekt trinken, ich muß Lackschuhe haben".

Man kann nicht helfen, indem man ihm die bösen Folgen seiner Leidenschaft vor Augen führt. Durch solche negativen Erfahrungen werden im günstigen Falle seine Dressate verfeinert; er wird listiger und schlauer zu Werke gehen als vorher, aber nicht besser. Im ungünstigen Falle entsteht ein negatives Erlebnis, und er wird noch lebensuntüchtiger, als er schon war. Man muß ihm vielmehr die Erfahrung verschaffen, daß er sich gar nicht in der Notwehr befindet, daß er gar nicht minderwertig ist und daß er über geeignetere Mittel zur Erreichung seiner Ziele verfügt. Aber dieser Weg der Heilung ist erst gangbar, wenn der Weg der Ichhaftigkeit in den Abgrund geführt hat. Auch hier können die positiven Erfahrungen erst wirksam werden, wenn das erste positive Erlebnis eingetreten ist, das im Zusammenbruch der ichhaften Ziele besteht. –

In dieser Weise kommen alle unsachlichen Geldausgaben zustande. Was in den krassen Fällen für die Verschwendungssucht und die sogenannte Triebhaftigkeit gilt, das gilt bei weniger entmutigten Menschen für den Luxus, den sie mit ihren Kleidern, Genußmitteln und Vergnügungen treiben. Wer im Geschäftsleben, bei Einkäufen oder auch auf Reisen mehrere negative Erfahrungen rasch hintereinander gemacht hat, befindet sich in Gefahr, einer Verschärfung seines Minderwertigkeitsgefühls und damit einem negativen Erlebnis zum Opfer zu fallen. Er kann durch einen mehr oder weniger großen Aufwand von Blumen, Süßigkeiten, Autofahren oder Theaterbilletts sein inneres Gleichgewicht wieder herstellen. Die Konditoreien und die Kinos leben von dieser Schwäche der Menschheit. Gäbe es nur mutige Menschen, so müßte die Ichbewahrungsindustrie zugrunde gehen. –

Man findet immer wieder Menschen, die behaupten, das Geld läge auch heute noch auf der Straße. Die Hochstapler und Schieber lächeln über eine solche Äußerung verständnisvoll. Die Kleinmütigen aber geraten in eine typische Gereiztheit. Sie fühlen sich an ihrer wundesten Stelle getroffen. Die Wissenden jedoch verstehen jenen Satz so, wie er ihrem Erlebnis entspricht. Und dann lautet er etwa: Wer sachlich eingestellt ist und darum auch in wirtschaftlichen Nöten das Vertrauen zum Leben und zur Weltordnung niemals verliert, dem kommt aus seinem feinfühligen und leidensbereiten Innenleben heraus die Antwort, die seine wirtschaftlichen Fragen löst. Und wenn es auch auf dem Schachbrett seines Schicksals noch so trostlos aussieht, er steht wartend und voll unerschütterlicher Zuversicht vor der scheinbar verlorenen Partie, bis er plötzlich etwas sieht, was ihm eben noch unsichtbar war, nämlich den rettenden Zug, der die Partie zu seinen Gunsten entscheidet.

Wer aber ängstlich ist, wer das Vertrauen verliert, wer „nervös" wird, findet diesen Zug nie. Und wer von seiner eigenen Genialität überzeugt ist, findet ihn auch nicht. Nur wer sich schlicht und ruhig dem Leben und dem Leiden hinhält, darf hoffen, daß ihm die Gnade des schöpferischen Gedankens zuteil wird.

Das schöpferische Leben, vor dem das Unmögliche möglich wird, treibt den einen, daß er wie im Traume einen Gang geht, dessen Sinn er selber noch nicht weiß. Und den anderen überfällt es in voller Klarheit, so daß er seinen Weg unzweideutig vor sich sieht. Im Dritten ringt es sich mühsam durch Angst und Irrungen hervor, wie in einer stockenden Geburt. Immer aber ist es ein Nicht-Ich, ein Sachliches, das aus den Tiefen hervorbricht, ein überpersönliches Subjekt, dem im Zusammenbruch des Persönlichen der Weg frei gemacht wird. Und immer ist es ein Augenblick, in dem das Ich auf sich selber verzichtet.

12. Befehlen und Gehorchen

Für den sachlich Befehlenden ist der Befehl ein Dienst am Ganzen, letzthin am Volke. Es ist, als ob das Ganze sich dieses Menschen bediene, weil der Gehorchende seine Aufgaben sonst nicht verstehen würde. Wird aber die Sache ohne Befehl verstanden, so ist jeder in Worten erteilte Auftrag überflüssig, und es genügt ein Ruf oder ein Wink, der den Zeitpunkt für die Tat bezeichnet. Die Gehorchenden warten in diesem Falle nicht auf eine Nachricht über das, was getan werden soll, sondern nur auf die Bestimmung, wann es getan werden soll. Indessen ist diese Situation nur möglich, wo sachlich Gehorchende im Dienste der gleichen Sache stehen wie der sachlich Befehlende.

Vor Verdun lagen einmal zehn Infanteristen, der Rest einer Kompagnie, verstreut in Granatlöchern, vom Feinde eingekreist. Es war keine Möglichkeit, sich zu verständigen, einen Plan zu machen oder einen Befehl zu geben. Aber ein Unteroffizier sprang auf, und in der gleichen Sekunde taten alle das gleiche. Sie brachen los, überrannten den Gegner, stießen nieder, was sich nicht ergab, und kamen mit ein paar Gefangenen bei der deutschen Linie an. Wenn in den Augenblicken höchster Gefahr mehrere Menschen zugleich in höchster Sachlichkeit handeln, geschieht das Richtige von einem einheitlichen Gesichtspunkt aus, als ob ein leitender Wille und eine überlegene Vernunft am Werke wären. Die Handelnden aber wissen nichts davon. Sie tun nur, was der Augenblick verlangt.

Je vielfältiger zusammengesetzt aber die Aufgaben sind, um so größere Ansprüche stellen sie an unsere Sachlichkeit. Jene zehn Infanteristen befanden sich in einer großen, aber verhältnismäßig einfachen Gefahr, und darum konnten sie ihr einheitlich „wie *ein* Mann“ entgegentreten. Aber die zehn Vertreter einer politischen Macht, einer Weltanschauung oder einer wirtschaftlichen Interessentengruppe haben es unendlich viel schwerer. Sie können recht wohl in der Einschätzung der Lage, der Kräfte und der nächsten Ziele trotz gleicher Gesinnung und gleicher Sachlichkeit sehr verschiedene Meinungen haben. Dadurch entsteht das Problem der Disziplin. Einer muß befehlen, und die anderen müssen gehorchen, auch wenn sie das Befohlene für falsch halten.

Es ist leicht einzusehen, daß hier die Ichhaftigkeit eines Einzelnen unter dem Deckmantel sachlicher Kritik die gemeinsame Sache gefährden kann. Der Einzelne tut zwar, was er sachlich für richtig hält und was vielleicht an sich auch wirklich das Richtige wäre. Aber er tut es gleichwohl nicht im Dienste der Sache, sondern in seinem eigenen Dienste. Denn sonst würde er das tun, was er zwar für falsch hält, was nun aber, da es einmal befohlen wurde, um der Einheitlichkeit willen das Richtigere wäre. Haarscharf ist hier die Grenze zwischen der ichhaften Auswertung einer tieferen Einsicht und der sachlichen Einordnung in das gemeinsame Handeln.

Aber auch das Mitgehen im Verkehrten und der Gehorsam gegen falsche Anordnungen können zum Fehler werden, und zwar ebenfalls von einer haarscharfen Grenze an, die durch keine begriffliche Spitzfindigkeit errechenbar ist. Es sind die Feigheit, die Bequemlichkeit und die Scheu vor eigener Verantwortung, die den Gehorchenden veranlassen, ruhig zu tun, was ihm befohlen wird, auch wenn er schon weiß, daß er den Gehorsam verweigern müßte. Niemand kann vorher entscheiden, wie weit eine

Beschwerde, eine Reform oder eine Revolution sachlich berechtigt ist; und nicht einmal der äußere Erfolg kann es beweisen. Aber der Einzelne, der die Verantwortung für sein Tun oder auch für sein Nichttun auf sich nimmt, erlebt in seiner Entscheidung (und auch die Entscheidung zur Unentschiedenheit ist eine Entscheidung) ein Stück seines Schicksals, und das heißt, der innere Erfolg seines Verhaltens wird ihn mit unerbittlicher Folgerichtigkeit dahin führen, daß alles, was noch ichhaft an ihm ist, allmählich verschwinde.

Menschen, die gehorsam sind, wo sie schon nicht mehr gehorchen sollten, lieben entweder die ichhafte Bequemlichkeit, oder sie trachten nach einer Märtyrerkrone. Ihr Dressat heißt entweder: „Meine Ruhe will ich haben", oder aber: „Mir bleibt keine Qual dieses Lebens erspart." In beiden Fällen wirkt sich ein deutlich erkennbares Minderwertigkeitsgefühl aus, dessen Quelle meist leicht in der Kindheit der Betreffenden nachgewiesen werden kann. Sie standen in den ersten Jahren ihres Lebens unter einem Druck, gegen den es keine Auflehnung gab.

Solche Charaktere sind als Dienstboten oder Angestellte zunächst recht tüchtig, aber sie versagen jedesmal, wenn ein selbständiger Entschluß von ihnen verlangt wird. Rücken sie in verantwortliche Stellen auf, was fast nur in der Beamtenlaufbahn möglich ist, so ergeben sie jene engherzigen Vorgesetzten, die sich einerseits aufs strengste an die Dienstordnung halten und die andererseits mit äußerster Empfindlichkeit darüber wachen, daß man ihre Autorität respektiere. Sie werden der Sache, der sie angeblich dienen, zum Unglück und ihren Untergebenen, die sie ständig entmutigen, zum Verhängnis.

Auch in untergeordneten Stellungen werden sie ihr Geltungsbedürfnis auf irgendeine Weise zu befriedigen suchen; sei es, daß sie unentbehrlich sein oder ins Vertrauen gezogen werden wollen; oder sei es, daß sie außerhalb ihres Dienstes, in der Familie oder in irgendeinem Verein die erste Rolle zu spielen suchen. Wenn der Arbeitgeber kein guter Menschenkenner ist, entsteht plötzlich an ganz unerwarteter Stelle eine unerträgliche Spannung. Ein Dressat wurde verletzt, und „die Milch der frommen Denkungsart" verwandelt sich „in gärend Drachengift". – Wer einen solchen Angestellten in seinem Betriebe behalten will, behandele ihn wie ein rohes Ei. Wem aber die innere Entwicklung dieses Menschen am Herzen liegt, der behandle ihn anders. Man tut dem Empfindlichen keinen Gefallen, wenn man auf seine Empfindlichkeit Rücksicht nimmt, sondern man hindert ihn dadurch an seiner Reifung.

Leichter zu verstehen sind diejenigen Gehorchenden, die nicht gehorchen können. Sie gehören zu den Menschen, die einem früh erworbenen Dressat zufolge immer Nein sagen müssen, auch wo sie schließlich ganz brav das Befohlene tun. Andere wieder sagen zwar Ja, aber sie müssen es nachher immer ein wenig anders machen, als es angeordnet war. Die eigene Selbständigkeit muß dokumentiert werden. Das Geltungsbedürfnis läßt ein schlichtes Gehorchen nicht zu.

Sie stammen fast ausnahmslos aus Familien, in denen das Gehorchen als Minderwertigkeit angesehen wurde, und meistens erging es ihnen in den ersten Kinderjahren besser als in den späteren. Daher ist im Grunde ein Rest von Mut erhalten geblieben, der aber nicht ausreicht zu einer wirklichen Auflehnung. So mußten sie Miniaturopponenten werden.

Aber auch die größeren Opponenten, die nach außen überhaupt nicht gehorchen können, weil sie nach innen dem Dressate gehorchen müssen: „Ich tue immer das Gegenteil", sind nicht wirklich mutige Menschen. Auch sie besitzen ein Minderwertigkeitsgefühl, das sie unselbständig macht. Ihre ersten Lebensjahre standen meist unter schwerem Druck, und erst später ging es ihnen besser, so daß ein scheinbarer Mut entstehen konnte, der aber mit einer Festung ohne Fundament zu vergleichen ist, die in einem Sumpfe steht. Sie kann jeden Augenblick versinken.

Diese Opponenten bemerken trotz ihrer guten Intelligenz niemals, daß sie durch ihren Oppositionszwang genau so abhängig von ihrer Umgebung sind wie der direkt Gehorsame. Manch eine Frau zwingt ihren Mann zum Zu-Hause-bleiben, indem sie ihm vorschlägt, doch einmal auszugehen. Und mancher Mann zwingt seine Frau zur Sparsamkeit, indem er ihr rät, Ausgaben zu machen.

Das Neinsagen erweist sich auch hier als das einfachste Mittel, seine eigene Macht zu fühlen. Wenn man gar nichts mehr kann, so kann man doch immer noch stören, zerstören und verneinen. So entsteht die unheimliche Anziehungskraft, die der Rausch der Zerstörung und auch der Selbstzerstörung genau wie jeder andere Machtrausch auf die mutlosen Menschen ausübt. –

Daß der ichhafte Mensch des aktiven Typus das Befehlen liebt, weil er auf diese Weise seine eigene Überlegenheit erleben kann, bedarf keiner weiteren Erklärung. Wichtiger ist es aber, zu untersuchen, wie er sich benimmt, wenn seinen Befehlen nicht gehorcht wird. Reicht sein Selbstvertrauen noch dazu aus, so wird er unter einem großen Aufwand von Affekten sich doch noch durchzusetzen versuchen. Reicht es nicht mehr aus, so wird er vielleicht „vor Aufregung“ Kopfschmerzen oder Magenkrämpfe bekommen und sich ins Bett legen. Das heißt, er wird die körperliche Erregung, die sein hervorbrechendes Minderwertigkeitsgefühl begleitet, ausnutzen, um sich auf einem anderen Wege Geltung zu verschaffen. Es ist der Übergang vom aktiven zum passiven Typus. Der passiv Gewordene klagt dann seine böswilligen Mitmenschen an, die an seiner Nervenzerrüttung schuld sein sollen. Der Cäsar wird zum Heimchen.

Steht sein Minderwertigkeitsgefühl noch mehr im Vordergrund, so verlegt er sich sofort aufs Bitten. Der Befehl ist dann immer mit einem verlegenen Nebengeräusch verbunden, mit einem Räuspern oder Hüsteln oder Lachen, das gewissermaßen um Verzeihung bitten soll. Und es gehört von seiten der Gehorchenden viel Sachlichkeit dazu, gegenüber diesen Halb-Cäsaren nicht in eine mitleidige oder feindselige Haltung zu verfallen.

Alle werden sie untereinander leiden, die unsachlich Befehlenden und die unsachlich Gehorchenden. Und das ist gut. Denn sonst bestünde keine Möglichkeit, daß es jemals besser mit ihnen würde. „Gott züchtigt“, wie Luther einmal sagt, „einen Buben durch den andern.“ Daß aber diese Züchtigung nicht ganz erfolglos ist, erlebt man ab und zu wenigstens andeutungsweise, wenn das Maß des Leidens so angewachsen war, daß eine „Aussprache“ wie ein Gewitter die Luft reinigen mußte. Man ist nachher ein klein wenig sachlicher als vorher, wenigstens für ein paar Tage. Die gründliche Klärung aber kann nicht auf diesem einen Gebiete vor sich gehen. Sie muß den ganzen Menschen erfassen, und das ist nur möglich, wenn ihm kein anderer Ausweg mehr offen bleibt. Nur wer gar keine Aussicht hat, einen anderen Vorgesetzten oder einen anderen Untergebenen zu finden, wird an der Unsachlichkeit des Mitarbeiters seine eigene Unsachlichkeit abschleifen können. Solange es noch gelingt, entweder die Stelle zu wechseln oder aber auf einem anderen Gebiete, etwa in der Familie oder in irgendeiner Nebenbeschäftigung, einen Ausgleich zu finden, wird die Ichhaftigkeit nicht zerbrechen.

Das Leben vermag eine gründliche Klärung nur dadurch zu erzwingen, daß auf allen Gebieten zugleich die Katastrophen hereinbrechen, oder aber, daß auf demjenigen Gebiete, auf dem es kein Ausweichen gibt, der Zusammenbruch beginnt, so daß er rasch auf alle Nachbargebiete übergreifen kann. Dieses Gebiet aber heißt Liebe und Ehe.

Vierter Teil

Liebe und Ehe

13. Die Vorbereitung

Von unserem Standpunkt aus dürfen wir zunächst nicht fragen, welche Wege einer glücklichen Entwicklung zur Ehe hinführen, was man tun müsse, um auf diesen Wegen vorwärts zu kommen, welche Möglichkeiten zur Entfaltung des Liebeslebens es gäbe und wie diese Möglichkeiten etwa gesteigert werden könnten, sondern wir müssen zuerst fragen, warum die Entwicklung der Liebe und der Ehe fast ausnahmslos gehemmt, verkümmert oder auch vergiftet zu sein pflegt und warum nur so überaus selten eine Ehe wirklich glücklich verläuft.

Alle Dressate, die die Lebendigkeit einschränken, werden auch die Eignung zur Ehe und die Entfaltungsmöglichkeit in der Liebe beeinträchtigen. Und zwar ist es zunächst die allgemeinste Bestimmung des Charakters, das sogenannte Temperament, das hierfür in Betracht kommt. Wer nicht warten gelernt hat und wer nicht gelernt hat, sich zunächst mit Teilerfolgen zu begnügen, hat nicht viel Aussicht auf Glück. Die Dressate „Alles oder Nichts" und „Wenn nicht sofort, dann gar nicht", bilden die denkbar schlechteste Voraussetzung für die Lebensgemeinschaft zweier Menschen. Diese selbstherrlichen Ansprüche werden immer dazu führen, daß der eine den anderen zum Objekt, nämlich zum Mittel für die Befriedigung seiner Bedürfnisse erniedrigt. Dann aber handelt es sich schon nicht mehr um die Annäherung oder Verschmelzung zweier gleichberechtigter Subjekte, also schon nicht mehr um Liebe, sondern um die Versklavung des einen durch den andern. Der Ausdruck „Liebesobjekt" veranschaulicht diesen Grundirrtum so vieler Liebesbeziehungen aufs klarste. Indessen entspricht jener tyrannische Anspruch des angeblich Liebenden einem unbewußten Dressat. Er kann nicht anders als in dieser ichhaften Weise fordern, und er weiß nicht, warum er nicht anders kann. Ja, er weiß nicht einmal, daß es andere Möglichkeiten gibt. Er hält seine Art des Liebens für natürlich und unabänderlich, und der Partner, der nicht darauf eingehen will, erscheint ihm als lieblos und widernatürlich.

Das umgekehrte Temperament, dessen Dressat lautet: „Morgen, morgen, nur nicht heute", ist noch weniger zur Liebe geeignet als das vorige. Die Zaghaftigkeit steht ausnahmslos im Dienste eines allzu empfindlichen Geltungsbedürfnisses. Eine Enttäuschung oder eine Niederlage wären für den Zaghaften so unerträglich, daß er niemals zu werben wagt, solange er nicht die Garantie hat, daß die Werbung von Erfolg gekrönt sein wird. Daß es sich dann aber schon nicht mehr um ein Werben, sondern nur um ein einfaches Nehmen handelt, sieht er nicht ein. Das wirkliche Werben, das Ringen um den anderen, wird als unerträglich empfunden, weil damit das Eingeständnis eines Bedürfnisses, einer Sehnsucht, einer Hilflosigkeit und eines Ausgeliefertseins verbunden ist. Dieses mutige Sich-dem-anderen-Anvertrauen ist aber gerade dasjenige, was dem Zaghaften von früh auf verleidet wurde. Inzwischen verlangt er trotzdem, daß der Partner auf ihn warte, bis er, der Zaghafte selbst, die vorliegende Garantie für genügend hält. Und wenn dieser Zeitpunkt nicht eintritt, soll der andere trotzdem noch immer warten. Das Risiko soll also der Partner tragen. Und wenn er das nicht tut, sondern seiner Wege geht, ist der zaghaft Liebende aufs tiefste gekränkt. Er glaubt, wieder einen neuen Beweis für die Treulosigkeit seiner Mitmenschen bekommen zu haben.

Noch störender als die Temperamente wirken einzelne Vorurteile, die in früher Kindheit entstanden sind. Das Kind bildet sich aus seinen ersten, meist falsch beurteilten, immer aber falsch verallgemeinerten Erfahrungen ein kindliches Weltbild. Es stimmt mit seinen Dressaten überein und würde, wenn es begrifflich deutlich werden könnte, gleichsam den theoretischen Hintergrund für sämtliche Dressate ergeben. Im Kinde selbst nimmt dieses Weltbild niemals begriffliche Gestalt an. Meist tritt es nur andeutungsweise in Symbolen, Erinnerungsbildern, Märchenfiguren oder primitiven religiösen Vorstellungen ins Bewußtsein. Genau aber wie die Dressate wird auch das Weltbild um so starrer festgehalten, je ichhafter und anpassungsunfähiger der kindliche Charakter ist. Einen Teil dieser Vorurteile kann man am besten als Erwartungen, Forderungen oder als „Dressate für die anderen" beschreiben. Für manche Männer erscheint z. B. von frühester Jugend an der Satz: „Dienen lerne das Weib nach seiner Bestimmung" als die höchste Weisheit, die über die Ehe gesagt werden könne. Manche Frau lebt mit dem Anspruch: „Soll ich mich zu dir wenden, so trage mich auf Händen." Und man wird zugeben, daß beide noch viel lernen müssen, ehe sie zur Liebe fähig sind.

Ebenso ungünstig wirken die umgekehrten Vorurteile, die im Dienste des Minderwertigkeitsgefühls stehen. Ein Mann, der meint, die Frauenliebe sei etwas so unerreichbar Hohes, daß er ihrer niemals würdig werden könne, und ein Mädchen, das in allen Männern Halbgötter vermutet, sind in gleicher Weise schlecht auf die Liebe vorbereitet.

In den meisten Menschen aber wirkt ein Gemisch verschiedener und sich widersprechender Vorurteile durcheinander. Der Mann hält die Frauen teils für Königinnen, die ihm zu hoch, und teils für Sklavinnen, die ihm zu tief stehen. Und die Frau hält die Männer teils für unerreichbare Helden und teils für Narren. Auf diese Weise wird die Menschheit in Überlegene und in Unterlegene eingeteilt, und es bleibt niemand übrig, mit dem man glücklich werden könnte.

Der gemeinsame Grund aller dieser Vorurteile liegt in der Scheu vor dem Partner oder, richtiger gesagt, in der Scheu vor der Annäherung an den Partner, in der Scheu vor dem Heraustreten aus der Isolierung, in der Scheu vor dem Aufgeben der Sicherungen und Verklausulierungen des lieben Ich, kurz, in der Scheu vor der Intimität. Denn man ahnt (und man hat es schon in der Kindheit ahnen gelernt), daß hier die große, unausweichliche Prüfung des Lebens droht, in der es sich erweisen muß, wes Geistes Kind man ist. Niemand kann vor seinem Kammerdiener ein Held bleiben. Niemand kann vor seinem Ehepartner auf die Dauer die Komödie spielen, die er bewußt oder unbewußt der Welt vorzuspielen gelernt hat. Die Entlarvung alles ichhaften Betruges und Selbstbetruges scheint in der Ehe unvermeidbar. Und die Angst vor der Partnerschaft ist in Wahrheit die Angst vor dem beginnenden Klärungsprozeß, der durch das intime Leben mit dem anderen, in dem keine Verschleierung mehr möglich ist, in Gang geraten könnte. Man liebt seine Ruhe, weil man sein

Ich liebt, und deshalb entzieht man sich der Liebe zum anderen durch allerlei Blendwerk.

Noch ein sehr allgemeines Vorurteil muß erwähnt werden, das durch Kunst und Literatur von Kindheit auf in uns gezüchtet wird und das auch in den Weisesten nur selten ganz zum Schweigen kommt. Es ist die Erwartung, daß im Augenblick der großen Liebe alles Leid ein Ende haben wird. Zwar wissen wir mit unserer Vernunft schon lange, daß es anders ist, daß auch die stärkste Liebe im günstigsten Fall nur den Anfang einer langsamen und schweren Entwicklung bedeutet. Aber unser Herz will es nicht glauben. Es behauptet nach wie vor: „Wenn wir uns ungehindert lieben dürfen, ist alles gut." – Und es hat recht. Nur sind die Hindernisse, die im Wege stehen, nicht mehr Hexen, böse Schwiegermütter und grausame Könige, wie in den sagenhaften Zeiten, sondern es ist unsere eigene Liebesunfähigkeit. Der Drache, der den Weg zur schönen Prinzessin bewacht, ist jetzt die Angst ums Ich, die den Prinzen hindert, restlos zu lieben. Und die Dornenhecke, die Dornröschen gefangen hält, besteht jetzt in ihrer Ichhaftigkeit, die sie hindert, für den anderen zu leben.

Wohl würde uns die Liebe erlösen aus unserer Gefangenschaft im Ich; aber wie soll sie kommen, wenn wir immer wieder vom Partner verlangen, daß er uns erlöse. Dann suchen wir die Erlösung im Geliebtwerden, und das ist das genaue Gegenteil vom Lieben. Ja, wir erwarten sogar, daß der andere uns von unserem Ich erlöse, ohne unser Ich zu kränken, daß er den Drachen erschlage, ohne ihn zu verletzen, daß er das Dornröschen erwecke, ohne es im Schlafe zu stören. Und wenn er das nicht kann, sagen wir: „Es gibt keine Liebe mehr auf Erden."

Jeder, der bewußt oder unbewußt solche oder ähnliche Erwartungen mit sich herumträgt, ist für die Liebe schlecht vorbereitet. Da ihm der Partner immer nur ein Mittel im Dienste der Ich-Bereicherung vorstellt, kann er mit ihm nur Mittelerfahrungen machen und niemals die Zweckerlebnisse haben, die den lebendigen Sinn der Liebe bilden. So groß aber die bisher erwähnten Hindernisse auch sein mögen, sie werden an Wichtigkeit noch übertroffen von einer Einstellung, die mehr oder weniger ausgeprägt in jedem Menschenleben eine Rolle spielt. Es ist die Einstellung zur Beziehungsperson.

In den Zeiten des ersten großen Leidens, wenn die Harmonie zwischen Mutter und Kind zum ersten Male gestört wird (etwa im zweiten oder im dritten Lebensjahre), verzichtet das Kind nicht sofort auf die Liebe seiner Mutter. Es macht sich zwar insofern selbständig, als es seine eigene Verteidigung, seine Selbstbewahrung zum Hauptziel seines weiteren Lebens erhebt, aber zu diesem neuen Ziele braucht es die Mutter (oder die Pflegerin) als Mittel genau so notwendig, wie es sie früher als Mitträger der Zwecke (als Mitsubjekt) gebraucht hat. Wenn sich das Verhältnis beider nach der Katastrophe einigermaßen freundlich gestaltet, richtet sich die unbewußte Politik des Kindes darauf, sich mit dem mächtigen Nachbarn in möglichst gutes Einvernehmen zu setzen, ohne sich ihm völlig auszuliefern. Es ist ungefähr die Politik, die Luxemburg früher den Deutschen und jetzt den Franzosen gegenüber treiben muß. Man erinnere sich an das, was allgemein über die Entstehung der Ichhaftigkeit gesagt wurde. Aber die Notwendigkeit, bei allem und jedem, was man tut, auf die Stimmung des allmächtigen Protektors Rücksicht zu nehmen, zeigt sich noch krasser, wenn man mit ihm in mehr oder weniger offener Feindschaft lebt. Darum tun die Kinder so vieles nicht aus sich heraus, sondern nur, um den Erwachsenen angenehm zu sein, oder auch, um ihnen unangenehm zu sein. Ja, manchmal wird die gesamte Tätigkeit des Kindes umfinalisiert auf die Beurteilung, die es von seiten seiner Beziehungsperson zu erfahren gedenkt.

Wird man älter, so ertappt man sich häufig bei dem Gedanken „wenn meine Mutter mich jetzt sehen könnte". Aber nicht immer lautet die Fortsetzung „dann würde sie mich bewundern", sondern manchmal auch „dann würde sie endlich einsehen, daß sie mir Unrecht getan hat".

Als einer unserer früheren Staatsmänner in jungen Jahren an eine hohe Stelle im Kultusministerium berufen wurde, sagte er ingrimmig: „Das gönne ich meinem Mathematikprofessor. Der hat mir geschworen, daß ich ewig ein subalterner Banause bleiben werde."

Aber in diesem „Hinblick auf den anderen", in dem ewigen Schielen nach dem Eindruck, den man auf die Beziehungsperson macht, liegt eine Einschränkung der inneren Freiheit, der Autonomie des Subjektes. Allerdings tritt diese Unfreiheit bei den meisten Menschen nur in versteckter Weise in Wirksamkeit, aber sie ist für das Charakterbild bedeutungsvoll, und je intimere Beziehungen man daraufhin ansieht, um so störender macht sich die Abhängigkeit von der Beziehungsperson bemerkbar.

Mancher reist nur, um zu Hause davon erzählen zu können. Sein Leben dient ihm als Quelle, aus dem er den Stoff für seine Briefe schöpft. Es gibt Backfische, die ein Liebesabenteuer dann anfangen und dann beenden, wenn es in den romanhaften Aufbau ihres Tagebuches paßt. Und es gibt Studenten, die ihr Leben immer so einrichten, daß man zu Hause einen ganz bestimmten Grad von Beunruhigung ihretwegen empfindet.

Aus diesen Beispielen geht hervor, daß die Beziehungsperson nicht immer derselbe Mensch bleibt. Diese Rolle kann auf andere (manchmal auch auf Tote) übertragen werden. Auch eine Gruppe oder Klasse von Menschen, oder auch die öffentliche Meinung schlechthin kann den Spiegel abgeben, nach dessen Perspektive man sich richtet. Das Wesentliche ist immer, daß das Ich-Ideal, dem man ohnehin verfallen ist, nunmehr indirekt, gesehen durch die Augen des anderen, zur Wirksamkeit kommt. Dadurch wird die Harmlosigkeit zweimal gebrochen, und die Lebensfunktionen unterliegen einer doppelten Umfinalisierung. – Man singt ein Lied, nicht, weil die Freude des Herzens dazu treibt, und auch nicht, weil man sich für einen bedeutenden Sänger hält, sondern weil man denkt, die Beziehungsperson könne denken, man sei ein solcher. Solange man eine Beziehungsperson hat, ist man grundsätzlich abhängig, grundsätzlich subaltern, und kein ruhiger, in sich gefestigter Mensch.

Wie groß die Verwirrung und Verfälschung ist, die durch eine solche Einstellung in den Dingen der Liebe verursacht werden muß, kann man aber erst ermessen, wenn man hinzunimmt, daß jeder, der dazu neigt, gerade die ihm am nächsten stehende Person allmählich zur Beziehungsperson macht. Man tut dann alles, was man tut, im Hinblick auf den Ehepartner, aber nicht, um ihm Freude zu machen, weil man ihn schlechthin liebt, sondern weil man verpflichtet zu sein glaubt, ihm zu imponieren, ihn zu erschrecken, sein Staunen, seine Bewunderung, seine Furcht oder sein Mitleid zu erregen. Anstatt zu lieben, treibt man Politik.

14. Der Geschlechtstrieb

Mit der Reifung der Geschlechtsorgane erwächst dem Einzelnen die Möglichkeit geschlechtlicher Erlebnisse und damit die Aufgabe, sich auf diesem neuen Gebiete der Wirklichkeit zurechtzufinden. Der Beginn dieses körperlichen und seelischen Wachstums läßt sich nie genau feststellen. Im allgemeinen dürfte er mehrere Jahre vor dem deutlichen Auftreten der äußeren Merkmale anzusetzen sein. Aber schon der körperliche Reifungsvorgang ist kein reiner Naturprozeß mehr. Sein Eintritt kann beschleunigt oder verzögert, erleichtert oder erschwert werden, je nach der seelischen und körperlichen Vorbereitung des Individuums durch die Erziehung. Und noch mehr ist die Art, wie der Einzelne zu seiner Geschlechtsreife Stellung nimmt, wie er die neu entstehenden Aufgaben bewältigt und was er aus den neuen Möglichkeiten macht, im wesentlichen davon abhängig, wieviel Lebendigkeit und Mut ihm erhalten geblieben ist. Vor allem aber ist die Richtung und die Größe der Fehler, in die er etwa hineingerät, bedingt durch die Dressate, die zur Zeit der Reifung in ihm wirksam waren.

Die sexuelle Aufklärung, von der in der Erziehungslehre soviel Aufhebens gemacht wird, spielt bei der Vorbereitung auf die Geschlechtsreife meist nur eine recht untergeordnete Rolle. Es gibt zwar Menschen, die durch eine ungeschickte Aufklärung schwer geschädigt worden sind, aber dann war es nicht der Verstandesvorgang, sondern das damit verbundene Gefühlserlebnis, das sie erschütterte. Nicht die Erfahrungen (in dem hier gebrauchten Sinne), also nicht das Mehrwissen über die Objekte, sondern die Erlebnisse, die Änderungen im Subjekt sind das Entscheidende.

Unverschüchterte Kinder fragen im dritten oder vierten Lebensjahre, woher die Kinder kommen, genau so wie sie fragen, woher die Kartoffeln, der Regen oder die Elektrizität kommen. Das sind Fragen der verstandesmäßigen Forschung, die sachlich beantwortet werden müssen. Auf diese Weise können nur Erfahrungen und nie Erlebnisse entstehen. Erst wenn der Erwachsene erschrickt, verlegen stammelt oder grob wird, verursacht er in dem Kinde ein negatives Erlebnis. Die erfahrungsmäßige und harmlose Kenntnisnahme der wahren Tatbestände bildet aber auch den besten Schutz gegen künftige Gefühlskatastrophen, die durch unberufene oder verbrecherische Aufklärungsversuche zustande kommen könnten.

Durch den heutigen Stand unserer Kultur wird es bedingt, daß die erste Begegnung des Kindes mit den Problemen des Geschlechtslebens nur selten in den eben geschilderten und unschädlichen sachlichen Erfahrungen besteht. Aber noch seltener besteht sie in tatsächlichen geschlechtlichen Erlebnissen. Fast ausnahmslos sind es pädagogische Probleme, die sich des geschlechtlichen Gebietes als ihres Materials bedienen. Sehr oft handelt es sich zum Beispiel um den Kampf zwischen Kind und Erzieher, der um den Gebrauch oder Nichtgebrauch unanständiger Worte, um das Stellen oder Nichtstellen verfänglicher Fragen, um das Ausüben oder Nichtausüben sogenannter unanständiger Spielereien entbrennt. Man erinnere sich an die Darlegungen über das enfant terrible und über die Selbstbefriedigung. Dann wird man einsehen, daß in allen diesen Vorgängen, die dem Erwachsenen als typisch sexuell erscheinen, die sexuelle Note nur als Mittel im Dienste der kämpferischen, also durchaus unsexuellen Ziele des Kindes steht. Wenn die geschlechtlichen Vorgänge vorzeitig im Leben des Kindes eine selbständige Bedeutung erlangen, liegt dies regelmäßig an der ungeschickten Art, in der der Kampf durch den Erzieher geführt worden ist.

Weit schwieriger wird die Lage freilich, wenn ein Kind schon in zartem Alter einer geschlechtlichen Verführung zum Opfer fällt, oder auch, wenn es die erotischen Erlebnisse der Erwachsenen beobachtet. Indessen sind die Nachwirkungen solcher Ereignisse auch wieder abhängig von der Vorbereitung des Kindes. Ist es mutig und hat es lebendige Beziehungen zu sachlich eingestellten Angehörigen, so wird es erzählen, was es erlebt hat. Man wird es wieder ins Gleichgewicht bringen, und es wird kaum geschädigt werden. Ist aber niemand da, an den es sich zu wenden wagt, so ist ein negatives Erlebnis unvermeidlich; und es werden viele Jahre dazu gehören, bis die Nachwirkungen dieser Katastrophe ausgeglichen sind.

Eine schwere Schädigung erwächst den Kindern regelmäßig aus der bedingungslosen Verurteilung alles Geschlechtlichen durch die Erzieher. Entwickelt sich das Kind auf der passiven Linie, so übernimmt es die Meinung der Erwachsenen, erstens weil es dadurch in den Ruf der Tugendhaftigkeit gelangt, zweitens aber auch, weil es dunkel ahnt, daß es auf diese Weise der wesentlichsten Gefahr für sein Ich, nämlich dem wirklichen Liebeserlebnis, aus dem Wege gehen kann. Welch ein Gewinn für einen ichhaften Menschen, wenn er sein Leben lang sagen kann: „Ich liebe alle Menschen, denn ich bin gut. Aber die geschlechtliche Liebe ist mir fremd, denn sie ist Sünde!" Er ahnt nicht, daß er einer List des bösen Prinzips zum Opfer gefallen ist. Denn er bedient sich, ohne es zu wissen, des unvergleichlich schönen Doppelsinnes, der im Worte Liebe liegt, um das Streben nach Reinheit heimlich in den Dienst der Ichbewahrung zu stellen.

Entwickelt sich das Kind auf der aktiven Linie, so macht es diese Dinge, die sein Erzieher so überaus wichtig nimmt, gerade deshalb zum Gegenstand seiner kindlichen Spielereien. Dann entstehen die Dressate, die etwa heißen: „Man muß geschlechtliche Abenteuer erleben, wenn man ein Mann sein will", oder: „Die verbotene Lust ist die größte, sonst würde sie nicht verboten sein." Und man kann sich leicht vorstellen, daß infolge dieser Einstellung die geschlechtliche Entwicklung nicht nur beschleunigt, sondern auch von vornherein in eine ungesunde Bahn gelenkt werden muß.

Die einen entziehen sich unter dem Vorwand, die sündige Sinnenliebe vermeiden zu wollen, dem stärksten aller Angriffe, den das Leben gegen ihre Ichhaftigkeit zu richten vermag, nämlich dem Untergang des Ich in der Verschmelzung mit dem Geliebten. Die anderen stellen unter dem Vorwand, dem tiefsten Sinn des Lebens, nämlich der Verschmelzung der Subjekte (der Aufhebung der Individuation) zu dienen, die Liebesbeziehungen als Mittel in den Dienst ihrer ichhaften Ziele.

Der Mißbrauch des Wortes „Liebe" ist nur möglich, weil der Mißbrauch der Funktion möglich ist. Denn genau wie alle anderen Lebensäußerungen, Essen, Laufen,

Reden, Denken, Lachen und Weinen, kann auch die Funktion der Geschlechtsorgane im Dienste der Ich-Erhöhung umfinalisiert werden. Und diese Umfinalisierung wird unvermeidlich, wenn von vornherein Dressate bestehen, die die lebendige Entfaltung im Dienste der ichlosen Liebe unmöglich machen.

Die Zeit der Reife stellt also eine Teil-Krisis dar. Denn hier muß es sich entscheiden, ob diese Funktion, die wie keine andere die übrigen Körperfunktionen in ihren Dienst zu ziehen vermag, mitsamt ihrer ganzen Gefolgschaft dem Ich-Ideal untergeordnet wird oder ob sie sich dem Wohl des Wir, des Liebespaares unterordnet. Im ersteren Falle wird der Ichhaftigkeit bis in den großen Klärungsprozeß hinein die unumschränkte Herrschaft gesichert, im zweiten Falle wird eine Eindämmung des Ich, eine Auflockerung der Dressate und ein Anwachsen des Mutes und der Lebendigkeit hervorgerufen: die ersten Andeutungen und Vorläufer der Klärung selbst.

Je weniger ein Mensch das Warten gelernt hat, um so mehr wird er das Drängen der funktionsbereiten Organe und die Meinung seiner Umwelt, daß der Mangel an Abenteuern gleich Minderwertigkeit sei, schon als unerträgliche Kränkung empfinden. Wenn er warten würde, müßte er Sehnsucht erleiden, vielleicht jahrelang. Er müßte sich langsam und in scheuer Bitte einem geliebten Wesen nähern, und was das schlimmste ist, er müßte die Entscheidung zwischen Glück und Unglück von dem Lächeln oder dem Achselzucken dieses geliebten Wesens abhängig machen. Er wäre nicht mehr sein eigener Herr. Diese Abhängigkeit aber trägt der Ichhafte nicht (trotzdem er weit abhängiger ist, als er ahnt). Darum drosseln viele ihre geschlechtliche Entwicklung von vornherein ab. Und zwar tun sie es, ohne es zu wissen, mit so viel Ausdauer und Geschick, daß sie tatsächlich kaum noch geschlechtliche Bedürfnisse verspüren. Sie sagen dann: „Mir fehlt der Geschlechtstrieb", und meinen eine naturgegebene Tatsache zu konstatieren, die man bedauern oder bewundern, aber nicht ändern könne. Sie sehen nicht, daß sie im Banne ihrer Ichhaftigkeit sich selbst zu dem machen, was ihrem unbewußten Ich-Ideal entspricht.

Andere wieder, die aktiver eingestellt sind, erklären diese Bedürfnisse für eine unabweisbare Naturkraft. Sie nennen sie Eros oder Dionysos, preisen sie als Lebensspender oder verdammen sie als aller Teufel Obersten. Sie sind stolz darauf, oder sie leiden darunter, befriedigen ihn oder bekämpfen ihn unablässig, weil sie im Grunde von seiner Unüberwindlichkeit überzeugt sind. Sie züchten jenes Funktionsbedürfnis der Geschlechtsorgane mit ebensoviel unbewußter Ausdauer und unbewußtem Geschick, wie die anderen es unterdrücken. Und sie bringen es dahin, daß sie sich im Laufe der Jahre einen Zwang schaffen, der genau wie der Zwang zum Alkohol oder zum Luxus den gesamten übrigen Menschen in seinen Dienst stellt. Dann ist der „Trieb", von dem sie soviel sprechen, tatsächlich vorhanden. Und sie haben in ihrem eigenen Erleben die Beweise für das, was sie in ihrem Weltbild nicht entbehren können, nämlich das Bestehen einer selbständigen Kraft, die sie als Libido oder Eros oder Sexualtrieb verehren.

Aber nicht nur der eine, der der Träger dieses Zwanges ist, soll dem „Trieb" unterworfen werden, sondern auch der andere, dessen man als Mittel zur Triebbefriedigung bedarf. So dient der „Geschlechtstrieb“ zuerst dazu, seinen Träger vor der ichlosen Verschmelzung mit dem anderen Subjekt, also vor der wirklichen Liebe zu schützen, dann aber auch, ihn als einen „leidenschaftlichen“ Menschen auszuzeichnen, drittens, ihn vor sich und den andern wegen seiner Rücksichtslosigkeit zu entschuldigen, viertens, um ihm den Partner zu unterwerfen, und fünftens vielleicht noch, um mit beliebig vielen Partnern auf die gleiche Weise verfahren zu können.

Ist dieser „Trieb“ einmal innerlich und äußerlich anerkannt, so kann er durch anderweitige Dressate umgestaltet und umgewandelt werden. Perversionen, Krankheiten und Verbrechen entstehen auf diese Weise. Aber die Erörterung solcher mehr abwegigen Erscheinungen muß besonderen Arbeiten vorbehalten bleiben. Es muß hier genügen, darauf hinzuweisen, daß die sogenannten „Entgleisungen des Sexualtriebes“ nur möglich sind, wo nicht nur der Einzelne, sondern auch die öffentliche Meinung von dem wirklichen Vorhandensein eines solchen Triebes überzeugt ist und wo ein allgemeines Interesse daran besteht, das Wissen um die Verantwortlichkeit des menschlichen Subjekts zu verdunkeln.

So erweist sich der Geschlechtstrieb als ein Dämon oder ein Fetisch, der in Wirklichkeit nicht vorhanden ist, der aber eine ungeheure Macht gewinnt über alle die, die an ihn glauben. Wer an ihn glaubt, leiht ihm die Wirklichkeit seines eigenen Subjektseins und verhilft ihm so zur Wirksamkeit. Und wir glauben an ihn, solange wir um unserer Ichhaftigkeit willen diesen Aberglauben nötig haben. Bedürfen wir seiner nicht mehr, so glauben wir nicht mehr an ihn, und er verschwindet allmählich.

15. Die Liebeswahl

Für die Frage, ob, wie, wann und wen man zum Partner wählt, ist nicht etwa das Entscheidende, wie man gewöhnlich annimmt, ob man dem „Richtigen“ begegnet oder nicht, sondern es kommt einzig und allein darauf an, wie man zur Liebeswahl vorbereitet ist. Es fragt sich vor allem, welche Dressate im Wege stehen, welche Vorurteile man hat, welche Erwartungen man hegt und welche Ansprüche man stellt.

Wer sucht, der findet. Aber freilich gibt es Einzelne, die weder suchen noch finden, weil sie auf Grund ihrer Dressate allem aus dem Wege gehen, was mit körperlicher Berührung zu tun hat. Dann tritt das Problem der Partnerschaft in umgekehrter Form auf, nämlich als das Problem der Einsamkeit. Man kann diese Lebensform als die „Nicht-Ehe“ bezeichnen. Und es wird sich zeigen, daß sie ganz ähnliche Schwierigkeiten und auch das gleiche zwanghafte Hineintreiben in den Klärungsprozeß mit sich bringt, wie es für die übrigen Formen der Partnerschaft der Fall ist. Davon aber soll erst im nächsten Kapitel die Rede sein.

Es gibt aber auch zahlreiche Menschen, die angeblich immer suchen und nie finden. Betrachtet man jedoch die Art ihres Suchens genauer, so erkennt man, daß sie in Wirklichkeit suchen, um nicht zu finden. Ihr Dressat heißt: „Ja, aber –.“ Sie erheben überall Einwände, und da sie meist recht scharfsichtige Kritiker sind, ist gegen ihre Einwände gar nichts einzuwenden, außer daß man in all diesen Fällen sagen könnte: „Ja, aber trotzdem –.“

Es sind früh entmutigte Menschen, die in einem ständigen Kampf mit dem Schicksal leben. Im Grund verlangen sie, daß das Schicksal ihnen einen Partner, und nicht nur einen Partner, sondern auch einen Beruf, einen Freundeskreis, eine Villa und alles, was dazugehört, darbringen soll, und zwar so einwandfrei, daß kein Aber mehr möglich ist. Findet sich eine Zeitlang kein Aber, so werden sie sehr unruhig. Die Aufregung, daß nun endlich der große Tag der Erfüllung gekommen sein könnte, macht sie verwirrt. Und aus ihrer Verwirrung heraus benehmen sie sich so ungeschickt wie nur irgend möglich. Manchmal warten sie geradezu auf Zwischenfälle. In jedem Blick, in jedem mißverständlichen Wort, in jedem kleinen Versehen des anderen finden sie Beweise dafür, daß die Erfüllung doch ausbleiben wird. Sie ziehen gewissermaßen ihr Unglück an den Haaren herbei. Und es drängt sich immer wieder der Gedanke auf, daß sie nur im Unglück glücklich sind, und daß es ihr Unglück wäre, wenn sie glücklich würden. Ihr Mut reicht für das Glück nicht aus. Und darum suchen sie, um nicht zu finden – bis dieser innere Widerspruch sie in die Klärung hineinzwingt.

Die Formel, nach der ihr Leben sich aufbaut, heißt etwa: „Der andere (zunächst die Mutter, dann die Beziehungsperson, die Schule, die Behörde, der Staat, die Menschheit, das Schicksal und schließlich Gott) ist an allem schuld. Ich mühe mich, so sehr ich kann, aber ohne Erfolg. Die anderen Menschen oder die Umstände sind immer wieder so geartet, daß kein Erfolg zustande kommen kann." Und wir wissen, daß dieser Standpunkt zur Zeit der Kinderkatastrophe berechtigt war. Auch dieser Mutlose ist, wie alle anderen, einmal verraten worden. Und nun häuft er zwangsmäßig Jahr für Jahr seine Mißerfolge auf, als Belastungsmaterial in jenem geheimen Prozeß, den er gegen seine Beziehungsperson führt.

Aber vorwärtsgehen, sich anschließen, sich mitteilen, sich dem anderen anvertrauen, sich aufs Spiel setzen, Taten tun auf eigene Gefahr und vielleicht auf eigene Gefahr hin glücklich werden, das eben ist es, was er fürchtet, weil er es nicht gelernt hat und weil er dann das einzige, was er gelernt hat, nicht mehr betreiben könnte, nämlich das Prozessieren gegen die Beziehungsperson mit Hilfe des ewigen „Ja, aber –".

Eine sehr seltsame Form der Liebeswahl ist die des unbewußten Boykotts. Sie verläuft so, daß man nach langem Suchen glücklich ist, einem Menschen zu begegnen, von dem man alsbald die Überzeugung gewinnt, daß er der „Richtige" sei. Man nähert sich ihm, langsamer oder schneller, je nachdem es die Dressate verlangen, und man glaubt auch ein gewisses Entgegenkommen zu finden. Wenn man sich aber mit seinem Sinnen und Trachten auf den Partner eingestellt hat, erfährt man plötzlich, daß er verheiratet, verlobt oder sonstwie gebunden ist. Und das gleiche tragische Schicksal wiederholt sich immer wieder. Einen anderen Partner als einen schon gebundenen findet man nie.

Diese unglücklichen Menschen, die gar nicht selten sind, gehören dem besonderen Charaktertypus an, den man am besten als den der „ausgeschlossenen Dritten" beschreiben kann. Sie waren als Kinder gezwungen, beiseitezustehen, während die älteren Geschwister oder die Erwachsenen ihr Leben lebten. So lernten sie mit einem kleinen Restchen des Lebens vorliebnehmen, freilich nie ganz ohne Neid auf die Glücklicheren, denen mehr zuteil wurde. Wenn man ihnen einen kleinen Finger gibt, glauben sie, es sei die ganze Hand, da sie ja von ihrer eigenen, gleichsam gelähmten Hand nur den kleinen Finger zur Verfügung haben. Sie sind so mutlos, daß sie immer schon den zehnten Teil des Lebens für das ganze Leben halten.

So kommt es, daß sie vor einem Partner, der es ernst meint, der ihnen die ganze Hand reicht, die Flucht ergreifen müssen, noch ehe sie merken, daß er als Partner in Betracht kommt. Der andere aber, der gar kein Partner ist, sondern der nur eine gelegentliche Unterhaltung oder einen kleinen Scherz beabsichtigt und dessen Hand anderweitig gebunden ist, so daß ihm nur der kleine Finger noch frei bleibt, – der wird als der geeignete Lebensgefährte empfunden.

Ganz ähnlich ist die charakterliche Lage der vielen Menschen, die sich immer für solche Partner begeistern, die von vornherein und offensichtlich unerreichbar sind. Das sind die Mutlosen, die nicht zu wählen wagen, aber doch sich und den anderen vortäuschen wollen, daß sie wählen würden, wenn nicht dies und wenn nicht das und wenn nicht jenes im Wege stünde.

Vielleicht am häufigsten findet sich in der heutigen Zeit die subalterne Liebeswahl. Sie besteht darin, daß Herr X. Fräulein Y. erwählt (oder umgekehrt), und zwar mit gutem Gewissen und auf Grund einer angeblich echten und ursprünglichen Verliebtheit. Erst später tritt dann zutage, was dem Charakterkundigen von Anfang an deutlich war, daß nämlich diese Wahl keinen unmittelbaren Vorgang zwischen X. und Y. darstellt, sondern daß sie zustande kam, um der Beziehungsperson Z. eine Freude oder einen Ärger zu bereiten. Der Laie wird diesen Zusammenhang am besten durchschauen, wenn er sich an den Fall erinnert, in dem Herr X. zuerst mit Fräulein Z. verlobt (oder verheiratet) war und dann nach der Trennung von ihr Fräulein Y. heiratete, gleichsam mit einem spöttischen Seitenblick auf Z., die noch immer seine Beziehungsperson blieb. Es ist, als wollte er sagen: „Nun sollst du mich beneiden um das Glück, das du mir nicht geben wolltest“, oder „Nun magst du weinen um mich, wenn du siehst, daß du mich zugrunde gerichtet hast.“

Auch hier ist es wie überall in der Charakterkunde: was an den krassen Fällen in krasser Form hervortritt, gilt auch für die durchschnittlichen Fälle in durchschnittlicher Stärke. Wir alle sind von unseren Beziehungspersonen in weit höherem Maße abhängig, als wir meinen. Und alle Schwierigkeiten, denen wir etwa im Zusammenleben mit dem Partner begegnen, sollten uns immer veranlassen zu der Frage, ob nicht bei der Wahl des Partners der uneingestandene Wunsch mitgespielt habe, den Eltern einen Gefallen zu tun oder aus ihrem Machtbereiche zu entfliehen, oder der öffentlichen Meinung zu imponieren oder sie in Entrüstung zu setzen, oder etwas Ähnliches. Ganz ohne jeden Anflug von Subalternität scheint nur selten eine Liebeswahl zustande zu kommen.

Wieder ein anderer Typus ist dadurch gekennzeichnet, daß er zuerst allerlei Schwierigkeiten auftürmt, beispielsweise durch hohe Ansprüche und scharfe Kritik, daß dann aber alle Bedenken der Vernunft in einer raschen Entscheidung des Gefühls (oder der „Triebe“) durchbrochen werden. Diese Entscheidung tritt zwangsläufig und oft mit der Heftigkeit einer elementaren Leidenschaft auf. Man liebt, ob man will oder nicht. Und darin glaubt man etwas Schicksalhaftes zu sehen, für das man nicht verantwortlich ist. Bei genauer Nachforschung erweist sich aber diese triebhafte Liebeswahl als ebenso unsachlich und ebenso vom Ich aus bedingt wie die vorher geschilderten. Die Entscheidung „aus der Tiefe des Unbewußten“ dient nur meist der Ich-Erhöhung in einer primitiveren Form als die vielfach verzögerten und erschwerten Entscheidungen, die mit Hilfe bewußter Überlegungen zustande kommen und bei denen diese Überlegungen doch wieder von unbewußten Dressaten dirigiert werden.

Zwar läßt sich das Zusammenleben mit dem Partner auf Grund dieser Liebeswahl weit eher verwirklichen als in den vorigen Fällen, aber die Verantwortung wird der „Natur“, den „Trieben“ oder dem „blinden Liebesgott“ in die Schuhe geschoben. Und die Grenze des Mutes ist deutlich spürbar. Sie wirkt sich in einer scheinbaren Trennung zwischen Denken und Fühlen aus, die meist schon in früher Kindheit erworben worden ist und die selbstverständlich nicht nur in den Dingen der Liebe, sondern auch auf allen anderen Gebieten das Verhalten dieser Menschen beherrscht. Sie kann etwa durch das Dressat beschrieben werden: „Man denke so, wie es dem äußeren Ansehen am besten dient, und man handle so, wie es dem inneren Lustbedürfnis entspricht, so wird man den beiden entgegengesetzten Forderungen seines lieben Ich gleichzeitig gerecht und kann außerdem noch behaupten, daß man ein von Konflikten durchwühlter und vielleicht sogar ein dämonischer Mensch sei.“

Der nächsten Gruppe gehören die sogenannten Triebmenschen an, von denen schon im vorigen Paragraphen die Rede war. Sie besitzen Mut genug, sich zu ihren Bedürfnissen zu bekennen, aber ihr Mut reicht nicht aus, den Leidenszustand des Unbefriedigtseins längere Zeit hindurch zu ertragen. Sie sehen aber ihre eigenen Bedürfnisse durch eine ichhafte Brille an, so daß sie ihnen als unerträgliche Naturnotwendigkeiten erscheinen. Sie glauben dann, daß die Befriedigung der Triebforderung wichtiger sei als das Leben, und sie sind oft recht unglücklich über diese Zwangslage. In Wirklichkeit geht jene Forderung aber nicht von einem unpersönlichen und naturgegebenen Triebe aus, sondern von ihrer Ichhaftigkeit, der kein besseres Mittel zur Vermeidung von Minderwertigkeitsgefühlen und zur Erreichung von Befriedigungen zur Verfügung steht. Man kann an diesen krassen Fällen noch deutlicher als an den alltäglichen Erscheinungen des sogenannten Geschlechtstriebes erkennen, wie der „Trieb", der scheinbar dem Ich gegenübersteht, vom Ich aus gezüchtet wird, wie er im Dienste dieses Ich steht, und wie er scheinbar als selbständiges Subjekt schließlich das Ich zerstört, wenn das wirkliche Subjekt, nämlich die ichhafte Persönlichkeit, in den Klärungsprozeß eintritt.

Meistens kommt der „Trieb" nur unter bestimmten Bedingungen zur Geltung. Der eine fühlt sich nur kleinen, rundlichen, und der andere nur großen, schlanken Frauen gegenüber triebhaft erregt. Die eine meint, dem Typus des Offiziers, und die andere meint, dem Typus des Künstlers widerstandslos ausgeliefert zu sein. Manche werden nur von ihrer Leidenschaft ergriffen, wenn es sich um heimliche Abenteuer handelt, und andere wieder sind nur „erlebnisfähig", wenn ein öffentlicher Skandal dabei entsteht. Daß es sich in allen diesen Fällen nicht um wirkliche Liebe zum Partner, sondern nur um den Dienst am eigenen Ich und den Gehorsam gegen die eigenen Dressate handelt, kommt in der Formel des „Nichtwarten-könnens" deutlich zum Ausdruck. Herder sagt einmal: „Das Zauberwort der Liebe heißt: Für dich." Und man könnte diese zutreffende Begriffsbestimmung zutreffend ergänzen durch die parodistische Fortsetzung: „Das Zauberwort der Triebe heißt: Für mich."

Aber man vergesse nie, daß wir alle unseren Dressaten zunächst auf Gedeih und Verderb ausgeliefert sind. Wir sind nicht für das einzelne Dressat und noch weniger für die einzelne Auswirkung desselben in vollem Sinne verantwortlich. Wir können es nicht ändern, und es ist darum sinnlos, uns die Folgen und das Unheil, das wir an uns und den anderen anrichten, zum Vorwurf zu machen. Ein solches Verfahren hieße, Maßregeln gegen den Rauch ergreifen, der eine Wohnung erfüllt, und das Feuer unbeachtet lassen, das im Keller dieser Wohnung wütet. Wer seinen „Trieben" verfallen ist, kann seine „Triebe" nicht ändern, wenn er nicht seiner Ichhaftigkeit auf die Spur kommt, deren Auswirkungen und Hilfsmittel die „Triebe" nur darstellen.

Man wird nun verstehen, daß die „Triebe" wie alle anderen Folgeerscheinungen der Unsachlichkeit ihren Träger zwangsläufig ins Unglück hineinführen und daß eben diese steigende Not und die damit verbundene Vorbereitung des Klärungsprozesses den eigentlichen Wert und den letzten Sinn der sogenannten „Triebhaftigkeit" bildet.

Von diesen „Leidenschaftlichen", deren Leben sich in einer Reihe von mehr oder weniger ernsthaften Abenteuern verzehrt, ist nur noch ein Schritt bis zu den Don Juans und Messalinen, die das gleiche tun wie die Vorigen, nur ohne das Beiwerk der eigenen Gefühlsentladungen. Sie erkennen in kühler Selbstkritik und oft in geistreichem Sarkasmus, daß sie wie Indianer handeln, die möglichst viele Skalpe unterworfener Gegner sammeln. Sie wissen, daß sie nicht lieben, sondern daß sie die Jagd auf menschliches Wild wie einen Sport betreiben, und meist wissen sie auch, daß sie nicht nur ihre Opfer, sondern schließlich auch sich selbst der inneren Einsamkeit und dem Elend ausliefern. Aber sie können es nicht lassen. Ihr Dressat heißt: „Menschen erobern!“ Und solange ihre Ichhaftigkeit dauert, erstreben sie immer wieder den Siegesrausch, der sie vor ihren Minderwertigkeitsgefühlen schützt: den Triumph in der Unterwerfung menschlicher Körper.

Zum Schluß seien noch zwei Arten der Liebeswahl genannt, die eigentlich schon kein Wählen mehr sind. Das erste ist das Sich-wählen-lassen, das beim Manne allgemein als Zeichen von Mutlosigkeit aufgefaßt wird. Aber auch die Frau ist mutlos, wenn sie sich ohne ihre eigene innere Entscheidung wählen läßt. Sie müßte selbst durch ein entschiedenes Ja oder Nein die volle Verantwortung für ihre eigene Wahl übernehmen, auch wenn der äußerliche Vorgang sich so gestaltet, als ob der Partner ihr die Verantwortung abnehme. Kommt dieses Ja oder dieses Nein in ihr nicht zustande, so entzieht sie sich der Verantwortung. Sie handelt nicht als vollwertiger und selbständiger Mensch, sondern sie ist subaltern, durch unbewußte oder halbbewußte Dressate bestimmt, sie ist nicht willensfrei und darum nicht im vollen Sinne bündnisfähig. Und der Verlauf der Ehe muß mit unausweichlicher Notwendigkeit erweisen, daß eine wirkliche Verschmelzung zweier Subjekte nicht erfolgt ist, daß also die wirkliche Ehe noch nicht besteht.

Die letzte Art, die noch erwähnt werden muß, ist die Wahl des Partners aus Gründen, die eingestandenermaßen mit Liebe nichts mehr zu tun haben. Hierher gehören die Geld- und die Titelheirat ebenso wie das flüchtige Abenteuer, das um einer Sommerreise, einer Perlenkette oder eines Zehnmarkscheines willen unternommen wird. Die bewußte Umfinalisierung der geschlechtlichen Funktion auf materiellen Gewinn, die hier vorliegt, ist das Kennzeichen der Prostitution. Der Unterschied zwischen der einmaligen Gesamtprostitution in der Geldheirat und der wiederholten Teilprostitution des Dirnentums liegt nur darin, daß im ersteren Falle ein Geschäft auf längere Sicht stattfindet, weil diejenigen, die es eingehen, noch den Mut zu einem längeren Abwarten besitzen, während die Dirne sowohl wie auch derjenige, der zu ihr geht, schon so weit entmutigt sind, daß sie nicht mehr zu warten vermögen.

Sämtliche Fehler in der Liebeswahl sind dadurch charakterisiert, daß der falsch Wählende versucht, einen möglichst großen Teil der Verantwortung von sich fernzuhalten. Er macht sich zum Werkzeug äußerer Gewalten, etwa seiner Angehörigen, seiner Überlieferung oder auch seines Partners, oder aber zum Werkzeug innerer Gewalten, seiner „Triebe“, seines „Unbewußten“, seiner Berechnungen oder auch seiner offen eingestandenen Eitelkeit. Immer aber scheut er sich, restlos Subjekt zu sein und restlos verantwortlich in sein Schicksal hineinzugehen.

Lieben jedoch heißt, sich in freier Entschließung mit dem Partner gemeinsam in den Dienst eines neuen Subjektes, nämlich in den Dienst eines Wir zu stellen. Es kommt dabei weder auf Gedanken noch auf Gefühle an, sondern einzig und allein auf die Entschlossenheit zweier Subjekte, die Aufgabe, die in der Entstehung eines neuen Doppelsubjektes, eines „Wir“ gegeben ist und die die schwerste aller Aufgaben unseres Lebens darstellt, unter Hintansetzung aller Ichhaftigkeit, aller Vorurteile, Dressate und Triebe in Angriff zu nehmen. Wer so zu lieben den Mut hat, findet in der Verschmelzung mit dem Partner das denkbar stärkste aller positiven Erlebnisse, nämlich das Wirksamwerden überpersönlicher Zwecke. Er tauscht denjenigen Teil seiner Ichhaftigkeit, auf den er verzichtet, gegen einen Teil der großen Klärung ein, die allen Menschen bevorsteht. Und das Leben enthüllt ihm einen Teil seines Sinnes.

16. Die Formen der Ehe

Wenn man überlegt, daß jeder Mensch in einen fast unergründlichen Sumpf von Verkehrtheiten und Verirrungen hineingerät und vielleicht auch hineingeraten muß, so versteht man, daß er ausnahmslos in seiner Ehe ganz anderes erleben wird, als er zu erleben hoffte. Wenn aber das menschliche Leben einen Weg von der kindlichen Harmonie durch die Irrwege der Ichhaftigkeit und die Krisen der Klärung hindurch zur Harmonie der reifen Menschen darstellt, so kann man nicht einmal wünschen, daß die Ehe, die ja einen wichtigen Teil dieses Weges bildet, wie eine Oase der Ruhe und des Glücks beschaffen sein möchte. Wer im Leben selbst nichts anderes sieht als den Weg zur Klarheit, der wird auch einsehen, daß die Ehe ein Stück des Weges sein muß. Und jeder, der erkennt, daß der Klärungsprozeß in der Überwindung aller Schranken besteht, die die Subjekte durch ihr Ichhaftwerden zwischen sich errichteten, der erkennt auch, daß in der Ehe als in der denkbar tiefsten Verschmelzung zweier Subjekte die wichtigsten Entscheidungen des Klärungsprozesses durchlebt werden müssen. Von diesem Standpunkt aus ergibt sich sogar ein berechtigtes Mißtrauen gegen die wenigen glücklichen Ehen, in denen es angeblich nie zu inneren Schwierigkeiten gekommen ist.

Die von Anfang an glücklichen Ehen, oder wie man besser sagt, die vor der Krisis schon glücklichen Ehen dürften sich bei genauerer Nachforschung wohl ausnahmslos als Scheingemeinschaften darstellen. Das beiderseitige „Glück" beruht dann darauf, daß jeder den Partner in seiner Ichhaftigkeit bestätigt. Die Frau hält ihren Mann für den bedeutendsten aller Männer, der Mann hält seine Frau für das liebenswürdigste Geschöpf der Erde. Aber wie jede Scheingemeinschaft zerbricht auch diese rettungslos, sobald es gilt, eine Einbuße an der gewohnten Rente der Ichhaftigkeit zu ertragen. Wenn die Frau begreift, daß sie nicht die Gattin eines ganz besonderen, sondern eines ganz gewöhnlichen Mannes ist, oder wenn der Mann einsieht, daß er nicht eine Märchenfee, sondern eine mittelmäßige Hausfrau geheiratet hat, so wird diese Entdeckung als eine unverzeihliche Kränkung empfunden.

Liebe macht sehend. Nur Eigenliebe macht blind. Wenn die beiden sich gegenseitig liebten, würde diese Liebe durch die Entdeckung von Fehlern keinerlei Abbruch geschehen. Sie würden einander helfen und sich noch mehr lieben als vorher. Wer aber nicht den anderen liebt, sondern nur das „Glück", das er dem anderen verdankt, kommt nie auf den Gedanken, daß dem anderen geholfen werden müßte, sondern er verlangt nur immer, daß ihm selber geholfen werde. Das beste Mittel, in solchen Fällen die eigene Geltung zu wahren, besteht darin, daß man sich gekränkt und unglücklich fühlt. Dann verwandelt sich die Rente der Ichhaftigkeit, die sich vorher aus dem Besitze eines so außerordentlichen Partners ergab, in die Rente der Pflege und Sorgfalt, die man als enttäuschter, vom Leben gekränkter und betrogener Mensch zu beanspruchen hat.

Die Rente für das Ich kann auch in einer anderen Eheform längere Zeit hindurch den Schein des Glückes vortäuschen, und zwar in der sogenannten Tyrannenehe. Wenn ein aktiv eingestellter Partner einen passiv eingestellten findet, der ihm den Gefallen tut, sich tyrannisieren zu lassen, und wenn der passiv Eingestellte von einem Ich-Ideal beherrscht wird, das ihm vorschreibt, der geduldige Diener eines gewaltigen Herrenmenschen zu sein, so findet zunächst jeder von beiden in seinem Partner gerade das, was er braucht. Beide Ideale, sowohl das Führenwollen wie auch das Geführtwerdenwollen, sind ichhafte Übertreibungen von sachlichen Verhaltungsweisen, die durchaus im Bereiche des gesunden Menschen liegen. Als ichhaft sind sie nur durch ihre Starrheit gekennzeichnet. Im Falle der Tyrannenehe handelt es sich nicht mehr um frei verfügbare Möglichkeiten, sondern um zwangsläufige Dressate. Der eine muß herrschen, und er gerät in äußerste Erregung, wenn er gehorchen soll. Der andere muß gehorchen, und er gerät in die gleiche Erregung, wenn er befehlen soll. Es fragt sich nun, wie lange das Leben ein so .einseitiges Verhältnis von Befehlen und Gehorchen innerhalb der Ehe duldet.

Geht die Tyrannei vom Manne aus, so wird sich die Frau trotz aller ihrer Neigung zum Gehorsam einmal gezwungen sehen, im sachlichen Interesse des Haushaltes oder der Kinder irgendwelche Ansprüche an den Mann zu stellen. Dadurch aber kommt seine Herrscherwürde in Gefahr. Und die Stärke seiner Affektentladungen beweist, daß für ihn schon sein ganzes Eheglück auf dem Spiele steht. Da sich aber ähnliche Angriffe gegen seine Selbstherrlichkeit wiederholen müssen, ist die Krisis auf die Dauer nicht zu vermeiden. Im umgekehrten Falle, wenn die Tyrannei von der Frau ausgeübt wird, pflegt die Krisis dadurch hervorgerufen zu werden, daß die Tyrannin eines Tages den Befehl erläßt: „Du mußt ein Mann sein!“ Falls der Mann gehorcht und das tut, was er für männlich hält, indem er nämlich die Herrschaft an sich reißt, muß der Kampf um die Macht unvermeidlich werden. Falls er aber nicht gehorcht und ehrlich das bleibt, was er ist, nämlich ein subalterner und passiver Mensch, muß die Frau darin eine Widersetzlichkeit gegen ihre Wünsche sehen. Und die Krisis ist ebenfalls im Gange.

Für den Charakterkundigen ist es ein immer wieder erstaunliches und ergreifendes Schauspiel, wenn er mit ansehen muß, wie in diesen Konflikten Sachliches und Unsachliches, Mut zur Entscheidung und Angst vor der Entscheidung, Einsicht in das, was not tut, und Blindheit gegen das, was geändert werden müßte, unentwirrbar ineinandergreifen. Die Richtung der Entwicklung weist aber auch hier in jedem Falle in den großen Klärungsprozeß des Lebens hinein.

Ganz ähnlich steht es um die Ehen, deren ungeschriebener Liebesvertrag lautet: „Ich liebe dich, weil du an mich glaubst, denn ich brauche jemanden, der mir durch seinen Glauben ununterbrochen beweist, wieviel ich wert bin.“

Es ist die typische Ehe des Künstlers, die glücklich ist, solange er sich bewundert fühlt. Läßt die Bewunderung nach oder glaubt der Künstler, daß sie nachlassen könnte, so geht auch diese Ehe in das Stadium der Krisis über, von dem bald noch die Rede sein soll. Oft aber gelingt es, die Krisis noch längere Zeit hinauszuschieben, und zwar durch eine Art von Vogel-Strauß-Politik, die darauf hinausläuft, daß man mit Hilfe einer systematischen Selbsttäuschung den Glauben aufrechterhält, die Ehe sei genau so, wie man sie erträumt habe. Der Partner verfolgt meist, ohne es zu wissen, das gleiche Ziel und tut, was in seiner Macht steht, um den immer näherrückenden Zusammenbruch vor sich selber geheimzuhalten. Man handelt wie ein bankrotter Kaufmann, der seinen Kredit aufrechterhalten möchte. Man lächelt, man ist zärtlich, man geht aus oder lädt sich Besuch ein, um nicht zu zeigen, daß man sich langweilt. Aber man wird gereizt, sobald man allein ist. Das Leben hat seinen Kredit schon gekündigt.

Manchmal lebt der eine Partner noch im Zustand der Vogel-Strauße-Ehe, während dem anderen schon die Augen aufgegangen sind. Dann hängt, was weiterhin geschieht, von den Dressaten dieses letzteren ab. Ist er auf Passivität eingestellt, so macht er aus der Not eine Tugend. Er trägt sein Unglück, „weil der andere sonst zugrunde gehen würde“, und setzt sich dafür eine Märtyrerkrone aufs Haupt. Ist er aktiv eingestellt, so hält er sich schadlos, entweder auf einem Nebenkriegsschauplatz, im Berufe, im Sport oder in der Politik, oder aber er nimmt, was er nach seiner Meinung beanspruchen kann: er begeht Ehebruch.

Daß er in beiden Fällen ichhaft handelt, bedarf keines

Beweises. Denn wenn er liebte, würde er anders handeln. Er würde den Partner weder ängstlich schonen, noch ihn durch den Ehebruch zerbrechen. (In beiden Fällen macht er ihn zum Objekt.) Er würde ihm vielmehr offen, als freies Subjekt dem freien Subjekt, gegenübertreten und die Schwierigkeit zu klären suchen. Und wenn er nichts weiter wagte als eine einzige rückhaltlose Aussprache, so würde auch das schon genügen, den Klärungsprozeß in Gang zu bringen. Aber der Klärungsprozeß ist gerade das, was jeder auf jeden Fall vermeiden möchte. Denn wir ahnen alle, auch wenn wir verstandesmäßig noch nichts davon wissen, daß die Klärung bedeutet: entweder auf unser Ich verzichten oder aber leiden, leiden und noch einmal leiden.

Wie zähe das Ich seine Herrschaft verteidigt und wie tief die Angst vor der rückhaltlosen Hingabe an die Wahrheit und an die Liebe in allen Menschen eingewurzelt ist, kann man ermessen, wenn man sieht, mit wie schweren Opfern dieses Ich auch seine letzten Schlupfwinkel noch verteidigt. Die Krisis kann bereits im vollen Gange sein, man kann sich eingestanden haben, daß man sich gegenseitig durchaus nicht das ist, was man voneinander erwartete, ja der Ehebruch kann offen zutage liegen, und jede Stunde des Zusammenseins kann Höllenqualen mit sich bringen – man wird die Entscheidung und das Ende der Krisis mit allen Listen des Selbstbetruges so lange hinausziehen wie nur irgend möglich. Man wird entweder die Formel aufstellen: „Du bist schuld, und ich muß warten, bis du dich änderst“, oder „Das Schicksal ist schuld, und es wird sich ändern“, oder „Ich bin schuld, und ich möchte mich ändern (aber ich kann nicht).“ Tatsächlich jedoch wird sich nichts ändern, solange der Grund allen Leidens, die Ichhaftigkeit der Partner, sich nicht ändert. Und die Krisis wird fortdauern, bis die ewig wachsende Qual trotz aller Gegenwehr der Iche die endgültige Klärung erzwingt.

Ein solches Ehegezerr, die sogenannte Strindbergehe, kann jahrelang dauern. Immer wieder versucht man, sich zu trennen. Alsbald aber wird die beiderseitige Sehnsucht so groß, daß man glaubt, nun sei alles in Ordnung. Man feiert Wiedersehen und Versöhnung und fängt aufs neue an, sich zu quälen. Man ist „wie mit einem Gummischnürchen zusammengebunden".

Das Ehegezerr tritt mit Notwendigkeit da ein, wo die beiden Partner füreinander Beziehungspersonen geworden sind. Solange die Scheingemeinschaft noch standhält, tut jeder sein möglichstes, um der Beziehungsperson zu gefallen. Ist aber die Krisis da, so häuft man zwangsläufig alle die Vorwürfe und Anklagen auf seinen Ehepartner, die man seinerzeit (und damals wohl mit Recht) seiner ersten Beziehungsperson, etwa der Mutter oder dem Vater gegenüber erheben mußte. Der andere fühlt sich dadurch ungerecht behandelt, genau so, wie er seinerzeit von seiner ersten Beziehungsperson ungerecht behandelt wurde. Und er antwortet wie damals mit den maßlosen Affekten des unschuldig verratenen Kindes.

So ziehen sich die beiden Partner gegenseitig in die Qual der Strindbergehe hinein. Aber sie können ohne einander nicht leben. Denn sie würden alles, was sie fernerhin unternehmen, nur immer im Hinblick auf den verlassenen Partner unternehmen, um ihm Eindruck zu machen, um ihn zu kränken, um ihm zu beweisen, daß er unrecht hatte, und um ihn schließlich doch noch zu besiegen. Denn wenn der Prozeß mit der Beziehungsperson erst angefangen hat, gibt es nichts Wichtigeres mehr im Leben als die siegreiche Beendigung dieses Prozesses. Im Kleinen findet sich ein solches Spiel schon zwischen je zwei Menschen, von denen jeder das letzte Wort haben will. Und im Großen findet es sich in zahllosen Ehen, in denen zwei aktiv eingestellte Charaktere zusammengetroffen sind.

Aber solange man nicht weiß, daß es nur die Gespenster der Vergangenheit sind, gegen die man kämpft, und daß man den gegenwärtigen Partner irrtümlicherweise zum Rechtsnachfolger jener ersten Quäler macht, solange muß das Gezerr mit allen seinen Täuschungen und Ungerechtigkeiten, all seinen Erregungen und Nöten unerbittlich fortgesetzt werden. Erst wenn wenigstens einer von beiden begreift, daß es in diesem Kampf nur eine einzige Art von Friedensschluß gibt, nämlich den Friedensschluß mit den Verrätern der Kindheit, kann der Frieden zustande kommen. Dieses Begreifen und dieses Friedenschließen gelingt aber nur dem, der bereit ist, auf sein Ich zu verzichten.

Auch die offene Scheidung der Ehe oder die verdeckte Scheidung, die Lockerung der Ehe, die darin besteht, daß beide Partner sich freie Hand lassen, bedeutet durchaus nicht etwa einen Ausweg aus diesem höllischen Irrgarten. Man hat auf diese Weise zwar die äußere Krisis umgangen; aber die innere Krisis dauert fort. Sie muß entweder in einer neuen Ehe oder aber als die Krisis der Einsamkeit bis an ihr Ende durchlitten werden. Man kann sie aufschieben, vielleicht bis an den Tod; sie wirklich zu vermeiden, ist unmöglich.

Die letzte Form der Partnerschaft, die noch erwähnt

werden muß, ist die Nichtehe, die geschlechtliche Einsamkeit. Es mag einzelne Fälle geben, in denen diese Einsamkeit auf äußere Umstände zurückgeht, in denen diese also nicht einer inneren Unfähigkeit zur Liebe entspricht. In diesen Fällen (man denke etwa an katholische Priester) scheint eine ernstliche und mutige Auseinandersetzung mit der gegebenen Sachlage immer zu dem Erfolge zu führen, daß das Leben ohne Geschlechtsfunktionen ebenso froh und ebenso sachlich und ebenso menschenfreundlich verläuft wie jedes andere gesunde Leben. Der Weg durch die Krisen der Ehelosigkeit, wenn er mutig gegangen wird, führt zu demselben Ziele wie der Weg durch die Krisen der Ehe, wenn er mutig gegangen wird. Wer aber aus Mangel an Mut den Weg der Ehelosigkeit wählt, gerät auch hier in genau so schwere Qualen, wie sie ihn erwarten würden, wenn er sich zum Wege durch die Ehe entschlösse.

Viele Menschen begreifen recht gut, daß sie sowohl in der Einsamkeit wie auch in der Ehe vor der Wahl stehen, entweder auf ihr Ich zu verzichten oder zu leiden. Es ist daher kein Wunder, daß sie auf den Ausweg verfallen, beide Wege zugleich zu gehen, aber jeden nur so weit, als er kein Leid, und das heißt, keine Verantwortung mit sich bringt. So kommt es, daß heute zahlreiche Menschen das freie Liebesverhältnis für „zeitgemäß" halten, während sie sowohl die Ehe wie auch die Ehelosigkeit als veraltete Kulturerscheinungen ablehnen. Wer so denkt, unterzieht sich aber, ohne es zu wissen, einer unlösbaren Aufgabe.

Das freie Liebesverhältnis würde nämlich nur dann als mutige und lebendige Lebensform gelten können, wenn jeder der beiden Partner den anderen als selbständiges

Subjekt anerkennen würde. Nun ist aber das Subjekt als solches unteilbar. Wer in seinem Partner das menschliche Subjekt ehrt, kann nicht einen Unterschied zwischen dessen beruflichen, gesellschaftlichen und geschlechtlichen Beziehungen machen. Er kann nicht nur das Geschlechtswesen in ihm lieben und an seinen übrigen Lebensgebieten gleichgültig vorübergehen. Jeder, der ein menschliches Subjekt nur in einer Hinsicht zu lieben vorgibt, erniedrigt es in Wahrheit zum Objekt. So macht der Arbeitgeber den Arbeitnehmer zum Objekt, weil er ihn nur in Hinsicht auf seine Arbeitsleistung beansprucht. Genau so macht jeder Liebhaber seine Geliebte zum Objekt, wenn er sie nicht restlos in allen ihren Lebensäußerungen zur Partnerin macht. Täte er das aber, so würde er mit ihr in einer Gewissensehe leben, die nur noch durch einen Rest von Unsachlichkeit von der öffentlich anerkannten Ehe unterschieden wäre. Psychologisch würde sie den gleichen Verlauf nehmen wie diese.

Man könnte noch einwenden, daß dies sehr wohl möglich sei, daß aber gleichwohl eine Ehe in dem hier gemeinten Sinne doch nicht vorliege, weil ein solches Verhältnis auch zwischen drei oder vier Personen möglich sei. Dem ist aber nicht so. Der individualpsychologische Satz: „Zwei Frauen sind weniger als eine“, läßt sich aus der Definition der Ehe als der Funktionsgemeinschaft verschiedengeschlechtlicher Menschen einwandfrei ableiten. Wenn nämlich der Mann A. mit der Frau B. in einer wirklichen Funktionsgemeinschaft lebte, würde er nicht gleichzeitig mit der Frau C. in Gemeinschaft leben können, ohne dadurch den Entwicklungsprozeß, der zwischen ihm und seiner ersten Frau begonnen hat, wieder rückgängig zu machen. Die Angst vor der Klärung wohnt jedem Menschen inne, jeder geht ihr aus dem Wege, solange er eine Möglichkeit dazu hat, und zwar auch dann noch, wenn er schon meint, absichtlich und mit aller Überwachung seiner selbst in sie hineinzugehen. Das Zusammenleben mit der zweiten Frau enthält notwendigerweise immer die Möglichkeit, der Intimität mit der ersten Frau Abbruch zu tun. Von dieser Möglichkeit wird jeder Gebrauch machen, ob er will oder nicht, solange der Klärungsprozeß noch nicht abgeschlossen ist. Und erst ein verstärktes Maß von Leiden, das aus dem Doppelverhältnis als solchem hervorwächst (z. B. aus den Spannungen zwischen B. und C.), kann die Beteiligten aufs neue aus dem so geschaffenen Schlupfwinkel hervorziehen. Darum ist das Liebesverhältnis zu zwei Frauen für den Mann immer weniger gefährlich als die Einehe, die ihn weit gründlicher zum Aufgeben seiner Ichhaftigkeit zwingen würde. Das gleiche aber gilt im umgekehrten Falle auch für die Frau.

Was sich hier durch eine theoretische Überlegung ergibt, findet sich in der Wirklichkeit ausnahmslos bestätigt. Sowohl die Lebensform mit den wechselnden und doch angeblich ernst gemeinten Liebesverhältnissen als auch das Liebesverhältnis mit mehreren gleichzeitigen Partnern läuft schließlich auf die Katastrophe der eigenen Ichhaftigkeit hinaus. Bald ist es der Mangel an Zuverlässigkeit und der zu häufige Wechsel des Partners, bald ist es die Furcht vor einer allzu nachhaltigen Bindung, unter der man leidet. Bald sind es die Anzeichen des herannahenden einsamen Greisenalters, bald sind es die Mißlichkeiten, die durch den Charakter der Partner (die ja sämtlich mutlose Menschen sein müssen) hervorgerufen werden – immer aber wird im Laufe der Jahre klar, daß alle diese Leiden aus der unzulänglichen Lösung des Geschlechtsproblems entspringen. Darum verwandeln sich gerade die Helden und Fürsprecher der erotischen Ungebundenheit später so oft in pessimistische Ankläger des Eros. Die Männer werden zu Weiberfeinden, die Frauen zu Männerhassern, und damit mündet ihr Schicksal ein in das Schicksal derer, die sich von Kindheit an im Kampfe gegen die Weltordnung befunden haben.

Wir entgehen unserem Schicksal weder innerhalb noch außerhalb der Ehe. Und in jedem Falle bildet die Auseinandersetzung mit der Tatsache, daß es zwei Geschlechter gibt und daß jeder Mensch entweder Mann oder Weib, aber niemals ein Neutrum ist, den Schwerpunkt aller Kämpfe, die um den Thron des Ich entbrennen.

Das kleinere Übel dürfte in jedem Falle dort liegen, wo der Weg zur klaren Einsicht in den wahren Tatbestand und zur sachlichen Anerkennung des Sinnes aller Ehekrisen führt. Dort werden sowohl Ehe wie Ehelosigkeit allmählich das, was sie für unsere Kulturstufe zweifellos sein sollen: die hohe Schule der Liebe. Aber es gibt keine Schule ohne Leid, und nur wer das Leid nicht scheut, kann die Schule durchlaufen. Und was er langsam lernt, ist die Liebe, die von Anfang an gemeint war, die Funktionseinheit der Subjekte. Wenn ein Mann und eine Frau die beiden Hände eines übermenschlichen Wesens wären und wenn dieses Wesen seine beiden Hände falten würde, so wäre das die Ehe. Es versucht freilich immerfort, seine Hände zu falten, wir aber hindern es daran, weil wir anders wollen, als es will, nämlich so, als ob wir selber übermenschliche Wesen wären. Und darum ist die Ehe heute überall nur das, was sie ist: der ewig wiederholte Versuch jenes Wesens, die Hände zu falten.

Fünfter Teil

Weg des Leidens

17. Der Sinn des Leidens

In den vorangegangenen Erörterungen wurden alle Mißlichkeiten des privaten und des beruflichen Lebens auf die Starrheit und auf die Unproduktivität des Charakters zurückgeführt. Fast alle Mängel des Charakters erwiesen sich als notwendige Begleiterscheinungen der ichhaften Verhaltungsweise, die durch die Angst vor der eigenen Minderwertigkeit und durch das Streben nach eigener Geltung gekennzeichnet ist. Wo also die Wahrung oder Erhöhung des eigenen Ich (im Sinne einer Annäherung an ein Ich-Ideal) an Stelle der sachlichen Entfaltung des Lebens (und nicht nur des eigenen, sondern des Lebens schlechthin) in Wirksamkeit tritt, da muß mit unentrinnbarer Notwendigkeit Leiden über Leiden entstehen. Warum aber tritt die fehlerhafte Zwecksetzung überhaupt in Kraft, wenn sie doch ihren Sinn, die Wahrung des Ich, gar nicht erreichen kann, sondern im Gegenteil gerade den Zusammenbruch dieses Ich herbeiführen muß?

Als vom Beginn der Ichhaftigkeit die Rede war, wurde betont, daß das Kind sich „richtig“ verhält, wenn es sich gegen die Ichhaftigkeit der Mutter zur Wehr setzt. Ob aber diese Gegenwehr notwendigerweise in der Errichtung des eigenen Ich-Ideals und somit in der Absage an die infinale Zweckhaftigkeit bestehen muß, oder ob es für das Kind noch einen sachlicheren Ausweg gäbe, läßt sich im Rahmen der Charakterkunde nicht mehr entscheiden. Hier stoßen wir auf das philosophische oder theologische Problem der eigenen Verschuldung des Menschen. Denn nur, wenn auch dem Kinde schon zwei Möglichkeiten offen standen, eine sachliche und eine unsachliche, kann von einer Schuld die Rede sein. Praktisch finden wir meist, daß dem Kinde gegenüber der erdrückenden Macht ichhafter Erwachsener kein anderer Weg übrigbleibt als die kämpferische Haltung und damit die Verabsolutierung des eigenen Ich. Indessen taucht gegen Ende der tieferen Charakteranalysen bei vielen Menschen ein Schuldbewußtsein auf, das sich nicht mehr auf die gewöhnliche Weise als spätere Begleiterscheinung des kindlichen Abwehrkampfes erklären läßt. Bei einzelnen nimmt es die Form einer klaren Erinnerung an, die sie in die Worte fassen: „Ich hätte damals auch freundlich und weich bleiben können. Daß ich aber hart und trotzig wurde, war der Anfang aller späteren Irrwege." – Indessen haben wir es nicht mit der Frage zu tun, was hätte geschehen können, sondern mit der Frage, was tatsächlich geschehen ist.

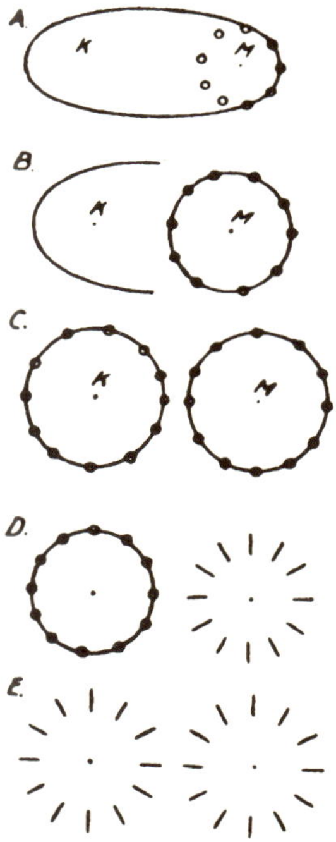

Abb. 2

Wir finden regelmäßig, daß die naturhafte und harmonische Funktionsgemeinschaft zwischen Mutter und Kind zerbrechen mußte. (Vgl. Abb. 2 A.) Durch die Ellipse mit ihren zwei Brennpunkten soll das Urwir, die lebendige Einheit einer Mutter mit ihrem Kinde vor und auch noch kurz nach der Geburt veranschaulicht werden. Aber die Mutter hat noch anderes in der Welt zu tun, als nur für dies eine Kind vorhanden zu sein. Und es geht nicht an, daß das Kind das gesamte Leben seiner Mutter in Anspruch nimmt. Darum muß die Ellipse zerreißen; der Wirbruch ist unvermeidlich (Abb. 2 B). Die Stelle, an der das Kind mit der Mutter zuerst körperlich, dann seelisch und zuletzt noch geistig verwachsen war, bildet nun gewissermaßen eine offene Wunde. Dieser Vorgang stellt für das Kind und auch für die Mutter eine negative Erfahrung dar, eine schmerzhafte Beendigung des alten, harmonischen Zustandes und eine schwere Aufgabe, nämlich die Herstellung einer neuen Harmonie unter neuen, noch ungewissen Umständen. Gelingt die Lösung dieser Aufgabe, so ergibt sich aus der negativen Erfahrung ein positives Erlebnis. Und in der Mutter sowohl wie im Kinde entfaltet sich das Leben im Sinne der infinalen Zweckhaftigkeit; die Reifende Wirhaftigkeit beginnt. Gelingt sie nicht, so wird aus der negativen Erfahrung ein negatives Erlebnis, und bei der Mutter sowohl wie beim Kinde werden die sachlichen Wachstumsprozesse gehemmt. Die ichhaften Zielsetzungen gewinnen an Einfluß, wo sie schon bestanden (bei der Mutter), und sie treten erstmalig in Wirksamkeit, wo sie bisher nicht vorhanden waren (beim Kinde).

Ob dieser Loslösungsprozeß besser oder schlechter gelingt, hängt im wesentlichen davon ab, ob die Mutter ihn in starrer und zwangsläufiger Weise, nämlich unter dem Druck ihrer ichhaften Dressate vollzieht, oder ob sie ihn wissend und liebevoll im Dienste des Lebens geschehen lassen kann. Je starrer die Dressate sich bemerkbar machen, um so ungeschickter wird die Mutter sein, um so mehr wird das Kind leiden, um so starrer wird es seine eigenen Dressate bilden. (In der Abbildung sollen die Dressate durch die Punkte auf der Peripherie der Ellipse angedeutet werden. Man sieht, daß auch die ursprüngliche Ellipse A. schon keine einwandfreie Figur darstellt, da sich mütterliche Dressate dem Kinde entgegenstellen. Man denke etwa an die Gereiztheit einer Wöchnerin, die uns meist sehr natürlich erscheint, weil wir sie von unserer eigenen Reizbarkeit aus verstehen. Sie gehört jedoch der zweiten, nicht der ersten Natur an.)

Falls aber die Mutter versucht, den Riß zu vermeiden, kann es vorkommen, daß die Ellipse jahrzehntelang erhalten bleibt. Dann wird das Kind zwar nicht verwundet, aber es wird auch nicht selbständig. Und das Leiden bricht mit ungeheurer Macht herein, wenn die Mutter eines Tages stirbt. Das Losreißen mit dreißig Jahren ist noch unendlich viel schmerzlicher als das Losreißen mit drei Jahren.

In der Zwischenzeit bildet sich in solchen Fällen eine typische Scheingemeinschaft. Sie ist gekennzeichnet, wie schon gesagt wurde, durch den ängstlichen Abschluß gegen die Außenwelt. Das System der Dressate steht im Dienste eines durchaus ichhaften Subjektes, wobei dieses Subjekt jetzt aus zwei Personen besteht, nämlich aus Mutter und Kind. Man findet zwischen ihnen regelmäßig eine volle Übereinstimmung aller Ziele, Wertungen und Einsichten, restloses Vertrauen und große Zärtlichkeit. Gleichzeitig aber besteht eine Weltfremdheit und eine Neigung zur Kritik aller Außenstehenden, wie sie nur aus der grenzenlosen Angst um den Besitz des Partners hervorgehen kann.

Die Frage aber, was geschehen würde, wenn eine ideale Mutter die Loslösung ihres Kindes in voller Lebendigkeit als ungetrübtes positives Erlebnis vollziehen könnte – diese Frage ist müßig. Es läßt sich heute noch nicht voraussehen, welche Aufgaben der weiteren Charakterentwicklung die Menschheit vor sich haben wird, wenn sie ihre Ichhaftigkeit im Laufe der Jahrhunderte bewältigt hat. Mit Sicherheit kann man jedoch annehmen, daß aus der Grundtatsache alles Menschentums (die gleichzeitig sein Grundübel ist), nämlich aus der Neigung zur Erstarrung und zum Stehenbleiben, aus der Psychosklerose, unseren Nachkommen dann neue, aber nicht weniger schwere Aufgaben erwachsen werden. Niemals werden vollkommene Eltern oder vollkommene Kinder vorhanden sein. Ein schmerzloses Heranreifen der menschlichen Charaktere kann es so wenig geben wie eine schmerzlose Geburt. Wo aber die Schmerzlosigkeit vorgetäuscht wird, wie in der eben beschriebenen Scheingemeinschaft, da versucht man, sich um die Leistung seiner Aufgaben herumzustehlen, und man wird dadurch nach dem Gesetz des Teufelskreises nur um so unerbittlicher in sie hineingeraten.

Das Leiden des Kindes ist unvermeidlich. Und ebenso ist es unvermeidlich, daß das Kind sich gegen sein Leiden zu schützen sucht. So entsteht das Zurückweichen, das Zweckwerden der Mittel, die Erstarrung und damit die Ichhaftigkeit samt ihren Dressaten, ihrem Minderwertigkeitsgefühl und ihrem Geltungsbedürfnis. Aber die Beziehungen zur Welt werden fast nie völlig unterdrückt. Wo der Riß zwischen Mutter und Kind so jäh erfolgt, daß sämtliche Funktionen sofort umfinalisiert werden, da muß die Mehrzahl von ihnen aufhören zu funktionieren. Es treten schwere Störungen ein, die sich entweder sofort als (scheinbarer) Schwachsinn oder später als (scheinbar angeborene) Geisteskrankheit bemerkbar machen.

Die weitaus meisten Kinder unterhalten jedoch auch nach den ersten Katastrophen noch unzählige, teils freundschaftliche, teils feindliche Beziehungen zur Außenwelt. Ja, sie lernen und wachsen, sind scheinbar zutraulich und harmlos, so daß der Laie meint, sie lebten noch im ungetrübten Paradies der Kindheit. Der Wissende würde indessen an mancherlei Zeichen erkennen, daß sie die Wegweiser ihres späteren Schicksals schon in sich tragen. Aber je lebendiger sie durch die Zeit ihrer Loslösung hindurchgekommen sind, um so kräftiger können sie von ihrer Subjektität aus Erfahrungen machen und Erlebnisse haben; um so reicher wird sich aus ihren Berührungen mit der Außenwelt die innere Welt ihrer Gefühle und ihrer Einsichten aufbauen; und um so früher entfaltet sich die Reifende Wirhaftigkeit.

Indessen muß sich der alte Verrat zunächst immer von neuem wiederholen, und zwar müssen die Verwundungen immer wieder die alte Stelle treffen, die schon das erstemal verwundet wurde. Vielen erscheint dieses Gesetz wie eine Bosheit des Schicksals; wer aber einsieht, daß jeder mutlose Mensch durch seine Mutlosigkeit sich neue Niederlagen holen muß, kann auch verstehen, daß die besondere Art des mutlosen Verhaltens immer wieder Schwierigkeiten der gleichen Art heraufbeschwören wird. Hier ist das Gesetz wirksam, das wir den Teufelskreis nannten. Man erinnere sich an das, was über das Schicksal der ausgeschlossenen Dritten gesagt wurde. Das Gesetz des Teufelskreises bildet den inneren Grund für die Wiederholung der Schicksalsschläge; der äußere Anlaß kommt durch das unablässige Wachstum des Lebens zustande.

Jedes Gleichgewicht, das von der sachlichen Seite her durch den Aufbau der inneren Welt (durch Einsichten und infinale Zweckhaftigkeit) und von der ichhaften Seite her durch das System der Dressate mühsam hergestellt wurde, muß wieder zerbrechen, wenn der Mensch in einen neuen Lebenskreis hineinwächst. Dieses Wachstum aber läßt sich durch keinerlei Entwicklungshemmung vermeiden. Man mag noch so sehr wünschen, ewig ein Kind zu bleiben, man mag noch so sehr alle bewußten und unbewußten Mittel anwenden, um dem Ernst des Lebens zu entgehen, man wird älter und kann es nicht hindern. Der Abstand zwischen dem, was sein sollte, und dem, was ist, wird nur immer größer, und die Quelle des Leidens fließt nur um so reichlicher.

Sind die Wunden aus der ersten großen Schlacht des Lebens, deren Schauplatz immer die Kinderstube ist, einigermaßen verheilt, so kommt die Schule und bringt neue Katastrophen, neue Wunden und neuen Schmerz. Hat man sich in der Schule zurechtgefunden, so kommt die Geschlechtsreife, und ganz neue Aufgaben machen noch einmal ein ganz neues Weltbild nötig. Hat man dem anderen Geschlecht gegenüber eine brauchbare Einstellung gefunden, so kommt der Eintritt in den Beruf, und wieder fängt ein neues Leben an. Dann kommt die Ehe, dann die Elternschaft, dann das Altern und schließlich der Tod[1)].

[1)] Vgl. Hans Künkel „Das Gesetz deines Lebens“. (L. 4.)

Immer weitere Kreise der Welt tun sich auf und machen ein immer neues Umschmelzen aller Erlebnisse und ein Umlernen aller Erfahrungen nötig. Das Leben ist ein Stirb und Werde ohne Ende. Und je mehr man unter dem ersten Sterben, nämlich unter dem Zerbrechen des Gleichgewichtes zwischen Mutter und Kind, gelitten hat, um so mehr versucht man, jeder neuen Umschmelzung als einem neuen Sterben aus dem Wege zu gehen, und um so mehr fürchtet man sich auch vor dem Werden, und das heißt, vor der Freude. Und die Starrheit der Abwehr gegen das Sterben macht jedes Werden unmöglich. Älter aber wird man trotzdem. Darum gibt es Greise, die nie etwas erlebt haben und deren ganzer Lebensinhalt erst in der Todesstunde über sie hereinbrechen wird.

Unsere Gegenwehr gegen das Leiden richtet sich in ihrer Form nach den Erfahrungen, die wir in den ersten Zeiten der kindlichen Lebensnot gemacht haben. Diese Art der Gegenwehr war aber auch damals schon falsch. Sie widersprach dem Sinne des Lebens. Und je älter wir werden, um so weniger erreichen wir mit jenem System von unbewußten Rettungsmaßnahmen unseren neuen, ichhaften Zweck, nämlich die Vermeidung des Leidens.

Das Kind konnte noch manchen Unannehmlichkeiten entgehen, weil es schon bei der geringsten Widerwärtigkeit mit den denkbar stärksten Affekten zu antworten pflegte. Der Erwachsene aber, der auf jedes unfreundliche Wort mit einem Wutausbruch oder einer Beleidigungsklage antwortet, verdirbt sich nicht nur seine Stimmung, seinen Appetit und seinen Schlaf, sondern auch seine Laufbahn, seine Freundschaften, seine Ehe und seine Kinder. Er vergällt sich sein Leben. Der Abwehrautomat, der ihn schützen sollte, richtet ihn zugrunde. Die Angst vor dem Leiden macht, daß er nur um so größere Qualen auf sich lädt.

Wir fürchten uns vor dem Werde-Leid, weil wir noch auf dem Standpunkt der Raupe stehen, deren Raupendasein ein Ende haben soll. Stünden wir schon auf dem Standpunkt des Schmetterlings, der aus dem Raupendasein hervorwachsen will, so würden wir das Werde-Leid mit jener ernsten und entschlossenen Ruhe bejahen, mit der jeder mutige Mensch in seine Schicksalsstunde hineingeht. Es ist die innere Festigkeit, das Vertrauen und das Wissen um den Sinn des Lebens, mit dem der Mann die Signale erwartet, die ihn ins feindliche Feuer rufen, und mit dem die Frau die Wehen spürt, die den Beginn der Geburt verkünden. Man opfert sein bisheriges Gleichgewicht, man verzichtet auf sein altes Ich und überläßt sich dem ungeheuren Geschehen, denn man begreift, daß man durch eine Stunde äußerster fassungsloser Not hindurch muß, um als ein anderer Mensch, reicher, heller und lebendiger als vorher aus dem Schmelzofen des Lebens wieder hervorzugehen. –

Wer gelernt hat, sein Ich den Schicksalsschlägen hinzuhalten, damit bisher unbekannte Zwecke in ihm wirksam werden können, den durchdringt der Sinn des Daseins mit immer steigender Klarheit. Seine Feinfühligkeit, seine Wirkungsmöglichkeit, aber auch seine Leidensfähigkeit wachsen so, daß es kaum noch möglich ist, in seiner Gegenwart ichhaft zu bleiben. Und wer seine Ichhaftigkeit mit allen ihren Dressaten, also alles das, was wir sonst Charakter nennen, so weit wie irgend möglich von sich abgetan hat, der wird allmählich das, was jeder Ichhafte gern sein möchte: eine lebendige Persönlichkeit.

Aber wir haben so viel Ichhaftigkeit von unseren Voreltern übernommen, so viel Mutlosigkeit ist in der Kinderstube auf uns übergegangen, daß wir uns gegen jedes Stirb und Werde sträuben, solange wir uns nur irgend zu sträuben vermögen. Dann bleibt das aus, das wir vermeiden wollen, das Werde-Leid, und es bleibt auch aus, was nur durch Leid erkauft werden kann, Reifung und Klärung. Aber damit tritt etwas anderes ein, das noch weit schwerer zu tragen ist: die sinnlose Qual des Ich, das an seiner eigenen Starrheit langsam zugrunde geht. Das Ich erstickt in seinen eigenen Dressaten wie ein Ritter, der von seiner Rüstung erdrückt wird.

Seine begriffliche Darstellung findet dieser tragische Vorgang in den mehrfach erwähnten Teufelskreisen. Wer unentschlossen bleibt, weil er sich nicht falsch entschließen will, faßt den falschesten Entschluß, der nur gefaßt werden kann, er entschließt sich zur Unentschlossenheit. Er lebt am Leben vorbei. Wer sich nicht belehren lassen will, weil er schon alles zu wissen glaubt, bleibt immer mehr hinter der Wissensstufe zurück, die seinem Alter entspricht. Auch er lebt am Leben vorbei. Wer immer die Aufmerksamkeit der anderen erregen will, muß zu immer aufdringlicheren Mitteln greifen. Und schließlich wird er nur noch als komische Figur wirken. – „Wer sein Leben zu erhalten sucht, wird es verlieren." –

Aber sinnlos ist die Qual der Teufelskreise nur so lange, als die Ichbewahrung den Endzweck des Lebens darstellt. Im Augenblick jedoch, in dem man begreift, daß der Sinn des Lebens erst durch die Überwindung der Ichhaftigkeit wirksam werden kann, erkennt man, daß die Qual schon die Vorstufe zum Werde-Leid bildet, und alles Vergangene, mag es noch es jammervoll gewesen sein, erscheint als die notwendige Vorstufe der großen Klärung. Dann ist weder Schmerz noch Qual, weder Freude noch Leid jemals umsonst gewesen.

18. Die egoistische Not

Viele Menschen mit aktiver Einstellung, Stars und Cäsaren, leben ichhaft und befinden sich trotzdem recht wohl dabei. Ihre Dressate lauten etwa: „Man muß nehmen, was sich nehmen läßt; jeder ist sich selbst der Nächste; die Welt will betroffen sein" und derartiges mehr. In ihrem Charakterbild steht, wie bei allen aktiven Menschen, das Geltungsbedürfnis im Vordergrund. Ihre Selbsteinschätzung ist anspruchsvoll, und das dahinter lauernde Minderwertigkeitsgefühl tritt ihnen kaum jemals ins Bewußtsein.

Sooft ihnen etwas Unangenehmes widerfährt, stellen sie fest, daß die anderen schuld sind. Und meistens gelingt es ihnen, durch Bestrafung der angeblich Schuldigen, also durch einen Racheakt, ihre geschädigte Geltung wieder herzustellen. Das betreffende Dressat lautet: „Wenn einer leiden muß, soll nicht ich, sondern der andere es sein."

Je älter sie werden, um so mehr lernen sie, daß man sich seiner Haut wehren muß. Und darum nimmt ihre Ichhaftigkeit im Laufe der Jahrzehnte immer mehr zu. Sind sie erwachsen, so zeichnen sie sich durch Verständnislosigkeit und Härte gegen ihre Untergebenen aus, aber oft auch durch Starrheit gegen die Vorgesetzten. Den Kameraden gegenüber scheuen sie kein Mittel, um ihre Vordermänner und Konkurrenten aus dem Felde zu schlagen. Stehen sie in freien Berufen, so gelingt es ihnen meist, ihre Kollegen rasch und rücksichtslos zu überflügeln. In ihrer eigenen

Familie sind sie Despoten, manchmal großzügig, aber immer aus ihrer eigenen Machtvollkommenheit Gnade und Ungnade verteilend, ohne die geringste Einfühlung in die wirklichen Bedürfnisse ihrer Angehörigen. Sie sehen gar nicht, daß sie andere leiden machen, und wenn sie es sehen, ändern sie es trotzdem nicht, sondern verlangen, daß der andere sich ändern möge.

Daß moralische oder juristische Bestimmungen einen anderen Sinn haben könnten als den, daß man sich mit ihrer Hilfe Vorteile schaffen soll, kommt ihnen nie in den Sinn. Die Ichhaftigkeit nimmt hier diejenige Form an, die von jeher als Egoismus bezeichnet worden ist.

Entspringt die ichhafte Aktivität aus einer zu weichen Erziehung, so ergibt sich die Charakterform des anspruchsvollen, verwöhnten Blenders, den wir als Star bezeichnen. Entsteht sie dagegen aus zu harter Erziehung, so haben wir es mit einem rücksichtslosen, kalten und oft grausamen Kämpfer zu tun; wir nennen ihn Cäsar (vgl. Kapitel 8). Doch brauchen wir diese Unterscheidung hier nicht genauer durchzuführen. Wir können die beiden Gruppen des aktiv ichhaften Typus in der Gemeinsamkeit ihres Schicksals betrachten.

Im Notfall wird weder der Star noch der Cäsar vor verbrecherischen Handlungen zurückschrecken. Die Grenze des Egoismus wird bei ihnen immer nur durch praktische (also wieder egoistische) Rücksichten bestimmt. Gerät der Egoist in wirtschaftliche Not oder ist er von Haus aus arm, so erscheint ihm der Weg des Diebes, des Urkundenfälschers oder des Hochstaplers als der vorteilhafteste, weil er scheinbar am schnellsten zum Ziele führt. Je weniger er warten gelernt hat, um so größer ist die Gefahr, daß er ein

Verbrecher wird; und je mehr er es gelernt hat, um so größer ist die Wahrscheinlichkeit, daß er als politischer Eroberer, als Virtuose oder als Geschäftsmann durch sein rücksichtsloses Drauflosgehen zu erheblicher Macht gelangt.

Wenn ein solcher Mensch sich durch einen anderen um die Früchte einer langen mühsamen Arbeit gebracht sieht, können Racheakte in Form von grausamen Verbrechen zustande kommen. Das Minderwertigkeitsgefühl, das durch den plötzlichen Mißerfolg wachgerufen wird, muß durch einen entsprechenden Machtbeweis wieder ausgeglichen werden. Dieser Machtbeweis aber kann wegen des eben aufgetretenen Minderwertigkeitsgefühls nicht in Form einer Bejahung, sondern nur in Form einer Verneinung erbracht werden. Im Zerstören von Gegenständen oder Lebewesen (aber durchaus nicht immer gerade der „schuldigen") erlebt der gekränkte Cäsar oder Star die Wiederherstellung seines Selbstgefühls. Wenn aber sein Mut ausreicht, jenes Minderwertigkeitsgefühl unausgeglichen mit sich herumzutragen (wenn er also auch in dieser Hinsicht warten gelernt hat), so sieht er ein, daß es unklug ist, sich durch Gewaltakte offen und ohne Sicherung zur ganzen Menschheit in Gegensatz zu stellen. Und das Ergebnis seiner egoistischen Klugheit erscheint nach außen wie Selbstbeherrschung, Mäßigung oder Geduld. Dadurch aber wird an seinem Geltungsbedürfnis gar nichts geändert. Die Rache ist nicht aufgehoben, sondern nur aufgeschoben, und eines Tages wird sie unverhohlen hervorbrechen. Aber freilich kann sie in diesem Falle erst recht einen Unschuldigen treffen, denn ihr Sinne ist nicht die sachliche Wiederherstellung irgendeines gestörten

Gleichgewichtes in der Welt des Rechts, sondern ihr Sinn ist die Wiederherstellung der gekränkten Gottähnlichkeit eines Menschen, der sein eigenes Minderwertigkeitsgefühl mehr fürchtet als den Tod.

Ziemlich häufig findet man einen etwas weniger mutigen Typus von Cäsaren. Er hat es noch nötig, sich vor sich selber so viel Tugendhaftigkeit vorzuspielen, wie er in Wirklichkeit an Egoismus besitzt. Solche Menschen halten sich für gute Christen, für gute Sozialisten oder für gute Nationalisten, aber jedenfalls für etwas Gutes. Wenn es sich jedoch um ihre Geltung handelt, gehen sie über Leichen. Und meistens finden sie auch einen Vorwand, der ihr egoistisches Verhalten als gut christlich, gut sozialistisch oder gut national erscheinen läßt, jedenfalls aber als gut. Es gibt jedoch nicht nur getarnte Cäsaren, sondern auch getarnte Stars. Zu ihnen gehört vor allem der Menschenverächter, der in völliger Zurückgezogenheit dahinlebt und Geld oder Wissen, seltene Blumen, seltene Bücher, alte Münzen oder ausländische Briefmarken sammelt. Er stellt Rekorde auf, die niemanden in der Welt etwas angehen, und ist glücklich im Bewußtsein seiner unbestrittenen Überlegenheit.

Alle diese Charaktertypen haben (wenigstens nach ihrer eigenen Meinung) viele Erfolge. Sie erreichen fast ausnahmslos, was sie erstreben: Geld, Macht, Ehre, Vergnügungen, Reisen, Liebesabenteuer oder die vorhin genannten Rekorde. Und es fragt sich nun, wo für sie die Qual der Teufelskreise einsetzt, die nach der hier vertretenen Anschauung in ihrem Schicksal nicht fehlen kann.

Je geschickter und erfolgreicher die ichhafte Lebensform ausgebildet worden ist, um so länger läßt die Krisis auf sich warten und um so entsetzlicher bricht sie herein. Und zwar liegt der Ausgangspunkt der Qual immer da, wo der Endzweck solcher Charaktere, nämlich das eigene Ich, notwendigerweise zusammenbrechen muß. Die letzte Schranke aber, über die sich der Zusammenbruch durch keinen Selbstbetrug mehr hinausschieben läßt, ist der Tod.

Fast alles, was die Egoisten in der zweiten Hälfte ihres Lebens unternehmen, entspringt den Bestrebungen, sich der Macht des Todes zu entziehen. Da gibt es Millionenstiftungen, die den Eigennamen eines Privatmannes verewigen sollen, es gibt tollkühne Unternehmungen, rauschende Feste und sogar ein sensationswütiges Spielen mit der Gefahr. Das alles soll vergessen machen, daß der Tod sich nähert. Vor allem aber gibt es ärztliche Vorschriften, Verzicht auf Alkohol, Kaffee und Fleisch, Frühaufstehen oder langes Schlafen, Mastkur oder Hungerkur, Einspritzungen oder Aderlasse, alles, um den Tod hinauszuschieben. Der tiefe Schrecken, der den Mann erfaßt, wenn seine Haare ergrauen, und die Frau, wenn sie den ersten Zahn verliert, läßt sich nicht nur aus der Eitelkeit erklären. Dieser Schrecken bedeutet: Man ist schlecht vorbereitet auf den Tod, der seine ersten Vorboten schickt. Zwar hätte man noch Zeit genug, sich für die Begegnung mit ihm zu rüsten. Aber man scheut nicht nur die Begegnung mit ihm, sondern auch die Vorbereitung dazu. Man haßt nicht nur den Tod, das Zerbrechen des Ich, sondern man haßt noch mehr die Annäherung an ihn, den langsamen Abbau des Ich. Und hier beginnt der Teufelskreis sich zu drehen.

Die Tragödie, die schon bei der Schilderung der Vereinsamten angedeutet wurde, enthüllt hier ihre unentrinnbare Gesetzmäßigkeit. Je mehr man es ablehnt, sich auf den endlichen Bankrott der Ichhaftigkeit vorzubereiten, um so größer wird die Gefahr, daß dieser Bankrott jählings hereinbricht. Und je mehr man sich bemüht, vor der nahenden Gefahr die Augen zu verschließen, um so furchtbarer erschrickt man beim Anblick ihrer Vorläufer. Je mehr man aber vor den Vorläufern erschrickt, um so eifriger wird man sie wegzuleugnen oder umzudeuten suchen und um so größer wird die Gefahr der plötzlichen Katastrophe.

Je umständlicher aber die Vorsichtsmaßregeln werden, die man ergreifen muß, um sein gefährdetes Gleichgewicht aufrechtzuerhalten, um so weniger läßt es sich verheimlichen, daß man vor einer Aufgabe davonläuft, auf die man sich so schlecht wie nur irgend möglich vorbereitet hat und der man doch auf keine Weise entrinnen kann. Man muß schließlich eingestehen, daß all dieser Aufwand an liebenswürdigen Selbsttäuschungen, alle diese Opfer für die Gesundheit und alle diese Veranstaltungen zur Erhöhung der eigenen Geltung nicht ausreichen, den angestrebten Platz hoch oben auf der Leiter der menschlichen Werte zu behaupten, und daß sie im Gegenteil diejenige Last darstellen, die das Ich tief in das Gefühl der eigenen Erbärmlichkeit hinabdrückt. Da aber schon längst kein anderes Mittel mehr vorhanden ist, das das aufbrechende Minderwertigkeitsgefühl aus der Welt schaffen könnte, so bleibt nichts übrig, als in verzweifelter Übersteigerung nun erst recht alles zu tun, was angeblich retten soll und in Wirklichkeit nur den Zusammenbruch beschleunigt.

Nach außen gelingt es gleichwohl oft, eine einwandfreie Maske zu wahren, bis zu dem Tage, an dem die Krisis beginnt. Alles Werde-Leid drängt sich zusammen in die endlosen Sekunden oder Stunden zwischen dem Beginn des Sterbens und dem vollendeten Tode.

Wie hier der Klärungsprozeß verläuft, bleibt uns in seinen Einzelheiten verborgen. Wir können nur ahnen, daß auf diese Weise abgedient wird, was bisher zu leisten versäumt worden ist. Und wer viele Menschen sterben sah, wird der Vermutung zuneigen, daß wenige Augenblicke genügen können, nachzuholen, was in vielen Jahrzehnten hätte geleistet werden sollen. Erlassen aber wird dieses Leid keinem Menschen.

Wie grauenhaft ein solches Sterben trotz seiner scheinbar kurzen Dauer auch sein mag, das Ergebnis könnte gleichwohl für alle Menschen dasselbe sein: die volle Freiheit. Auch wenn das erste lebendige Erlebnis erst der allerletzte Seufzer wäre, hätte auch dieses Leben noch den infinalen Zweck erreicht. Die Ichhaftigkeit des Weltalls wäre geringer geworden, und ein Mensch wäre zur Klarheit durchgedrungen.

19. Die scheinheilige Not

Der aktiv-ichhafte Mensch bedarf seiner Mitmenschen nur, um sie auszunutzen. Sein Kennzeichen ist ein starkes Ja, das er zu sich selbst sagt, und ein starkes Nein, das er für die anderen bereit hat. Seine Beziehungsperson ist fast ausnahmslos ein schattenhafter Zuschauer, den er sich gewissermaßen als den Schiedsrichter der Menschheit vorstellt und dem er tagaus, tagein zu imponieren sucht. Und da diese Beziehungsperson mitsamt ihren Wertmaßstäben und Urteilen nur in den Gedanken des betreffenden Egoisten selber vorhanden ist, fällt der Schiedsspruch immer in gleicher Weise aus: Es wird ihm der erste Preis zuerkannt.

Wer aber in der Kindheit tiefer entmutigt worden ist, bleibt auf eine wirklich vorhandene Beziehungsperson angewiesen. Für ihn steht das Minderwertigkeitsgefühl im Vordergrunde, das Geltungsbedürfnis macht sich nur heimlich und indirekt bemerkbar. Und darum traut er sich nicht mehr zu, selbständig mit dem Leben fertig zu werden. Er geht zum passiven Typus über, ernennt eine Beziehungsperson zum Träger seines Schicksals und begnügt sich mit einem Leben aus zweiter Hand; er wird ein Heimchen und bleibt ewig subaltern. Den Helfer aber, auf den er angewiesen ist, betrachtet er nicht nur als überlegen, sondern letzten Endes auch als Feind.

Das wird vielfach Widerspruch erregen. Man denke etwa an ein Muttersöhnchen, das sein Schicksal bis in die Reifezeit hinein in allen Kleinigkeiten aus der Hand der Mutter nimmt. Es hängt mit übergroßer Zärtlichkeit an ihr, behandelt sie aufs deutlichste als Beziehungsperson und soll doch im Grunde überzeugt sein, daß sie sein Feind ist. Aber man muß den psychologischen Tatbestand, der sich zwischen dem Kinde und seiner Beziehungsperson vorfindet, aufs eingehendste studieren, um hier nicht durch den Schein der Liebe und der Harmonie getäuscht zu werden.

Welcher Politiker bringt es fertig, sich von einem überlegenen Feinde helfen zu lassen? Die Lösung dieser Aufgabe gelingt nur, wenn der überlegene Feind am Gedeihen seines kleinen Nachbarn ein Interesse hat. Die politische Haltung eines solchen Kindes muß also ungefähr besagen: Du brauchst mich doch, darum mußt du mich auch pflegen. Ich gefalle dir doch, darum mußt du freundlich zu mir sein. Ich bin ein Teil von dir, ich habe einen Platz in deinem Herzen, darum mußt du für mich sorgen, mir alle Unbequemlichkeiten ersparen und dich in den Dienst meines Wohlergehens stellen.

Tatsächlich verhält sich das typische Muttersöhnchen bis in alle Einzelheiten hinein genau nach dieser politischen Regel. Seine Haltung ist nur verständlich, wenn man annimmt, daß alle Liebe und Anhänglichkeit, die es der Mutter entgegenbringt, dem unbewußten Zwecke dient, sich die Mutter wieder untertan zu machen. Und in krasseren Fällen tritt das Ergebnis dieser Politik auch deutlich zutage. Das Kind schreit, sobald die Mutter das Haus verlassen will, und die Mutter bleibt gehorsam zu Hause. Was aber hier jedem Laien klar wird, findet sich, wenn auch in versteckteren und zarteren Formen, überall da, wo ein Kind oder ein Erwachsener seiner Beziehungsperson scheinbar liebevoll gegenübersteht: Die Beziehungsperson wird zum Mittel erniedrigt. Es handelt sich nicht um Liebe, sondern um Knechtung. Das Kind beantwortet jene erste Katastrophe, in der es von der Mutter zum Objekt gemacht wurde, durch eine „Politik", mit deren Hilfe es nun seinerseits den großen Nachbarn zum Objekt macht.

Selbstverständlich handelt es sich hier niemals um bewußte Absichten. Kein Kind und kein Erwachsener ist in seinem Bewußtsein ein so perfider Diplomat und ein so scharfsinniger Menschenkenner, daß er dieses Kunststück fertigbringen könnte. Nur der unerträgliche Druck, dem das Kind unterworfen ist, und nur die unverbrauchte Produktivität und die unbegrenzte Entwicklungsmöglichkeit, die ihm innewohnt, können allmählich diesen kindlichen

Charakter aufbauen, den wir nicht besser beschreiben können als durch den Vergleich mit einem bewußten Diplomaten. Trotzdem ist dieser Vergleich unzulänglich, denn das Verhalten eines solchen passiv-ichhaften Kindes steht zwar sinnvoll im Dienste ichhafter Zwecke, aber das Kind selber weiß nicht, warum es sich so verhält, sondern es handelt, wie es handeln muß. Es kann nicht anders. Die Zwangsläufigkeit unterscheidet es von einem wirklichen Politiker. Darum muß es seine politischen Richtlinien, die ihm zu Dressaten geworden sind, auch noch verfolgen, wo sie längst nicht mehr zum Ziele führen können. Es ist die gleiche Tragödie, die sich vorhin im Schicksal der Stars und der Cäsaren offenbarte.

Die einfachen Tricks, die noch nahe am Bewußtsein des Kindes liegen, werden meistens von den Erwachsenen sehr bald durchschaut. Man hustet, und die Mutter ist besorgt, man kann nicht schlafen, und die Mutter setzt sich ans Bett. Das gelingt ein paarmal, und dann wird es wirkungslos. Aber die innere Not des Kindes steigt weiter. Es muß sein Ich gegen die Erziehungsgewalt behaupten, und unter dem Druck dieser inneren Not öffnen sich die Ventile der menschlichen Natur. Man hat Angst vor dem Leben, dem man sich nicht gewachsen fühlt. Von allen Seiten werden Ansprüche erhoben, die man nicht erfüllen kann. Man soll etwas leisten, man soll etwas lernen, man soll artig sein, man soll mutig sein – und man hat nur Angst. Bei Tage geht man blaß und gedrückt umher. Die Erwachsenen verlangen, man soll lustig sein, und um so mehr möchte man weinen.

Da bricht eines Nachts in der Dunkelheit der ganze kindliche Jammer heraus. Wie aus einem Vulkan entladen sich die Affekte. Zuerst war es ein Traum: Ein Löwe stand am Bett mit offenem Rachen (das war das Leben). Das Kind schrie laut, von Angst geschüttelt und in Schweiß gebadet. Nun ist die Mutter ernstlich besorgt. Sie ruft den Arzt. Der sagt: „Pavor nocturnus" und gibt ein paar Ratschläge für die Regelung des äußeren Lebens. Aber die Tragödie, die sich hier abspielt, verstehen die Erwachsenen nicht: Ein Kind hat die äußerste Einsamkeit erlebt und hat erfahren, daß seine Angst die Mutter noch um Mitternacht aus dem Bette treiben kann und daß die Einsamkeit verschwindet, wenn man laut genug schreit.

Das neue Dressat heißt: „Laß die Angst wachsen, bis sie über dir zusammenschlägt, dann kommen die Erwachsenen, um dir zu dienen." Bald aber durchschaut die Mutter auch dies, und nach einigen Tagen weigert sie sich, des Nachts aufzustehen. Indessen handelt es sich ja nicht um künstlich veranstaltete Szenen, sondern um die wirkliche bittere Not, die freilich so verläuft, als ob sie im Dienste der kindlichen Politik veranstaltet wäre. Und die Mutter weigert sich zu kommen! (Und sie hat recht; denn käme sie, so würde das nächtliche Schreien nie wieder aufhören.) Aber was soll nun geschehen? Das Kind ist noch hilfloser, noch verlassener als vorher. Der Löwe des Lebens droht noch entsetzlicher, denn auf die Hilfe der Mutter ist nicht mehr zu rechnen. Und im Übermaß des inneren Grauens öffnet sich ein neues Notventil: Der Angstanfall bricht mitten am Tage los. In der Ecke knisterte es, als ob der Löwe dort säße. Zitternd, wachsbleich im Gesicht, mit Schweiß auf der Stirn und starren Augen bricht das Kind plötzlich zusammen. – Und wieder wird der Arzt gerufen.

Und wieder hat die Größe der Not die Erwachsenen in den Dienst des Kindes gezwungen.

Es ist gleichgültig, nach welcher Richtung sich die Ventile öffnen. Immer ist es zuerst die Angst, die den Weg aus der seelischen Not in den körperlichen Ausdruck dieser Not plötzlich erzwingt. Bei dem einen ist es die Angst vor Tieren, bei anderen die Angst vor Verbrechern, bei dem dritten die Angst vor der eigenen Niederlage, die Errötungsangst. Bei anderen wieder ist es die Angst vor der Schule oder vor den Turngeräten. Immer aber versinnbildlicht dasjenige, wovor man sich ängstigt, die Summe aller Gefahren des Lebens und damit das Hervortreten aller Minderwertigkeitsgefühle, deren man fähig ist.

Bei dem einen wird aus der Angst vor dem Denken, richtiger aus der Angst vor dem falschen Denken, das, was man Dummheit nennt: die nervöse Denkhemmung. Bei dem anderen wird aus der Errötungsangst eine allgemeine Verschüchterung mit allen ihren Folgen. Er wagt sich nicht mehr zu bewegen, hält sich schlecht, ißt schlecht, atmet schlecht und hat einen schlechten Blutkreislauf. Sein Körper wartet förmlich auf die Tuberkelbazillen. Der Schularzt denkt, wenn er solche Kinder sieht: „Wenn sie die Tuberkulose noch nicht haben, werden sie sie bald bekommen.“ – Aber weder Milch noch Eier noch Sonne noch Höhenluft können hier helfen. Denn alles das sind keine Mittel gegen die Angst. Helfen könnte nur die Wiederherstellung des Vertrauens zwischen dem Kinde und den Erwachsenen, die Heilung des verwundeten Mutes.

Das Wichtigste aber und das Furchtbarste, was als unbewußte Lebensregel aus einer solchen Kindheit übrigbleibt, ist das Dressat: „Die einzige Macht, die ich habe, besteht im Neinsagen. Darum kann ich meine Minderwertigkeitsgefühle durch kräftiges Neinsagen zum Verschwinden bringen."

Dieses Dressat enthält die tiefste Einsicht, die sich über die Art und die Grenzen der menschlichen Macht überhaupt gewinnen läßt. Unsere Macht im Jasagen gehört nicht uns selbst. Es ist die Macht des Lebens, die uns das Leben als seinen Vasallen nur zu Lehen gibt und die es uns wieder entzieht, sobald wir sie mißbrauchen. Solange wir Ja sagen, sind wir Diener des Lebens und ohne eigene Macht. Darum dient das Jasagen niemals unserem eigenen Geltungsbedürfnis. (Die einzige Ausnahme ist die Dämonie, die Indienststellung des Lebens durch ein Ich, von der hier aber nicht die Rede sein soll, da sie eine sehr seltene und schwer zugängliche Erscheinung ist.) Wer ichhaft Ja sagen will, kann es nur zu sich selber sagen, in der Art, wie es die vorhin beschriebenen Egoisten zu tun pflegen. Dazu aber braucht man ein starkes Selbstbewußtsein, das Geltungsbedürfnis muß im Vordergrunde stehen, und das Minderwertigkeitsgefühl muß verschleiert sein. Bei den passiven Charakteren, von denen hier die Rede ist, trifft aber gerade das Umgekehrte zu. Ihnen ist das Selbstbewußtsein durch die Erziehung verlorengegangen, und darum bleibt ihnen nur noch der andere Weg übrig, der durch das Neinsagen zur Erhöhung des Ich führen soll.

Der Unterschied zwischen der egoistischen (aktiven) und der scheinheiligen (passiven) Verhaltungsweise läßt sich dahin bestimmen, daß der Egoist nur Dinge und Menschen seiner Umgebung verneint, während der Scheinheilige im Notfall sich selber verneint. Durch die seltsame zwangsläufige Wirkung der Teufelskreise wird der letztere allmählich gezwungen, im Interesse seiner Icherhöhung nicht nur seine Außenwelt und seine innere Welt, sondern schließlich auch seine eigene Subjektität zu verneinen. Er bewegt sich unaufhaltsam vorwärts auf einer Linie, deren Anfangspunkt im Trostbedürfnis und deren Endpunkt im Machtrausch der Selbstvernichtung liegt. Für das Verständnis dieses Weges ist es aber unerläßlich, allen seinen Stufen und Wendungen im einzelnen nachzugehen und besonders diejenige Wendung zu beachten, durch die das eigene Leiden zum Mittel der Selbsterhöhung umfinalisiert wird. Von diesem Augenblick an ist das Schicksal dieser Heimchen besiegelt.

Wenn ein Mann sich seiner Frau unterlegen fühlt, muß er jede Gelegenheit benutzen, um sein Selbstgefühl zu stärken. Wenn sie ihn auffordert, mit ihm spazierenzugehen, kann er durch Jasagen keine Geltung erlangen. Sagt er aber Nein, so vermag seine Frau kaum dagegen etwas auszurichten. Wer Nein sagt, ist immer und ausnahmslos der Herr der Situation. Und die gleiche Politik (nur noch unbewußter als jener Mann) treibt das Kind, das schon mit acht oder neun Monaten hartnäckig die Lippen schließt, wenn es essen soll, und das Zweijährige, das nicht schlafen will, und das Dreijährige, das keine Strümpfe anziehen will. Die Verneinung erweist sich als das Zauberwort, das jedem gekränkten Ich wieder zu Macht und Ansehen verhilft.

Je mehr Dressate ein Mensch mit sich herumträgt, um so häufiger wird seine Ichhaftigkeit in Gefahr geraten und um so gründlicher muß jenes allgemeine Dressat der Verneinung zur Anwendung kommen. Indessen gibt es noch eine besondere Art von seelischen Zuständen, in denen auch dem verhältnismäßig Mutigen kein anderer Ausweg bleibt als die radikale Verneinung. Es sind diejenigen Fälle, in denen zwei Dressate, trotzdem sie letzten Endes dem gleichen Ziele, nämlich der Ichbewahrung dienen, miteinander in Widerspruch geraten.

Ein Schüler lebt unter folgenden inneren Gesetzen:

§ 1. Sammle so viel Ehre wie irgend möglich.

§ 2. Darum mache nie und nirgends etwas verkehrt.

§ 3. Darum begib dich nie in eine Lage, der du nicht gewachsen bist.

Diese drei Dressate sind ihm auf Grund früh erworbener negativer Erfahrungen in Fleisch und Blut übergegangen. Ihre Entstehungsgeschichte dürfte leicht vorstellbar sein und hier wenig interessieren. Wichtig ist nur, daß alle drei Dressate sinnvoll auseinander hervorgegangen sind und daß das folgende sich immer als Ausführungsbestimmung des vorhergehenden verstehen läßt. Das Leben aber macht alle diese Folgerichtigkeit zunichte. Je besser nämlich der Schüler seine drei Dressate befolgt, um so sicherer wird er einmal den ersten Klassenplatz erreichen. Laut § 1 darf er diese Ehre nicht ausschlagen. Laut § 3 darf er sie aber nicht annehmen, da er in einer so weithin sichtbaren Stellung zweifellos den § 2 nicht wird durchführen können. – Anders ausgedrückt: Sein Minderwertigkeitsgefühl zwingt ihn zum Streben nach Geltung, es hindert ihn aber, diese Geltung zu verwirklichen. Er traut sich nicht zu, das zu leisten, was er immer zu leisten versuchen muß. Und er muß es versuchen, weil er nicht zugeben darf, daß er es sich nicht zutraut.

Es geht ihm genau wie einer politischen Gruppe, die sich nur auf das Opponieren, Kritisieren und auf das Ringen um die Macht eingestellt hat. Im Augenblick, da es heißt, selber die Zügel in die Hand zu nehmen, muß eine innere Katastrophe eintreten. Denn man muß Ja sagen, und man hat doch nur gelernt, Nein zu sagen. Man mache sich klar, daß der Übergang von der negativen zur positiven Haltung, von der Kritik zur Leistung, nichts Geringeres darstellt als eine Aufhebung frühester Dressate, eine innere Umwandlung, wie sie nur der Klärungsprozeß selber zu schaffen vermag.

Was tut der Schüler, wenn er auf den ersten Klassenplatz gelangt, dem er sich nicht gewachsen fühlt? – Er bekommt Angst. Und die Angst reißt auch hier ein Notventil auf. Er schläft schlecht, er hat Kopfschmerzen, er muß wegen Überarbeitung und wegen allzu großen Fleißes ein Vierteljahr lang die Schule versäumen. Auf diese Weise ist ihm tatsächlich geholfen. Denn seine Ehre ist nun fast noch größer, als wenn er gesund geblieben wäre. Und die Gefahr ist verschwunden. Er wird die Bürde des verantwortlichen Klassenführers einem anderen lassen und wird die Würde des fleißigsten und besten Schülers trotzdem genießen. – Auch hier muß wieder betont werden, daß es sich nicht etwa um bewußte Politik handelt, sondern daß das Ergebnis, das freilich dem besten Diplomaten Ehre machen würde, nicht dem Schüler, sondern dem Leben entstammt. Auch hier waren die Produktivität und die um ihre Wege nie verlegene Schöpferkraft des Lebens am Werke. Nur freilich war die Richtung, in der sie vorwärts gehen mußten, die Verneinung. Die Absage an die Leistung und an die Gesundheit erwies sich als das Einzige, was in Anbetracht jener drei Dressate noch möglich blieb, damit nicht die Absage an das Leben selbst, der Schülerselbstmord, als letztes Notventil aufbreche.

In ähnlicher Weise kommt die Absage an die Gesundheit zustande, wenn eine unverstandene Frau einmal jemandem begegnet, der sie versteht. Unverstandensein ist gleichsam ihr Adelsbrief. Verstandenwerden muß ihr immer als höchstes überirdisches Glück erscheinen. Was aber soll geschehen, wenn sie verstanden worden ist? Wie soll sie weiterleben ohne jenen Adelsbrief? Und überdies würde derjenige, der sie versteht, auch noch verstehen, welche Rolle das Unverstandensein für sie spielte. Alle ihre Ichhaftigkeit käme ans Tageslicht. Das ist ihr freilich nicht klar, aber der geringste Schimmer einer Ahnung davon läßt schon eine solche Unruhe in ihr entstehen, daß sie vor sich und den anderen ein Recht hat, eiligst ins Sanatorium zu fliehen. Und das gleiche widerfährt dem Manne, der endlich auf den selbständigen Posten gelangt, um den er dreißig Jahre lang gekämpft hat. Er sagt dann: „Nun ist es zu spät, jetzt sind meine Kräfte verbraucht, zehn Jahre früher hätte ich noch die Welt aus den Angeln gehoben." – Spricht's und flieht gleichfalls ins Sanatorium.

Die Absage an die Gesundheit ist stets mit einem ehrlichen Leiden verbunden, und doch ist sie scheinheilige Not. Denn sie verleiht dem Leidenden einen Anspruch auf Rücksicht und Pflege und stellt doch nur eine Flucht vor dem noch größeren Leiden dar, in dem es keinen Anspruch mehr auf Pflege gibt und das mit dem Ende der Ichhaftigkeit verbunden ist.

Das Sanatorium ist die Walhalla für die abgekämpften Helden der Ichhaftigkeit. Dort bezieht jeder von allen anderen (und vielleicht sogar vom Arzte) eine Rente an Bewunderung und Mitgefühl, und dadurch wird die sinkende Valuta seines Ich wieder zum Steigen gebracht. Es ist, als ob er von anderen, freilich ebenfalls recht valutaschwachen Mächten unbegrenzte Kredite bekäme. Nach einigen Wochen ist sein Selbstvertrauen so gestiegen, daß er von neuem ins Gefecht gehen kann, bis er nach dem nächsten Zusammenbruch mit noch größeren Ehren in die Walhalla zurückkehrt.

Sollte er aber in eine Anstalt geraten, in der sein liebes Ich nicht auf seine Kosten kommt, so wird er empört wieder abreisen. Falls er aber nicht in der Lage ist, die begonnene Kur zu unterbrechen, oder falls er durch äußere Gewalt, seine Familie, eine Krankenkasse oder eine Fürsorgestelle gezwungen wird, eine bestimmte Zahl von Wochen auszuhalten, so muß er die Rettung für sein Ich auch hier in der Verneinung suchen. Er wird überzeugt sein, daß man in einer solchen Umgebung unmöglich gesund werden könne, und er wird tatsächlich nicht gesund werden, da er ununterbrochen die Haltung eines Angegriffenen beibehalten wird, der sich zur Wehr setzen muß. Weder seine Nerven noch sein Blutgefäßsystem werden sich ausruhen können. Und darum wird er nach Ablauf der vorgeschriebenen Zeit mit dem Triumph abreisen: „Ich habe es ja gleich gesagt. Hier wird man nicht gesunder, sondern kränker."

In denjenigen Sanatorien aber, die von der Ichhaftigkeit des Publikums leben, herrscht der Teufelskreis des Negativismus in seiner krassesten Form: Je wertvoller man ist, um so weniger kann man sich in der Welt durchsetzen. Um so mehr wird man von der bösen Welt verkannt, um so mehr muß man leiden. Je mehr man leidet, um so bemitleidenswerter und bestaunenswerter sitzt man im Kreise seiner ebenfalls bestaunenswerten Schicksalsgenossen.

Die Zahl der Medikamente, die man verbraucht, symbolisiert die Zahl der Orden, die man zur Schau trägt. Und ganz das gleiche gilt auch für den einsamen und menschenscheuen Sanatoriumsgast, der sein Leiden gleichsam nur noch mit dem Leid vergleichen kann, das die ganz großen Märtyrer trugen.

Das Minderwertigkeitsgefühl, das aus dem ununterbrochenen Leiden genährt wird, läßt sich nur dadurch ausgleichen, daß man noch gründlicher leidet. Darum bohrt man sich in sein Leiden hinein, wie der Wurm sich in das Holz einbohrt, das ihm Nahrung und Grab zugleich ist. Wenn es aber erst so weit kommt, daß das einzige Mittel gegen das Leiden in der Vergrößerung des Leidens besteht, sind der Zusammenbruch des Ich und der Beginn der Klärung sehr nahe. Hier liegt der Wendepunkt, in dem das eigene Leiden auf Selbsterhöhung umfinalisiert wird und dadurch in sinnlose Qual übergeht. Dicht daneben aber liegt der zweite Wendepunkt, in dem die Qual der Selbstzerstörung wieder in den Dienst des Lebens tritt. Die Selbstzerstörung mündet durch die Selbstmordkrisis in den Klärungsprozeß.

20. Fluchtversuche

Die Klärung beginnt mit dem Zusammenbruch des Ich; und ihre ersten Stufen sind Enttäuschungen. Der unbewußte Lebensplan mit seinem künstlichen Gefüge von Dressaten, Vorurteilen und Ansprüchen erweist sich als unbrauchbar. Man erlebt, daß aller Aufwand an Mitteln für die Ichbewahrung das Ich nicht bewahren kann, sondern daß es im Gegenteil um so sicherer dem Untergang anheimfällt, je sorgfältiger es beschützt wird. Und man sieht sich nach Hilfe um. Man hat noch nicht ganz die Hoffnung aufgegeben, ohne Verzicht auf die Ichhaftigkeit weiterzuleben; wenn man auch bereit ist, sein Ich in eine neue und vielleicht bescheidenere Form zu kleiden.

Das ist immerhin ein Fortschritt. Vorher hätte der ichhafte Mensch um keinen Preis der Welt zugegeben, daß in seiner eigenen inneren Verfassung eine morsche Stelle ist. Der Virtuose des Egoismus hätte als Beweis für die Richtigkeit seiner Charakterhaltung auf seine Erfolge hingewiesen, und der Virtuose des Leidens hätte zwar ununterbrochen über die Schwere des Lebens geklagt, hätte aber immer und auf jeden Fall einen falschen Grund dafür angegeben. Selbst wenn er die Ursachen seines Leidens in sich selber gesucht hätte, wäre er nie bis zur Entlarvung seiner Ichhaftigkeit durchgedrungen. Und beide hätten jeden Hinweis auf die wirklichen Zusammenhänge mit Entrüstung zurückgewiesen.

Diese Sicherungen der ichhaften Verfassung fallen nun wenigstens teilweise weg. Und die Aussichten für eine innere Umstellung sind um genau soviel gestiegen, wie die Bereitschaft, etwas von seiner Ichhaftigkeit zu opfern, größer geworden ist. Indessen nimmt man seine Zuflucht zunächst noch immer zu Mitteln, die das Ich wenigstens in seinem Kern unberührt lassen.

Man unterzieht sich schmerzhaften und kostspieligen Behandlungsmethoden, man nimmt bittere Medizinen ein, läßt sich elektrisieren, bestrahlen oder hypnotisieren, erlegt sich eine peinliche Diät auf, macht Darmspülungen und macht Natron-, Zitronen- oder Milchkuren durch. Und in den meisten Fällen verspürt man alsbald eine Steigerung seines Lebensgefühls.

Dem Charakterkundigen ist es jedoch nicht schwer, das Geheimnis solcher Anfangserfolge zu durchschauen. Die Organfunktionen, die ihren unnatürlichen Dienst, ihre Umfinalisierung auf Ichhaftigkeit, nicht mehr auszuhalten vermochten, werden jetzt noch einmal umfinalisiert, und zwar zur Verherrlichung einer Heilmethode. Die Heilmethode aber tritt wieder in den Dienst der Ichhaftigkeit des Patienten. Das Ich bezahlt gewissermaßen ein Lösegeld, indem es sich freiwillig gewissen negativen Erfahrungen unterzieht. Dafür liefert die Methode dem Ich ein beliebig großes Quantum von Achtung, und zwar von seiten all derer, die an die gleiche Methode glauben. Eine neue Art von Selbstgefälligkeit entsteht, und zwar eine Selbstgefälligkeit, die erheblich besser verschleiert ist als die bisherige. Gleichzeitig bewirkt die neue Umfinalisierung der Organfunktionen eine Umwälzung im System der körperlich wirksamen Dressate. Daraus ergeben sich zahlreiche neue Erfahrungen, die sich sehr wohl als innere Erschütterungen und aufwühlende Erlebnisse ausdeuten lassen. Und sie werden tatsächlich vom geltungshungrigen Ich fast ausnahmslos im Sinne von angeblichen Gesundungs- oder gar Bekehrungserlebnissen ausgenutzt.

Dazu kommt, daß in allen solchen Systemen ein Körnchen von mißverstandener Wahrheit verborgen liegt. Das eine oder das andere Organ darf nach der neuen Methode wirklich besser funktionieren, als es ihm vorher erlaubt war. Aber die verbesserten Mittel werden in den Dienst eines schlechteren Zweckes gestellt. Und das Gesamtergebnis ist, daß das morsche Gebäude der ichhaften Verfassung noch einige Monate länger dem Ansturm des Lebens Trotz bieten kann.

Bald aber bricht auch die reformierte Ichhaftigkeit wieder zusammen. Der Teufelskreis, der hier an der Arbeit ist, lautet ungefähr: Als Anhänger der neuen Methode ist man verpflichtet, die Erfolge dieser Methode einwandfrei zur Schau zu tragen. Aber die nochmals umfinalisierten Organe vermögen nicht zu leisten, was sie leisten sollen, da sie durch allzu viele, einander widersprechende Dressate eingeengt sind. Je weniger aber das Wohlbefinden eintritt, zu dem man sich verpflichtet fühlt, um so heftiger muß die Methode angewendet werden, die es herbeiführen soll. Je mehr die Methode aber die Organfunktionen umfinalisiert, um so geringer wird das Wohlbefinden, um so heftiger werden die Maßnahmen, und um so geringer wird der Erfolg. Es gibt Menschen, die sich täglich drei Darmspülungen machen. Wenn sie sich dadurch geschwächt fühlen, machen sie neun Spülungen. Und wenn es ihnen noch schlechter geht, erhöhen sie die Literzahl der Flüssigkeit, die sie anwenden, bis ins Unglaubliche.

Freilich kann man sich noch eine Zeitlang einreden, daß durch die Aufstellung eines solchen Rekordes wenigstens eine neue Art von Heiligkeit erreicht werde, die mit der eigenen Gesundheit durchaus nicht zu teuer bezahlt sei. Denn um die neue Niederlage zu verschleiern, sind alle Mittel recht. Und die Rettung jenes Aberglaubens an die neue Methode wird zum Selbstzweck erhoben. Dann wird die Methode und damit die Selbstvernichtung zum Lebensberuf. – Die Krisis aber und der Beginn der Klärung rücken wieder um ein merkbares Stück näher.

Es gibt indessen noch eine Reihe von Methoden, die weit wirksamer in die wesentlichen Bestimmungen der menschlichen Persönlichkeit eingreifen als die bisher besprochenen. Es sind auf geistiger Seite diejenigen Lebenssysteme, die sich als neue oder erneuerte Religionen gebärden und mit großer Sachkenntnis das Ich in seinem schwächsten Punkte erfassen. Auf körperlicher Seite sind es die Methoden der neueren Gymnastik, deren Einfluß auf die menschliche Persönlichkeit ebenso nachhaltig sein dürfte wie derjenige der angeblich neuen Religionen. Zu beiden aber gelangen nur Menschen, deren innere Verfassung schon ernstlich erschüttert ist, die also für den Klärungsprozeß nahezu reif sind. Sie sind bereit, ganze Provinzen ihrer Ichhaftigkeit zu opfern, wenn sie nur den Thron selbst noch retten können. Und aus dieser Bereitschaft der Anhänger erklärt sich die große Macht und die tiefgehende Wirkung jener Methoden.

Die Gymnastikschulen haben trotz ihrer weitgehenden Unterschiede das Eine gemeinsam, daß sie die Organfunktionen tatsächlich aus ihren starren und falschen Mittel-Zweck-Verbindungen befreien. Dadurch bringen sie eine Art von innerem Aufruhr in Gang, der sehr wohl die Vorstufe eines wirklichen Klärungsprozesses bilden könnte. Aber die Lebensanschauung, die (unklar und uneingestanden) der Gymnastik zugrunde liegt, ist wohl ausnahmslos auf das klassische Ideal gerichtet. Sie erstrebt die möglichst geradlinige Entwicklung des Einzelnen und der Gesamtheit. Sie mißversteht also nicht nur die Macht, sondern auch den Sinn der Ichhaftigkeit. Sie muß das Leiden ablehnen, weil mit dem Leiden notwendigerweise Verkrampfungen und gymnastische „Fehler" verbunden sind, ja weil es letzten Endes dasselbe ist wie diese Fehler. Dadurch aber stellt sie sich selbst in den Dienst der Ichhaftigkeit, weil unausweichlich jeder, der dem Leiden ausweichen will, der Ichhaftigkeit verfällt.

So konnte die kindliche Theorie zustande kommen, daß ein gesund funktionierender Organismus auch immer „richtig“ reagieren werde, daß er also nicht böse sein könne. Es ist der alte Irrtum, daß das Natürliche gleichbedeutend sei mit dem Guten.

In der Praxis reichen die besseren Methoden der Gymnastik aus, um die Starrheit der Mittel zu lösen; gegenüber der Starrheit der Zwecke sind sie aber machtlos. Da die Mittel jedoch an sich weder gut noch böse sind, treten die frei gewordenen Mittel, die neu gewonnenen organischen Möglichkeiten, sofort wieder in den Dienst der alten, ichhaften Zwecke. Und der Erfolg der Gymnastik muß mit Notwendigkeit darin bestehen, daß sich dem Ich neue Machtquellen erschließen.

Sinnenfroher Lebensgenuß, gesteigerte Widerstandskraft gegen die Lasten des Alltags, Freundlichkeit gegen alle Welt, ein epikuräisches Leben und Lebenlassen sind das Höchste, was auf diesem Wege erreicht werden kann. – Und die Not der anderen? – Ist sie nur noch vorhanden, weil die anderen noch nicht gymnastisch geschult sind? – Und Arbeitslosigkeit und Klassenkampf, Bolschewismus und Hochkapitalismus, und das unerbittliche Wettrüsten der Nationen, und der Endkampf zwischen Osten und Westen, diesem die ganze Welt umfassenden Kriege; alle Krisen der Menschlichkeit, alle Schmerzen unserer Mutter Erde – müßten sie verschwinden, wenn die Ministerpräsidenten Gymnastik machen würden?

Die Gymnastik reicht nicht aus, um das tragende Prinzip einer Weltanschauung zu bilden. Sie muß sich als dienendes Glied einem umfassenderen Prinzip unterordnen. Solange sie für sich allein in den Mittelpunkt des Lebens gestellt wird, wirkt sie wie schwere Artillerie, die weder Freund noch Feind erkennen kann und ins Blaue hinein feuert. Sobald sie sich aber einer Weltanschauung einfügt, hängt ihr Wert oder Unwert nicht mehr von ihr selber, sondern von jener Weltanschauung ab. Das tritt am deutlichsten in den vorhin erwähnten Scheinreligionen zutage.

Hier bedient man sich systematisch jener „Übungen", die auch jedem gymnastischen Erfolge zugrunde liegen, nämlich der körperlichen und seelischen Entspannung, die gleichbedeutend ist mit einer zeitweisen Lockerung der ichhaften Mittel-Zweck-Verbindungen. Der Begriff „Konzentration", der in diesem Zusammenhang meistens gebraucht wird, bedeutet genau das gleiche, nämlich das Wirksamwerden infinaler Zweckhaftigkeit. Alles Weitere, die Meditation, das Gebet, die intuitive Schau und ebenso die nach außen gerichteten Verhaltungsweisen, die Sicherheit, der Mut und die Ausdauer im Handeln, entspringt folgerichtig aus dieser vorübergehenden Minderung der Ichhaftigkeit.

Es fragt sich nun, ob und wieweit auf diesem Wege das Wirksamwerden infinaler Zwecke tatsächlich zustande kommen kann. Und die Antwort muß lauten: Es kann gar nicht zustande kommen. Denn Klärung ist nur da, wo alle Zielsetzungen ins Unendliche münden, wo alle Finalität übergeht ins Infinale. Sonst mag das Endziel so hoch angesetzt werden wie nur möglich, wir haben es gleichwohl mit einer Scheinreligion zu tun, solange dieses Endziel noch im Objekt gesehen wird und solange man sich ihm noch gegenüberstellen kann. Denn ein solches Endziel kann nicht Endziel bleiben, es muß doch wieder Mittel eines anderen, wenn auch uneingestandenen Zieles werden. Auf diesem Wege gewinnt das Ich heimlich die Macht wieder, auf die es soeben öffentlich verzichtet hat. Eine Lehre, die dem Ich noch eine Lücke läßt, ist nicht um des Infinalen willen da, sie ist nicht Religion, sondern sie ist um des Ich willen da, sie ist eine Scheinreligion. Endziele, die im Objekte liegen, lassen ihre Ausnutzung im Dienste des Ich noch zu, und darum werden sie ausnahmslos in den Dienst des Ich gestellt, und darum verhindern sie den wirklichen Zusammenbruch dieses Ich, den sie angeblich fordern. Und es ist einerlei, ob man sie „Welterlösung" oder „Tausendjähriges Reich" oder „Gott" nennt – sie bleiben irdische Mittel im Dienste irdischer Zwecke.

Die Religion beginnt erst da, wo die Ziele über alle Zweiheit von Subjekt und Objekt hinausweisen und wo die Herrschaft dem Infinalen eingeräumt wird, das jenseits von Raum und Zeit und darum auch jenseits von Subjekt und Objekt gedacht werden muß und das infolgedessen nicht mehr gedacht werden kann. Jeder aber, der Glück oder Fortschritt oder inneren Frieden verspricht, ohne die Auslieferung des Subjektes an das Infinale und damit die tatsächliche Auflösung aller Ichhaftigkeit zu verlangen, der unterbietet Gott, indem er die Seligkeit billiger herzugeben verspricht, als sie tatsächlich zu haben ist. Daher kommt es, daß die verzweifelten Menschen sich scharenweise in die Scheinreligionen zu retten suchen, ehe sie der Klärung anheimfallen. Und darum ist der Menschenfang auf diese Weise so leicht.

Charakteristisch aber für beide Fluchtversuche, für die reine Gymnastik und für die Scheinreligion ist es, daß sie den Krisen, die sie selbst hervorrufen, völlig hilflos gegenüberstehen. Sobald nämlich die Funktionen des menschlichen Organismus aus der Starrheit der inneren Verfassung gelöst werden, gerät der Gipfelbegriff dieser Verfassung, die Ichbewahrung, in ernste Gefahr. Dann treten Abwehrmaßregeln in Erscheinung, Widerstände, Haßaffekte und Zerstörungswünsche heftigster Art, die sämtlich darauf hinauslaufen, den Thron des gefährdeten Ich um jeden Preis zu retten. – So versucht die herrschende Kaste, wenn sie durch das Chaos schlecht organisierter Aufstände bedroht wird, durch Akte äußerster Härte und äußerster Heftigkeit zu retten, was noch zu retten ist. Je größer aber die Gefahr wird, um so sinnloser werden die Versuche der Verteidigung ausfallen und um so mehr werden sie das Ganze gefährden, das bisher im Dienste jener Kaste stand.

In jeder gut geleiteten Gymnastikschule und in jeder gut geleiteten Scheinreligion gibt es Weinkrämpfe, Erbrechen, Schlaflosigkeit, Angstzustände, Zwangsgedanken, Versuche der Selbstzerstörung und Mordimpulse. Alles dies sind Anzeichen, daß der Klärungsprozeß nahe ist. Und je heftiger die Zuckungen des verwundeten Ich sich auswirken, um so näher ist die große Stunde gekommen. Aber die Gymnastik, die vom Ich nichts weiß, steht tatenlos und verlegen vor dem Unheil, das sie angerichtet hat und das sie nicht in Heil zu wandeln vermag. Die Scheinreligion aber sucht ihren Vorteil, wo sie ihn findet. Sie spricht von bösen Geistern und Dämonen, wo sie in aller Schlichtheit vom lieben Ich sprechen sollte. Sie setzt an Stelle der Auflösung des Ich einen phantastischen Kampf gegen Mächte, die sie erst erschafft, um sie bekämpfen zu können. Sie ersetzt die Wirklichkeit durch Schein. Sie feiert Siege, erntet Ruhm und windet Lorbeerkränze für das Ich, das sie angeblich bekämpfen wollte. Der Dämon wird als Prügelknabe und Stellvertreter des Ich zum Hause hinausgejagt, damit besagtes Ich darin wohnen bleiben kann.

Die Krisis ist zu Ende, sobald sich für dies Ich eine neue Lebensmöglichkeit findet. In der Gymnastik bietet das epikuräische Wohlbefinden und in der Scheinreligion bietet die Dämonenbekämpfung den politischen Trick dar, mit dessen Hilfe das Ich seinen Herrscherthron unsichtbar wieder einnehmen kann. – Aber der Teufelskreis wirkt auch hier.

Zwar bleibt das Gebiet der Körperfunktionen nun frei, doch im weiten Bereiche der höheren Zwecke wirkt sich die Tragödie des Lebens genau so aus wie bei allen anderen ichhaften Menschen. Weder die Gymnastik noch die Scheinreligion vermag zu lehren, wie man seiner inneren Einsamkeit entgeht, wie man die Brücke zum Mitmenschen findet, wie man aufhört, ihn zum Objekt und zum Mittel der verborgenen ichhaften Zwecke zu machen, wie man ihn als Subjekt anerkennt, wie man die innere Einheit vieler Subjekte, die wirhafte Ordnung der Menschen und die Sinnhaftigkeit des Schicksals in sich lebendig machen kann. Wer aber dies nicht kann, muß selber leiden und andere leiden machen, bis er es gelernt hat. Der Weg führt auch für ihn durch die Ich-Katastrophe, und keine Gymnastik und keine Scheinreligion kann ihm diesen schlimmen Weg ersparen.

Sechster Teil

Klärungsprozeß

21. Die Schicksalsmasche

Da der Erzieher ichhaft ist, zwingt er seinen Zögling in die Ichhaftigkeit hinein. Und zwar nimmt die Ichhaftigkeit des Zöglings diejenige Form an, die ihn am besten gegen den Erzieher schützt. Ist der Erzieher hastig und rasch, so wird der Zögling langsam und stumpf, weil er sonst allzuviel unter der Ungeduld des anderen leiden müßte. Aber gerade an seiner Stumpfheit wächst die Ungeduld auf der anderen Seite. Und je mehr die Ungeduld dort ansteigt, um so tiefer muß sich das Kind in seine Schwerfälligkeit zurückziehen. Hier läuft ein Teufelskreis durch zwei Menschenschicksale hindurch.

Wir sprechen in solchem Falle von einer Schicksalsmasche. Die Masche besteht darin, daß jeder der beiden Beteiligten nicht nur dem anderen, sondern auch sich selber so lange ständig wachsende Leiden verursacht, als seine eigene Ichhaftigkeit dauert. Würde er aber von seinem Ich freikommen und zu einer sachlichen Haltung übergehen, so würde der andere ebenfalls seine Haltung ändern und sein Ich aufgeben müssen. Das Zusammenleben beider stellt also eine ununterbrochene Forderung des Lebens nach Abbau der beiderseitigen Ichhaftigkeit dar. Wenn der Erzieher geduldig werden würde, müßte das Kind allmählich aus seiner Stumpfheit erwachen. Und wenn das Kind sachlich bleiben könnte, würde die Hastigkeit des anderen sich an dieser lebendigen Ruhe totlaufen. Freilich ist die Lösung einer solchen Aufgabe zwischen denjenigen Personen, zwischen denen sie allererst entstanden ist, nach menschlichem Ermessen kaum möglich.

Aber die gleiche Schicksalsmasche wiederholt sich überall da, wo zwei ichhafte Menschen, also überall da, wo überhaupt zwei Menschen aufeinander angewiesen sind. Doch nur Personen, deren Mut in annähernd gleichem Maße geschmälert ist, leben dauernd zusammen; denn nur sie halten es miteinander aus. Ändert sich aber der Grad des Mutes bei einem von beiden, so muß er sich entweder bei dem anderen ebenfalls ändern, oder aber die Gemeinschaft muß zerbrechen. Die Schicksalsmasche zwingt die beiden, die sie umfaßt, in ein gemeinsames Schicksal hinein, selbst wenn die äußeren Bedingungen und die innere Form der Aufgabe noch so verschieden erscheinen mögen.

Manchmal ist es freilich schwer, bei einem solchen Paare nachzuweisen, inwiefern die Beteiligten zueinander passen. Aber auffindbar ist die Schicksalsverbindung ausnahmslos. Zwei Prozeßhansel, die sich hassen wie die Pest, passen offenbar gut zueinander. Denn gegen wen sollte der eine prozessieren, wenn der andere friedliebend wäre. Einen Gegner, der nicht Berufung einlegt, kann er nicht brauchen. – Und die umsichtige Hausfrau, die ewig über die Gedankenlosigkeit ihres Dienstmädchens klagt, wäre sehr zu bedauern, wenn sie ein Mädchen hätte, das ebenso umsichtig wäre wie sie selber. Es würde ihr nichts übrigbleiben, als einen Konkurrenzkampf der Umsichtigkeit anzufangen. Das aber würde sehr bald zur Entlassung der Konkurrentin führen. Das Mädchen wiederum braucht die ewig kritisierende Hausfrau. Denn hätte sie eine andere, die mit ihrer Gedankenlosigkeit sachlich abrechnen würde, so würde sie keinen Grund zur Klage mehr haben und nicht mehr wissen, wer ihre Beziehungsperson wäre, und das würde sie in den Klärungsprozeß hineinzwingen.

Aber genau das gleiche gilt von jedem Ehepaar, vorausgesetzt daß es sich nicht mehr im Stadium der Scheingemeinschaft, der sogenannten glücklichen Ehe befindet. Er wundert sich, daß das Wirtschaftsgeld so rasch zu Ende geht. Darin sieht sie ein kränkendes Mißtrauen gegen ihre Sparsamkeit. Und sie weigert sich, um ihrer Ehe willen, Rechenschaft abzulegen. Dadurch wird er noch mürrischer, weil er meint, sie habe ein schlechtes Gewissen. Das kränkt sie noch mehr. Und ihre Gekränktheit kränkt wieder ihn. – Der Teufelskreis ist im Gange.

Die Schicksalsmasche stellt sich in der Ehe so dar, daß jeder von beiden Partnern zur Heilung der Ehenot gerade das tun müßte, was ihm von jeher am allerschwersten geworden ist. Der Mißtrauische müßte sein Mißtrauen, der Geizige seinen Geiz, der Verschwenderische seine Verschwendung und der Eifersüchtige seine Eifersucht ablegen. Das aber bedeutet nur, daß die Ichhaftigkeit sich jeweils auf demjenigen Gebiete am schmerzlichsten bemerkbar macht, auf dem sie durch die frühesten Dressate zu besonders krasser Wirksamkeit kommt. Solange aber jene Dressate und die Ichhaftigkeit, in der sie verankert sind, noch nicht abgebaut werden, muß notwendigerweise das Übel immer größeren Umfang annehmen und die Nötigung zur Revision der inneren Verfassung immer stärker werden. Gleichzeitig wird indessen durch die Schicksalsmasche auch der Partner an diesem Prozeß mit beteiligt, so daß jede Steigerung der Ichhaftigkeit des einen als eine berechtigte Antwort auf die Ichhaftigkeit des anderen erscheint. Und solange diese Ausrede noch einen Schein von Wahrheit für sich hat, ist auf den Abbau der Iche und auf die Verringerung des Leidens nicht zu hoffen.

Wer diese unauflösliche Verflechtung der menschlichen Schwächen und Nöte zu verstehen sucht, ist ständig in der Gefahr, selbst einer tiefen Hoffnungslosigkeit anheimzufallen. Sofern ihm aus seinen eigenen Dressaten die Neigung erwächst, der Weltordnung Vorwürfe zu machen, findet er hier einen Stoff zu Klagen und Anklagen, wie er ihn sich nicht besser wünschen kann. Dadurch aber wird er selbst hineingeflochten in die Knoten, die er zu entwirren sucht. Er muß weiter leiden, bis der Klärungsprozeß ihn ergreift. Ist aber die in ihm lauernde Mutlosigkeit geringer, so wird er auch hier erkennen, daß Gott „den einen Buben durch den anderen stäupt". Er wird sehen, wie ganze Generationen in der Mühle des Lebens langsam gemahlen und gesiebt werden, und er wird diese gewaltige Arbeit getrost der großen Mühle überlassen. Seine bescheidene Frage wird sein, wo er selber als Mühlstein, Müllerknecht, Korn oder Mehl seine Aufgabe hat. Und er wird finden, daß er diese vier Rollen zugleich spielen soll.

Auch wenn er meint, vor unlösbaren Rätseln zu stehen, etwa bei dem Leiden des Kindes syphilitischer Eltern, darf er nicht mehr die Anklage gegen das Schicksal erheben, die ihn hindert, die hier wirkende Schicksalsmasche zu erkennen. Er läßt sich damit genügen, hier oder dort einmal dem einen oder dem anderen den Zusammenhang zu zeigen und ihn auf den Grund seiner Irrwege hinzuweisen. Erzwingen kann er die Klärung in seinen Mitmenschen nie. Umwege ersparen kann er ihnen manchmal. Belehren kann er sie selten. Aber ihnen vormachen, wie man durch das Leid hindurchgeht, kann er jahraus, jahrein. Und er wird erleben, daß nicht nur die Ichhaftigkeit, sondern auch der Mut ansteckend wirkt (Abb. 2, D u. E, S. 137).

Nehmen wir an, der eine von zwei Ehegatten gelange durch einen teilweisen Klärungsprozeß zu einem erheblichen Grade von Mut (etwa die Frau durch die Geburt eines Kindes oder der Mann durch den Kampf um sein Lebenswerk), der andere aber verharre auf seinem bisherigen Standpunkt. So gibt es, wie schon erwähnt, nur zwei Möglichkeiten. Entweder löst sich die Schicksalsmasche auf, und zwar dadurch, daß der weniger Mutige vor dem Mutigeren die Flucht ergreift; oder sie hält der Belastung stand, und der zweite folgt dem ersten auf dem Wege durch den Klärungsprozeß. Auf jeden Fall aber werden zunächst Widerstände und Verteidigungsversuche des zweiten einsetzen, da er die steigende Lebendigkeit seines Partners als einen Angriff auf die Ruhe seiner ichhaften Verfassung empfinden muß.

War der erste vorher ein passiver Mensch, so wird er nach der Ermutigung tatkräftiger und energischer auftreten; war er vorher ein aktiver Mensch, so wird er sich nachher ruhiger und weniger aufgeregt zeigen. In beiden Fällen aber wird seine nun freie Verfügung über die aktiven und passiven Verhaltungsweisen das bisherige starre Gleichgewicht der Ehe zerstören. Vielleicht wird er anfangen, sich für ein Lebensgebiet zu interessieren oder sich in einem Fache zu betätigen, das bisher beiden Partnern fremd war. Vielleicht wird er eine Beschäftigung als überflüssig erkennen und aufgeben, die bisher beide Partner in Anspruch nahm. Dadurch muß der weniger Mutige sich alleingelassen und verraten fühlen. Die alte Wunde seiner Kinderzeit wird wieder aufgerissen. Denn gerade derjenige Mensch, dem er sich am rückhaltlosesten anvertraut hat, zerbricht nun scheinbar willkürlich die Gemeinschaft. Die Beziehungsperson hat wieder versagt, oder die eigene innere Verfassung hat versagt, die darauf hinauslief, die Beziehungsperson unwiderruflich zu fesseln. Dadurch entsteht ein negatives Erlebnis, das entweder zum Zusammenbruch des Ich und zum Anwachsen der Sachlichkeit und des Mutes oder aber zu einer schier grenzenlosen Steigerung der Angst führen muß. In beiden Fällen ist die Krisis im Gange, nur wird sie im ersteren rascher verlaufen als im zweiten.

Die weitere Entwicklung hängt im wesentlichen davon ab, wie groß der Mut und die Sachlichkeit desjenigen ist, der vorangeht. Je sachlicher er ist, um so wütender wird der Widerstand des zweiten, und um so rascher bricht seine Gegenwehr zusammen. Er muß sich anpassen. Und er versucht, die mutige Haltung, die er als die überlegene erkannt hat, nachzuahmen, um seine Ichhaftigkeit hinter der Maske des Mutes zu verstecken. Aber er wird durchschaut, und das Ringen beginnt aufs neue, mit Ruhe, Freundlichkeit und Festigkeit auf der einen Seite, mit erbitterter Verzweiflung auf der anderen. Aber die letzte Waffe des Mutlosen ist die Flucht. Sie kann ihm einen Scheinerfolg und eine Atempause verschaffen. Der Mutige wird jedoch auch dies geschehen lassen. Er weiß, daß man wohl einem Menschen, aber nicht dem Klärungsprozeß entrinnen kann. Auch durch die geschickteste Flucht wird die

Klärung nur aufgeschoben. Gelingt die Flucht aber nicht (sei es, daß der Mut zu gering oder schon zu groß dazu ist), so ist die Klärung nicht mehr aufzuhalten. Wie sie jedoch im Einzelnen verläuft, muß noch ausführlich dargelegt werden.

So bringt es die Schicksalsmasche mit sich, daß jeder den Partner hat, den er verdient, und daß ein jeder nicht nur sich, sondern auch den Partner weiter in die Mutlosigkeit hinein oder weiter aus ihr herausführt. Es ist darum kein Grund vorhanden, über die Verflechtung der menschlichen Irrtümer traurig zu sein oder gar den Mut zu verlieren. Es liegt im Gegenteil ein starker Trost in der Tatsache, daß nicht nur die Aufgaben und die Möglichkeiten, sondern auch die Nöte allen Menschen gemeinsam sind. Wir sind wie Kameraden auf dem Marsche, ausnahmslos den gleichen Beschwerden unterworfen und den gleichen Verirrungen ausgesetzt. Wir waten alle durch den gleichen Sumpf dem gleichen Ziele entgegen. Und es macht wenig aus, ob es der eine eine Zeitlang leichter oder schwerer hat als der andere. Alles „Leicht“ und alles „Schwer“ entspringt aus der ichhaften Selbstbeurteilung des Irrenden. Es verschwindet, wenn der Irrtum verschwindet. Dann bleibt die Wahrheit übrig, daß jeder Einzelne eingespannt ist in die ungeheure Aufgabe, an der die Menschheit gemeinsam arbeiten muß.

Aber um die Kinder ist es anders bestellt als um die Erwachsenen. Die Kinder machen eine Ausnahme von der Regel, daß jeder denjenigen Partner hat, den er verdient. Sie sind die Lasttiere, denen die vorhergehende Generation alle Ichhaftigkeit aufbürdet, mit der sie selbst nicht fertigwerden konnte. Unter unsichtbaren Leiden, die kein

Mensch zu ermessen vermag, werden die Erben gezwungen, die Schuldenlast ihrer Väter zu übernehmen. Und vielleicht Jahrzehnte später müssen sie sich unter dem Druck der Teufelskreise wenigstens ein Stück weit davon freizumachen suchen, um nicht dasselbe Unglück noch einmal ihren Kindern zu bereiten.

Wenn wir es nicht für uns selber tun wollen, müssen wir doch um unserer Kinder willen alle Kunst und alle Weisheit aufwenden, um die Welt von ihrem Fluch soweit als möglich zu befreien. Denn nicht wenn hier und da ein Einzelner, sondern erst, wenn die Gesamtheit der Menschen lebendiger wird, ist den Kindern geholfen. Die Ichhaftigkeit ist nicht mehr die Privatsache dessen, der an ihr leidet, sondern sie ist mit tausend Fasern verflochten in das große Gewebe der kulturellen Unlebendigkeit, die auf uns allen lastet. Sie ist durch das Echo der Umwelt und durch den Wechselgesang der Partner zu einem wichtigen Bestandteil in dem disharmonischen Konzert der Welt geworden. Und wer die eigene Stimme reiner als bisher singen könnte, würde das Echo und die Wechselgesänge zwingen, ebenfalls reiner zu ertönen. Aber man kann die anderen nicht besser singen machen, als man selber singt. So wenig wir dem Einzelnen oder der Gesamtheit oder auch unseren eigenen Kindern durch allen guten Willen und alle tiefe Vorsicht zu helfen vermögen, soviel können wir doch helfen und so überraschend weit reicht unsere Wirksamkeit, wenn die große Klärung auch nur in ihren ersten Anzeichen beginnt, sich in uns selber zu vollziehen.

22. Die Stufen der Klärung

Wer nicht mehr hoffen kann, durch irgendwelche Ausflüchte sein Ich vor dem Zusammenbruch zu retten, der ist bereit, die Wahrheit einzusehen. Denn er hat von ihrer Verschleierung sich nichts mehr zu versprechen und von ihrem Offenbarwerden nichts mehr zu fürchten. Die Hoffnungslosigkeit, das negativste aller Erlebnisse, ist die notwendige Voraussetzung einer ungetrübten Einsicht in die eigenen Fehler. Und die ungetrübte *Einsicht* ist die erste Stufe der inneren Klärung.

Man darf indessen nicht meinen, daß „*Einsicht*" einen Vorgang bezeichne, der sich allein im Verstande abspielt. Die persönliche Einsicht: „Ich zwinge durch mein unfreundliches Verhalten meinen Partner zur Unfreundlichkeit" ist etwas ganz anderes als die vernunftmäßige Kenntnisnahme: „Wie man in den Wald hineinschreit, so schreit es wieder heraus." Denn im letzteren Falle läßt sich sofort erwidern: „Mein Partner zwingt mich seinerseits zur Unfreundlichkeit, er schreit, und ich bin das Echo, und nicht etwa umgekehrt."

Im ersteren Falle dagegen erlebt der, dem die Einsicht zuteil wird, sich selbst als verantwortliches Subjekt. Er ist von Stund an selber schuld an der Unfreundlichkeit seines Partners. Wohin er blickt, sieht er die Auswirkungen seines eigenen Verhaltens. Ja, er ahnt vielleicht schon hier, daß der größte Teil seines Schicksals und zum Teil auch das Schicksal seiner Umgebung nur die Spiegelung seines Charakters ist. Und wie ein ungeheurer Berg legt sich das Gefühl der Verantwortung für seine und für seiner Umgebung Lebensgestaltung auf seine Seele. Einsicht besagt: Sehen, daß man selbst Subjekt ist, und sehen, daß es kein

Mittel gibt, sich von dem Subjektsein zu befreien. Man versteht nun, daß niemand zur Einsicht reif ist, der nicht schon in Verzweiflung fiel. Denn wäre er nicht vorher verzweifelt, so müßte er jetzt verzweifeln. Was er bisher erlebte, war der tatsächliche einmalige Zusammenbruch des tatsächlichen einmaligen Ich. Was nun erlebt wird, ist die Nichtigkeit alles Ichhaftseins schlechthin. Alles Streben nach Geltung erscheint als sinnlos, da Geltung nichts an sich Wirkliches ist. Geltung kann immer nur vorübergehend in einem menschlichen Bewußtsein eine Rolle spielen, in dem sie auf Grund eines Irrtums entstanden sein muß. Aber auch alle Angst vor dem Gefühl der Minderwertigkeit wird sinnlos. Denn es gibt zwar Mittel, die für bestimmte Zwecke unbrauchbar sind, und Zwecke, die für noch höhere Zwecke nichts taugen, aber das Subjekt selbst kann unmöglich minderwertig sein. Im Augenblick, da seine Zwecke sich ändern, fällt alles von ihm ab, was lebenswidrig war, und es geht in der ganzen Fülle seiner schöpferischen Möglichkeiten unverbraucht und unverdorben aus seinen Irrtümern hervor. Denn das Subjekt ist nicht „Welt", und darum altert es nicht. Sondern es steht ewig neu der Welt gegenüber.

Wer dies einsieht, erschrickt zum zweiten Male. Denn durch die Nacht der Verzweiflung müßte das Sonnenlicht so grell hervorbrechen, daß es ihn blind machen würde. Um ihn herrscht völlige Dunkelheit, der Gedanke an den Sonnenaufgang erscheint ihm unglaubhaft wie ein Märchen und vielleicht sogar bedrückend wie Hohn und doch unwiderlegbar richtig und darum peinigend und quälend wie eine Geißel, der man nicht entfliehen kann.

Aber der flüchtige Gedanke, daß ein Dasein ohne Haß und ohne Verneinung, ohne Minderwertigkeitsgefühl und ohne Geltungsstreben in Lebendigkeit und Freude überhaupt vorgestellt werden kann, dieser Gedanke führt schon zur zweiten Stufe der Klärung.

Die zweite Stufe wird am besten als „*Eingeständnis*" beschrieben, nämlich als das Eingeständnis, daß die Verneinung auch in unserem eigenen Leben nicht das Letzte und Tiefste bedeutet. Auch wer sich noch so ingrimmig in seine Leiden, in seinen Haß gegen die Menschen und in seine Anklagen gegen das Schicksal hineingebohrt hat, muß eines Tages eingestehen, daß hinter allem Nein und Ja und hinter aller Menschenverachtung die kindliche Sehnsucht nach Liebe und Gemeinschaft verborgen liegt. Der aktive Egoist erlebt, daß all seine Zerstörungssucht, und der Virtuose des Leidens erlebt, daß all seine Selbstzerstörung nur eine Maske ist, die den ursprünglichen Wunsch nach Geben und Nehmen, nach Teilhaben und Teilsein verdecken soll.

Auch hier handelt es sich wieder nicht um eine Änderung des Bewußtseinsinhaltes, der Gedanken, der Gefühle oder des Willens, sondern es handelt sich um ein Erleben, das das gesamte Subjekt, einschließlich Denken, Fühlen und Wollen, von Grund aus ändert. Nicht wer denkt, sondern wer erlebt, daß in einer aufsteigenden Welle von Haß letzten Endes nicht die Vernichtung des Gegners gemeint ist, sondern ein Liebkosen, eine scheue Zärtlichkeit, eine Bitte um Gemeinschaft, dem wird alles Hassen verdächtig als etwas Unechtes und etwas Uneigentliches, das erst durch Irrtum und Verfälschung dem Echten und Ursprünglichen, nämlich der Liebe aufgepfropft worden ist.

Wer aber den düsteren Grundzug, den er bisher für den unmittelbaren Ausdruck seiner innersten Natur hielt, als etwas Verfälschtes und Verzerrtes erkannt hat, der muß eingestehen, daß auch für ihn das „Sich bekennen zu seinem eigenen Wesen" gleichbedeutend ist mit „Sich bekennen zum Wir", und das heißt „Sich bekennen zur Bejahung des Lebens." Für ihn wie für alle gilt der Satz: „Wer nicht liebt, irrt."

Diesem Bekenntnis steht aber ein schier unüberwindliches Hindernis im Wege. Das ist der Schmerz um die im Irrtum verlorenen Jahre, um das versäumte Glück und um das Unheil, das man ringsum angerichtet hat. Wieviel unnütze Qual hat man den Angehörigen verursacht. Wieviele Kinder hat man durch seine Härte und Verdüsterung aus Weichheit und Helle ins Harte und Dunkle getrieben. Wieviel Mutlosigkeit hat man durch sein berufliches Verhalten Tag für Tag und Jahr für Jahr in seinem Wirkungskreis verbreitet.

Manch einer kehrt hier wieder um. Er sagt: „Wenn Gott mich zwanzig Jahre früher so weit gebracht hätte, wie ich nun bin, wäre ich mit fliegenden Fahnen zur Bejahung des Lebens übergegangen. Jetzt aber ist es zu spät –." Er macht sich zum Objekt Gottes, um die Verantwortung noch einmal von sich abwälzen zu können. Er macht Gott zu seiner Beziehungsperson und vergißt, was er eben schon wußte, nämlich daß er selbst Subjekt ist. Aber es gibt schon kein Entrinnen mehr. Er kann sich dem beginnenden Klärungsprozeß nicht mehr entziehen, und es ist nur noch die Frage, wie lange er durch immer neue Widerstände und Fluchtversuche die Klärung aufhalten kann.

Hier beginnt das Ringen um die dritte Stufe, um die

Bejahung der Wirklichkeit. Wer als Subjekt frei sein will, muß dem Objekt, und das heißt, er muß der körperlichen und der seelischen und der geistigen Welt ihre Rechte lassen. Er darf nicht klagen, daß die Vergangenheit so verlief, wie sie verlief, sondern er muß sorgen, daß die Zukunft besser verlaufe. Aber gerade weil mit der Freiheit der Subjekte die Verantwortung für die Zukunft verbunden ist, fliehen wir immer wieder in die Unfreiheit der Objekte, die wir in der Vergangenheit zu finden meinen. Man macht sich zu seinem eigenen Objekt, wie man sich eben noch zum Objekt der Beziehungsperson „Gott“ machte, um nur nicht seine eigene Subjektität bejahen zu müssen. Und der letzte große Fluchtversuch der Menschheit, die Philosophie, hat die Waffen erzeugt, die nun jeder Einzelne zur Rettung seiner Ichhaftigkeit anwenden kann.

Einerseits nämlich läßt sich behaupten, der Klärungsprozeß sei erst so spät in Gang gekommen, weil unabänderliche Hindernisse ihm bis dahin im Wege gestanden haben. Weil man mit diesem so und so beschaffenen Organismus zur Welt kam, weil man diese Eltern, diese Erzieher und diese soziale Lage vorfand, habe man nachweislich so werden müssen, wie man geworden sei. Und auch der jetzige Trotz, das empörte Widerstreben gegen das Schicksal, sei die unabänderliche Folge jener Umstände gewesen. Man ist also weder für seine jetzigen Widerstände noch für den erschrecklich späten Beginn des Klärungsprozesses verantwortlich zu machen.

Wenn dem aber so wäre, wenn das Schicksal durch Ursache und Wirkung derartig festgelegt wäre, wie es die Naturwissenschaft darstellt (wenn man sie unerlaubterweise auf lebendige Gegenstände anwendet) – so läge kein Grund vor, sich gegen das Schicksal zu wehren. Man wehrt sich auch nicht gegen die Tatsache, daß die Sonne warm und der Schnee kalt ist und daß man naß wird, wenn man in den Regen geht. Wer sich wehrt, beweist schon durch seine Abwehr, daß er verschiedene Möglichkeiten für den Schicksalsablauf in Betracht zieht, und daß er also nicht an die einmalige und unabänderliche Festlegung des Weltalls glaubt. Er ist nicht Determinist, aber er wütet gegen die Wirklichkeit, weil sie angeblich determiniert ist. Er kämpft gegen einen Tatbestand, der nur in seinem eigenen Kopfe existiert, an den er aber glaubt, um nicht Ja sagen zu müssen.

Und andererseits läßt sich behaupten: Das freie Subjekt hätte schon zu jedem beliebigen Zeitpunkt sein Schicksal bejahen können, anstatt es zu verneinen. Es hätte die Kälte des Partners oder die Härte der Gegner mit unbeirrbarer Wärme und Freundlichkeit beantworten können, anstatt sich auf das Ringen um den Rekord der Verneinung einzulassen. Es hätte den Rekord der Bejahung aufstellen können. Und es läßt sich nachweisen, daß dann keine Macht der Welt es hätte auf der Schattenseite des Lebens festhalten können. Das Wohlwollen der Menschen, die Fügsamkeit der Verwandten, die Erfolge in der Arbeit und ein fast grenzenloses Wachstum des Wirkens und des Leidens und des Glücks wären die Folge gewesen. – Warum aber unterwarf sich das freie Subjekt freiwillig dem Zwang der äußeren Notwendigkeit, warum blieb es Objekt seiner Umgebung, anstatt von seiner Subjektität aus die Umgebung umzugestalten?

Es ist leicht einzusehen, daß alles Abwägen von Freiheit und Unfreiheit in diesem Stadium des Klärungsprozesses nur den Zweck hat, den nächsten Schritt noch hinauszuzögern. Alle philosophischen Erörterungen dienen hier der Sicherung des Ich. Man sollte sie verschieben auf die Zeit nach der Entscheidung. Denn augenblicklich handelt es sich nicht um die Vergangenheit, sondern um die Gegenwart. Wer sich zur Unfreiheit bekennt, mag das Schicksal anklagen, soviel er will, er bleibt unfrei und leidet weiter. Wer die Freiheit bejaht, kann niemanden mehr anklagen, auch nicht sich selbst, aber er ist verantwortlich für alles Glück und Unglück, das ihm noch bevorsteht. Das Leben wird bildsam wie Ton, aber auch herrlich und schwer wie ein Gebirge für ihn.

Wann aber der Augenblick kommt, in dem er rückhaltlos Ja zu sagen vermag, das ist jeder Berechnung und jeder Beeinflussung entzogen. Berechnen und beeinflussen können wir nur das Nein. Das Ja kommt, wann es will. Hier, wo die Freiheit beginnt, hört auch das Wollen und das Nichtwollen der ichhaften Persönlichkeit auf. Der Satz: „Ich will zwar Ja sagen, aber ich kann nicht“ wird hier sinnlos. Denn entweder ich sage Ja, dann ist alles Reden überflüssig, oder ich sage es nicht, dann steht noch die Angst meines Ich im Wege, und ich will nicht Ja sagen, sondern ich will nur so tun, als ob ich es wollte.

Hier zeigt sich mit grausamer und gleichzeitig befreiender Unerbittlichkeit, daß der Mensch kein Naturding ist. Denn die Naturdinge sind teilbar. Sie können gleich starke und entgegengesetzte Kräfte in sich vereinigen. Ein Wagen kann von gleich starken Motoren nach verschiedenen Seiten gezogen werden und darum stillstehen trotz großen Kraftaufwandes. Der Mensch aber, der sich einbildet, von zwei gleich starken Trieben zum Ja und zum Nein gezogen zu werden, beurteilt sich selber mit Hilfe seiner tendenziösen Apperzeption wie eine tote Maschine. Sobald er den Mut aufbringt, sich selber so zu sehen, wie er ist, nämlich als lebendiges Wesen, gewinnt er auch die Überzeugung, daß er nicht von Trieben getrieben oder von Kräften gezogen wird, sondern daß er als unteilbares Ganzes vor der Entscheidung steht, entweder seine alten Ziele beizubehalten und so zu bleiben, wie er war, oder aber sich neuen Zielen zuzuwenden und ein anderer zu werden. Es handelt sich nicht um eine Ambivalenz, sondern um eine Alternative. Solange es gelingt, an die Ambivalenz zu glauben, fühlt man sich unverantwortlich. Mit der Einsicht aber, daß man sich zwischen verschiedenen Möglichkeiten entscheiden muß und daß die Entscheidung zur Unentschiedenheit genauso eine Entscheidung ist wie jede andere, fühlt man, wie die Verantwortung für das eigene Schicksal unerbittlich auf jedem Subjekte ruht. Aber nicht nur die Last und die Not der Entscheidung, sondern auch ihre Würde und ihre Freiheit werden dann zum Erlebnis. Was eben noch eine Unsumme von negativen Erfahrungen zu sein schien und in Form eines negativen Erlebnisses den letzten Rest von Lebensmut zu ersticken drohte, stellt sich plötzlich als positives Erlebnis dar und wird zu einer unerschöpflichen Quelle von Mut und Vertrauen.

Wer erlebt, daß er der Träger seines Schicksals ist, auch da noch, wo er sich dem Schicksal völlig zu entziehen trachtet, der spürt, was er bedeutet, Subjekt zu sein. Er erlebt in sich selber die Würde des Menschen, deren man sich auch durch die klügsten Winkelzüge und Kunstgriffe nicht entledigen kann. Und ihm ist geholfen. –

Nehmen wir an, jemand leide an Schlaflosigkeit, und er habe eingesehen, daß der Grund seines Leidens in einer dauernden (wenn auch bisher nicht bewußten) Beunruhigung um die gefährdete Geltung seines Ich gesucht werden müsse. Der Verzicht auf die Geltung seines Ich wäre also gleichbedeutend mit der Wiederherstellung seines gesunden Schlafes. Nehmen wir ferner an, er gelange auf dem Wege über diese Einsicht zu dem Eingeständnis, daß hinter seiner Übellaunigkeit und Niedergeschlagenheit, ja hinter seinem ganzen „Prozeß gegen Gott" letzten Endes das Verlangen nach Harmlosigkeit und Gemeinschaft verborgen liege. Und nehmen wir drittens an, daß er bereit sei, Ja zu sagen zur Vergangenheit trotz all der Mißlichkeiten, mit denen sie infolge seiner falschen Grundeinstellung erfüllt war.

Soweit habe er es eines Abends gebracht. Einsicht, Eingeständnis und Bejahung liegen vor, und er geht nun zu Bett in der bestimmten Erwartung, daß er dieses Mal gut schlafen werde. Aber er hat falsch gerechnet – weil er gerechnet hat. Er steht noch auf dem Standpunkt, daß ihm ein Anspruch auf Gesundheit zustehe, wenn er seinerseits die vom Leben gestellten Bedingungen erfüllt habe. Wer aber noch Ansprüche erhebt, hat noch nicht begriffen, um was es hier geht. Er meint noch, das Gesunde und das Lebendige unterlägen dem Naturgesetz ebenso wie das Kranke und Tote. Und darum maßt er sich noch an, die Gesundheit zu erzwingen, dadurch, daß er ihre Bedingungen erfüllt. Er muß noch lernen, daß alle Bedingungen und Gesetze der Objekte und damit alles, was er zu tun, zu regeln und vorzubereiten imstande ist, niemals die Ursache der Gesundheit darstellen können, sondern immer nur ihre Mittel. Er kann nie durch die Herstellung bestimmter Ursachen die Gesundheit wie eine Wirkung herbeiführen, sondern er muß immer warten, ob das Leben, als die unendliche Pyramide der Zwecke, sich der Mittel bedienen will, die er bereitstellt. Er kann sein Leben hindern, verringern oder gar unmöglich machen, aber stärken, vergrößern oder gar hervorrufen kann er es nicht.

Er wird erst gesund, wenn er auch auf die Gesundheit verzichtet. Wenn er aber wiederum nur verzichtet im Sinne eines „Nichtmehr-haben-wollens“ oder im Sinne eines „Ich leiste alles, aber ich beanspruche nichts, so gut bin ich“ – so steht es schlimmer um ihn als je vorher. Nicht nur „alles Dulden“, sondern auch „alles Hoffen“ gehört zu dem, was hier unter „Bejahung“ verstanden werden muß. Diese innere Haltung kann jedoch durch keinen Unterricht und durch keine Methode der Welt erlernt werden. Wir müssen uns darauf beschränken, nur immer wieder nachzuweisen, wo die Fehler liegen, die den Eintritt der Gesundheit und die Ausbreitung des Lebens noch hindern. Und bei dieser „nonischen“ Arbeit, einerlei, ob wir sie an uns selber oder an unseren Mitmenschen leisten, müssen wir selber bereit sein, alles zu dulden und alles zu hoffen. Wer dem Leben anders gegenübersteht, versündigt sich an ihm.

23. Die Umkehr

Noch reicher als in den zahllosen Formen und Ausgestaltungen der Ichhaftigkeit erweist sich die Fülle des Lebens in den unendlichen Möglichkeiten der Klärung. Das eine Mal bricht sie jäh und stürmisch herein nach jahrzehntelanger Unlebendigkeit, das andere Mal vollzieht sie sich langsam in zahllosen, winzig kleinen Schritten. Bei dem einen beginnt sie schon in der Reifezeit, steht dann still und setzt sich erst im Greisenalter fort. Bei dem anderen erfolgt sie in Schüben, die durch fast regelmäßige Zwischenräume getrennt sind. Es gibt kein Gesetz und keine Notwendigkeit, an die sie gebunden wäre, und darum läßt sich, wie immer wieder betont werden muß, auch keine Regel aufstellen, mit deren Hilfe man ihren Ablauf berechnen oder gar herbeiführen könnte. Berechnen und beeinflussen läßt sich immer nur das, was die Klärung hindert. Aber da die Hindernisse nach dem Gesetz des Teufelskreises sich selbst vernichten müssen, könnte man meinen, daß durch sie, wenn auch nur negativ, so doch ausschlaggebend und berechenbar der Eintritt der Klärung bestimmt sei. Es könnte sogar als eine echt nonische Überlegung erscheinen, wenn jemand, der die Summe aller Hindernisse und ihren Zerfall berechnen wollte, auf diese Weise mit Sicherheit vorauszusagen versuchte, wann und wie die Klärung eintreten werde[1]). Wer feststellt, welche Körper dem Licht im Wege stehen, und berechnet, zu welcher Zeit diese Ursachen des Schattens verschwinden werden, der kann einwandfrei angeben, wann an Stelle der Dunkelheit das ungebrochene Licht in Kraft treten wird. Aber wer so denkt, ist noch in der Naturwissenschaft gefangen.

Die Nonik verlangt mehr Bescheidenheit, als sich durch Vergleiche aus der Wissenschaft des toten Stoffes darlegen läßt. Sie besagt nicht, daß der Eintritt des Positiven mit naturgesetzlicher Notwendigkeit durch den Untergang des Negativen hervorgerufen werden könnte. Denn sonst

1) Die Methode der Nonik, der Erforschung des Positiven vom Negativen aus, wird in Kapitel 28 genauer erörtert.

würden beide, das Positive und das Negative, gleichberechtigt nebeneinanderstehen; und wir würden wieder eine alles umfassende Naturwissenschaft mit zwingenden Gesetzen und endgültig festgelegtem Weltverlauf vor uns haben. Die Nonik besagt vielmehr, daß das Positive, als das eigentlich Lebendige, wenn auch Unerkennbare, immer und unbedingt den Seinsgrund aller Lebewesen und die Voraussetzung aller Schicksale abgibt, während das Negative, als das gute Tote, obzwar durch und durch Berechenbare, dem Positiven nur als Vehikel oder Sprachrohr dient, das ihm ebenso unentbehrlich wie hinderlich ist. Wie lange aber und wie weit sich das Positive durch die Unzulänglichkeit des Vehikels und durch die Fehler des Sprachrohrs hindern läßt, von wann an es auf diese Mittel verzichtet und dadurch scheinbar aus der Welt der Objekte zurücktritt, oder von wann an es sich dieser Mittel bedient, sie korrigiert und zu ungeahnter Wirksamkeit entfaltet, das alles läßt sich aus den Eigenschaften der Vehikel und der Sprachrohre nicht berechnen; und noch weniger läßt es sich durch Reparaturen dieser Werkzeuge erzwingen. Nur daß es nicht eintritt, solange Fehler in den Werkzeugen nachweisbar sind, läßt sich verstehen; und darum ist die Korrektur dieser Fehler das einzige, was von unserer Seite geschehen kann – aber es ist nicht das Ganze.

Weder der Beginn, noch der Verlauf, noch das Ende des Klärungsprozesses darf zum Gegenstand einer Wissenschaft gemacht werden. Vom Schicksal des Leidenden aus gesehen handelt es sich hier um ein Geschenk, vom Standpunkt der Wissenschaft aus gesehen um ein Wunder. Und darum müssen wir uns damit begnügen, die Ereignisse zu beschreiben, wie sie sich im konkreten Einzelfalle unserer

Beobachtung darstellen. Wir können nur versuchen, durch die Art unserer Beschreibung das Wesentliche in den Ereignissen dem nachfühlenden Erleben näher zu bringen. Die Zusammenhänge, die auf der (nirgends und auch hier nicht unterbrochenen) Gesetzmäßigkeit des Objektes beruhen, können wir bei dieser Beschreibung hervorheben; aber wir müssen wissen, daß das Wesentliche jetzt nicht mehr auf der Seite der gesetzmäßigen Objekte, sondern schon auf der Seite der freien Subjekte zu suchen ist, sonst laufen wir blind an der Wahrheit vorüber.

Wenn man aber die unendliche Fülle des lebendigen Geschehens durch die kurze Beschreibung eines einzelnen Schicksals, so gut es eben geht, verständlich machen will, muß man ein Schicksal wählen, das das Wesentliche gleichsam unverdünnt und weithin sichtbar in sich darstellt. Dann läßt sich zwar einwenden, daß der geschilderte Verlauf nur eine seltsame Ausnahme und durchaus nicht die alltägliche Regel bildet; wer aber dem Klärungsprozeß selbst so nahe kam, daß er versteht, was hier gemeint ist, der wird die Klärung noch in ihrer äußersten Verdünnung um so besser wiedererkennen, in je stärkerer Verdichtung er ihren Sinngehalt einmal erfaßt hat. – Nur, wer dem Erlebnis „Gotik“ innerlich nahe gekommen ist, kann die Sprache der Gotik verstehen. Und er erkennt ihre Ausläufer und Abwandlungen um so besser, je deutlicher ihm einmal die ungebrochene und unverfälschte Gotik begegnet ist. –

Wo die Klärung ungetrübt und ungemildert in Erscheinung tritt, stellt sich die Umkehr zwischen der immer steigenden Ichhaftigkeit und der neu ansteigenden Sachlichkeit als die Krisis des Selbstmordes dar. Das alte Ich bricht zusammen wie ein Staat, dessen Verfassung sich als lebenswidrig erwiesen hat. Und es fragt sich, ob mit dem Staate auch das Volk, ob mit dem Ich auch das Subjekt zugrunde gehen wird, oder ob das Volk zu einer neuen Verfassung, ob das Subjekt zu einer neuen Zielsetzung durchdringen kann. – –

Ein Jurist von etwa 24 Jahren trug sich mit Selbstmordgedanken, da er sich nicht zutraute, das Referendarexamen zu machen, und da er auch keine sonstige Möglichkeit sah, sich seinen Lebensunterhalt zu verdienen. Aber diese oberflächliche Begründung der Selbstmordneigung erzeugt eine Fülle von Fragen, deren Beantwortung nur möglich ist, wenn man der Entstehung der hier wirksamen (offenbar fehlerhaften) inneren Verfassung Schritt für Schritt nachgeht. – Die folgende Darstellung entspricht in verkürzter Form einem Protokoll, das unmittelbar nach der Charakteranalyse niedergeschrieben wurde.

Seine früheste Kindheitserinnerung lautet: „Es ist ein Wolf im Zimmer. Der Vater sitzt still am Tisch. Der Wolf ist die Mutter." Dieses Bild stellt den Niederschlag zahlloser negativer Erlebnisse dar (wahrscheinlich gemischt mit den Resten von Angstträumen), die in ihrer Gesamtheit einen doppelten Verrat erkennen lassen. Die Mutter wirkt auf das Kind, das sie doch pflegen sollte, wie ein Wolf. Und der Vater, der es vor dem Wolfe schützen müßte, bemerkt die drohende Gefahr gar nicht. Das Kind ist zweimal preisgegeben. Und tatsächlich war seine Mutter eine sehr herrische und heftige Frau, und sein Vater, ein Volksschullehrer, lebte still und menschenscheu dahin, ohne sich um seine Familie zu kümmern.

Indessen ist durchaus nicht gesagt, daß der Grad der Unlebendigkeit bei beiden Eltern so groß gewesen sein muß, wie er hier nachträglich durch die Brille des Verzweifelten erscheint. Aber die Forschung soll jetzt nicht feststellen, was objektiv wirklich in jener Familie vorging, sondern nur, was subjektiv wirklich in der Seele des Kindes geschah. Und nur allzu wirklich war seine innere Abschnürung von den Eltern und seine aus Angst und Feindschaft gemischte Bindung an die Mutter, ohne die er nicht leben konnte. Die Mutter wurde seine Beziehungsperson. Dieser Tatbestand ist in der „frühesten Erinnerung" wahrheitsgemäß niedergelegt und einwandfrei erkennbar.

Schon vor der Schulzeit läßt sich das Dressat nachweisen: „Ich höre nicht, was die anderen sagen; und wenn ich es doch hören muß, verstehe ich es nicht; jedenfalls tue ich nie, was sie wollen!" Das war eine Schutzmaßregel seines Ich gegen die ewig nörgelnde Mutter, erzwungen durch das oft wiederholte Erlebnis des Verrates: „Wenn ich sehe und höre, wenn ich mich meiner Beziehungsperson öffne, fällt sie wie ein Wolf über mich her." Gleichzeitig aber enthält dieses Dressat ein brauchbares Mittel, um die zwar feindselige, aber doch zähe Verbindung der Mutter mit dem „harthörigen" Jungen aufrechtzuerhalten. Denn die Mutter ließ, ihren eigenen Dressaten entsprechend, niemals locker, bis er gehört hatte, was sie von ihm wollte. Je weniger er also hörte, um so mehr mußte sie schelten, und je mehr sie schalt, um so mehr zog er sich in seine Hartnäckigkeit zurück. Das ist die Schicksalsmasche, die den beiden Beteiligten das Leben zur Hölle machte.

Und jedesmal, wenn ihm ein Mensch begegnete, der für ihn wichtig werden konnte, die Lehrerin im ersten Schuljahr, der Pfarrer, der ihn einsegnete, der Direktor des Gymnasiums, eine Freundin seiner Schwester, ein älterer Studienfreund auf der Universität und schließlich auch der Psychologe, an den er sich in seiner Selbstmordkrisis wandte – sie alle wurden nacheinander Beziehungspersonen, und das heißt in diesem Falle, sie wurden behandelt wie Gegner, ohne die man nicht leben kann, oder wie Mütter, die sich wie Wölfe benehmen. Gegen sie alle schützte er sich durch sein „nicht hören, was die andern sagen". Und sie alle zwang er durch seine seltsame und aufreizende Weltabgewandtheit, daß sie sich mit ihm beschäftigten und ihn zu beeinflussen suchten wie einst die Mutter. Dieser Wiederholungszwang aber schraubte ihn von Jahr zu Jahr tiefer in seine Ichhaftigkeit hinein.

Sein Ich-Ideal war der Weise, der allen überlegen (wie sein Vater) in der Einsamkeit lebt. Aber dieses Ich-Ideal enthielt einen Zug, der es zum Scheitern verurteilte. Der Weise sollte nämlich nicht nur von seinen Mitmenschen bewundert, sondern auch ernährt werden. Der eigenbrötlerische Gymnasiast und der schrullenhafte Student brachte es aber höchstens dahin, daß man sich für ihn ein wenig interessierte. Bewunderung vermochte er kaum zu erregen, und daß die Bewunderer ihn ernährten, war ganz ausgeschlossen. Wovon aber soll man leben, wenn man ein weltferner Weiser sein will und keine Anhänger hat, die für Essen und Trinken sorgen?

Als der Vater ihm im neunten Semester den Wechsel entzog und er sich gezwungen sah, entweder ins Examen zu gehen (was seinem Ich-Ideal völlig widersprach) oder aber sich andere Arbeit zu suchen (was dem nichthörenden Weisen erst recht unmöglich war), brach er zusammen. Es hatten sich schon vorher mancherlei nervöse Symptome eingestellt, schlechter Schlaf, Kopfdruck und Verdauungsbeschwerden. Durch diese „Krankheit“ wurde ihm nach seiner Meinung sowohl das Examen wie auch jede andere Arbeit unmöglich gemacht. Das war das Rückzugsgefecht, mit dessen Hilfe er in letzter Zeit seine Geltung vor sich selber noch aufrechterhalten hatte. Als aber die elterlichen Geldsendungen ausblieben und auch eine psychoanalytische Behandlung ihm nicht half, blieb ihm nichts übrig, als sich noch gründlicher zurückzuziehen. Er beschloß, sich umzubringen.

Eine eingehende Untersuchung ergab aber, daß der uneingestandene Zweck dieses Entschlusses noch eindeutig dem Ich-Ideal diente: „Der Weise macht seinem Leben ein Ende, wenn er nicht mehr wie ein Weiser (nämlich auf Kosten der anderen) zu leben vermag.“ Sein Selbstmord stellte sich ihm als ein Sieg über die unwürdige Menschheit dar. Wenn aber der Ichhafte siegt, ist immer seine Beziehungsperson der Besiegte. Und auf die Frage: „Wer wird über Ihren Tod am heftigsten erschrecken?“ sagte er ohne Besinnen: „Meine Mutter!“ Der Selbstmord war der letzte und stärkste Trumpf, den er gegen sie ausspielen konnte. Er wollte ihr schreiben, daß sie ihn in den Tod getrieben hätte, und dieser Brief sollte sie zerschmettern. – Hinter dem Selbstmord des Sohnes verbarg sich ein Muttermord.

Bald aber mußte er einsehen, daß seine Mutter kaum über einige sentimentale und moralisierende Ergüsse hinauskommen konnte. Mit ihrem üblichen: „Ich habe es ja immer gesagt“ würde sie sich wahrscheinlich auch hier jeder Erschütterung entziehen. Da sagte der Student halb noch finster und halb schon ironisch: „Dann müßte ich hingehen und sie wirklich erschlagen." Und der Psychologe: „Versuchen Sie es." Der Student: „Sie fordern mich auf zu morden?" Der andere: „Ich hindere Sie nicht, denn Sie sind ein freier Mensch, der selbst sein Schicksal in der Hand hat." Der Student: „Ich morde auch Sie!" – In diesem Augenblick geht die Rolle der Beziehungsperson von der Mutter auf den Psychologen über. Von der ersteren ist von nun ab nicht mehr die Rede, und die Entscheidung fällt zwischen den beiden Anwesenden. Die Charakteranalyse ist in ihr akutes Stadium getreten.

Der Psychologe: „Sie müssen tun, was Sie für gut halten." Der Student: „Wenn Sie mich nicht hindern, bringe ich mich vor Ihren Augen um." Der andere: „Um einen Sieg über mich zu erringen, indem Sie mich verantwortlich machen für das, was Sie tatsächlich aus freier Entschließung tun oder lassen können. Sie wollen mich zu Ihrer Mutter machen." – „Wenn Sie mich jetzt im Stich lassen, habe ich niemanden auf der Welt." – „Jeder Mensch ist allein, wenn er merkt, daß er selbst sein Schicksal in der Hand hat." – „Ich höre nicht mehr, was Sie sagen." – „Wie immer, wenn Sie wollen, daß man sich mit Ihnen beschäftige." – „Nein, ich will allein sein! Ich hasse es, wenn andere sich um meine Sachen kümmern!" – „Sie sind gründlicher allein, als Sie denken, denn Sie haben keine Beziehungsperson mehr, die Ihnen nachläuft. Sie haben niemanden mehr, in Hinsicht auf den Sie Ihre Handlungen einrichten können. Für die Welt ist es völlig gleichgültig, was Sie tun, aber für Sie entscheidet sich alles in diesem Schritt." – Eine lange Pause trat ein, während der der Student mit bösem Gesicht vor sich hinstarrte. Dann sagte er: „Soll ich mich vergiften oder erschießen?" Und der Psychologe wiederholte: „Sie sind frei und verantwortlich. Tun Sie, was Sie für gut halten." Wieder trat eine Pause ein. Dann sagte der Student: „Ich weine ja. Sehen Sie, daß ich weine? Das ist mir seit zehn Jahren nicht mehr geschehen." Und gleich darauf: „Ich höre, wie die Menschen draußen auf der Straße gehen."

Die Umkehr hatte sich vollzogen. Das Ich hatte die Herrschaft niedergelegt, und die infinalen Zwecke waren in Kraft getreten. Das Dressat „Ich höre nicht" war wirkungslos geworden, als sein Endzweck, das Ich, wirkungslos wurde. Und die Organfunktionen, die bis dahin auf die Ich-Erhöhung, und was dasselbe war, auf die Lebensverneinung umfinalisiert waren, traten wieder in den Dienst ihrer natürlichen Zwecke. Dadurch aber wandte sich ihr Träger zum erstenmal seit vielen Jahren wieder der Außenwelt zu. Er beobachtete und hörte und verstand, was um ihn her vorging. Und er antwortete unmittelbar aus seinem Wesen heraus: er weinte.

Hätte der Psychologe sich hier auf Mitgefühl oder Tröstungen eingelassen, so wäre die sachliche Reaktion, das Weinen, sofort umfinalisiert worden in ein ichhaftes Betteln um Wärme. Aber er blieb sachlich, und der Patient stand fassungslos vor der Tatsache, daß man keine Minderwertigkeitsgefühle und keine Angst zu haben braucht, daß man vollwertig und selbständig und erwachsen sein kann, trotzdem man weint wie ein Kind.

Als er das nächste Mal wiederkam, erzählt er, daß er sich jetzt öfters dabei ertappe, wie er harmlos vor sich hin singe. Sein Schlaf sei besser geworden, der Kopfdruck sei verschwunden, aber die Verdauung mache ihm noch viel zu schaffen. Die Auseinandersetzung mit der Wirklichkeit, die Frage des Examens oder des Berufswechsels ließ sich ebenfalls nicht so schnell lösen. Immer wieder wollte sich das Ich mit seinen alten Waffen, dem „Ich kann nicht" und dem „Ich höre nicht" noch einmal vordrängen. Aber es war schon nicht mehr zu leugnen, daß er inzwischen gelernt hatte, aus vollem Herzen über sein Ideal des weltfremden Weisen zu lachen. Er hatte eingesehen, daß es darauf hinauslief, sich von anderen Menschen ernähren zu lassen. Und er war nicht mehr imstande, diese Lebensauffassung vor sich selber aufrechtzuerhalten. Je unmittelbarer er seine eigene Lebendigkeit spürte, um so mehr Wege öffneten sich ihm, um so geringer erschienen ihm die Hindernisse, die er bisher für unüberwindbar gehalten hatte, und um so weniger war er darauf angewiesen, sich durch den Kampf gegen eine Beziehungsperson seine Macht zu beweisen. Und je weniger er um seine Macht besorgt sein mußte, um so mehr konnte er seines Lebens froh werden.

Der Teufelskreis drehte sich bereits in umgekehrter Richtung. Mit steigender Lebensfreude steigerte sich seine Leistungsfähigkeit. Er schloß Frieden mit seinem Beruf und machte ein leidlich gutes Examen. Er versuchte sogar, sich mit seiner Mutter zu versöhnen. Aber diese Versöhnung fiel nur sehr oberflächlich aus. Hier blieb ein Stück der Aufgabe übrig, das erst in der nächsten Stufe des Klärungsprozesses gelöst werden kann. – Ob und wann aber eine neue Krise eintreten muß, weil neue Teile der Ichhaftigkeit zum Abbau reif sind, das läßt sich durch keine menschliche Weisheit voraussagen. Wir müssen uns damit begnügen, festzustellen, daß hier die Klärung ein Stück weit gelang. Alles andere bleibt dem Leben überlassen.

Die Reifung, die Klärung oder die Heilung besteht immer in einem Anwachsen des Subjektseins gegenüber dem Objektsein, und zwar meist in einer Stärkung des passiven Subjektseins gegenüber dem aktiven. Doch ist das wachsende Subjekt nicht im privaten Ich des Einzelmenschen zu suchen, sondern in einer höheren Instanz. Wie diese Instanz heißen soll, ist eine Frage der Philosophie oder der Theologie. Wir haben uns in unserer Charakterkunde mit der nonischen Feststellung zu begnügen: Der Einzelmensch als Privatperson kann nicht der Heilende sein, er kann weder sich selbst noch einen anderen heilen. Und noch eine zweite Aussage ergibt sich vom nonischen Standpunkt aus: Keine Heilung auf Erden, keine Reifung und keine Klärung kann zur Vollkommenheit führen. Das Subjektsein (das aktive und passive zugleich) mag noch so sehr wachsen; das Leben wird den Menschen gleichwohl noch härter zum Objekt machen, als er passives Subjekt zu sein imstande ist. Darum wird er immer wieder versuchen, sich gegen das verlangte Wachstum seines passiven Subjektseins zu wehren. Er wird den „Prozeß gegen Gott" nicht ganz aufgeben, und somit wird er sich doch wieder selbst zum Götzen (zum absoluten Subjekt, das nicht auch Objekt ist) machen wollen. Die Starrheit, die Unlebendigkeit, die Psychosklerose wird ihn begleiten, solange er lebt. Neue Krisen werden ihn erfassen, werden ihn vielleicht tiefer stürzen als vorher, aber der Grad seiner Reife, seiner Tragfähigkeit und seiner geistigen Wirksamkeit wird zunehmen von Krisis zu Krisis.

24. Der Sinn des Charakters

Wer das Entstehen und Vergehen des menschlichen Charakters noch einmal überblickt, der wird erkennen:

Der Weg zum Leben führt durch das Sterben; der Weg zur Gemeinschaft führt durch die äußerste Einsamkeit; der Weg zum Ja führt durch das Nein ins Trotzdem. Niemand lernt das Geben, solange er noch nimmt; niemand lernt das Lieben, solange er noch geliebt oder gehaßt werden will. Erst wer so allein war, daß er auf keinerlei Antwort mehr zu rechnen hatte, kann erleben, wie unerschöpflich das Leben selber durch ihn zu sprechen vermag. Erst wer das Leben in sich sprechen hört, kann geben und lieben, ohne auf Gegengaben und Gegenliebe angewiesen zu sein. Und erst, wenn er nicht mehr auf Dank angewiesen ist, kann er Dank ernten[1)].

Unser aller Leben beginnt im Urwir, in der vollen Harmonie mit unserer Umgebung. Wir sind als Subjekt zunächst nicht unterschieden von den Subjekten um uns her. Wir ruhen schlechthin in der allgemeinen Subjektität des Menschentums und leben so, als ob alle Menschen so lebten wie wir. Der Säugling befindet sich gewissermaßen im Stadium der Urmenschheit. Aber er könnte in diesem Zustand nur verharren, wenn eine solche Urmenschheit tatsächlich bestünde. Man kann also sagen, daß die Verhaltungsweise des Säuglings auf einer Täuschung beruht. Seine Umwelt ist nicht so beschaffen, daß sein Verhalten gerechtfertigt wäre. (Man wird verstehen, daß hier nicht von einer bewußten Täuschung, sondern von einem zwar unvermeidlichen, aber doch unzweckmäßigen Verhalten die Rede ist.)

1) Eine ähnliche Darstellung gibt Hans Künkel (L. 4).

Aus der Unangemessenheit zwischen dem Verhalten des Kindes und dem Verhalten der Umwelt entsteht jener Wirbruch, der von der Umwelt als ein unberechtigtes Klagen oder gar als egoistischer Anspruch des Kindes gedeutet wird, während das Kind ihn als den Verrat von seiten der Erwachsenen empfindet. Es macht die unsäglich schmerzhafte Erfahrung, daß nicht alle Subjekte ein einziges Subjekt sind, daß die Familie nicht ein einziges Wesen mit mehreren Köpfen ist, daß man selbst nicht restlos eingebettet ist in ein Kollektivsubjekt, sondern daß jeder Kopf ein eigenes Subjekt mit eigenen Rechten und eigenen Pflichten darstellt. Das Leben wäre leicht, ohne Schicksal und ohne Entwicklung, wenn wir in jenem Urwir verharren könnten, in dem wir nach allen Seiten offen und seelisch gleichsam ohne Haut in unsere Mitmenschen hinüberfließen. Die Familie gliche dann etwa dem Korallenstock, bei dem niemand zu sagen vermag, ob der ganze Stock oder ob die einzelne Koralle ein Individuum darstellt. Es wäre der glückselige Zustand ungestörter Einheit, wie er später nur in den Augenblicken der großen Liebe wieder erreicht wird.

Weil in der Umgebung des Kindes nur ichhaft abgegrenzte Subjekte vorhanden sind, muß das Kind wohl oder übel sich selbst gegen sie abgrenzen. Die Offenheit seiner Organsysteme für die Verständigung und für das Zusammenwirken mit seinen Mitsubjekten erweist sich als lebenswidrig. Die vorhin erwähnte Unstimmigkeit wird behoben, indem das Kind sich besser an die Wirklichkeit anpaßt (Tabelle 2, Übergang von A nach B). Je korrekter, exakter und vorschriftsmäßiger die Pflegerin den Säugling anfaßt, oder je launischer und willkürlicher, oder je gleichgültiger und unachtsamer sie mit ihm verfährt, um so weniger herrscht ihr eigener lebendiger Pulsschlag und ihr eigener lebendiger Atem in ihren Bewegungen und um so weniger kann sie die lebendige Verbindung zwischen sich und dem Kinde aufrechterhalten. Je unlebendiger sie ist, je hölzerner und mechanischer ihre Gliedmaßen arbeiten, um so starrer muß das Kind sich abschließen, um so ängstlicher muß es Pulsschlag und Atmung auf Selbstverteidigung umfinalisieren.

A *Kind* Heteronome Harmonie Urwir, in Disharmonie mit der Welt der Erwachsenen ↓		*Greis* D Ichfindung = Wirfindung, Autonome Harmonie, Bündnisfähigkeit, Verantwortlichkeit, Reifendes Wir ↑
Wirbruch ↓		↑ Krisen
B *Jugendlicher* ↓ Souveräne Ichhaftigkeit, beginnende Psychosklerose, Isolierung als Schutz. System der starren Dressate	→ Teufelskreise	*Erwachsener* C Subalterne Ichhaftigkeit, überspitzte Psychosklerose, Isolierung als Not, Widerspruch zwischen Dressaten

Tabelle 2. Der Weg durch die Charakterformen[2].

Wäre der lebendige Rhythmus in der Pflegerin vorhanden, so könnte sich der eigene Rhythmus des Kindes ungestört und allmählich entfalten. Je weniger von der Lebendigkeit der Pflegerin übriggeblieben ist, um so tiefer wird der

2) In diesem Schema erscheinen die Stufen getrennt voneinander. In der Wirklichkeit fallen einige Teilkrisen oft schon in die Jugendzeit, so daß Anfänge von D schon in B und C und Reste von C noch in D zu finden sind.

lebendige Rhythmus des Kindes zerklüftet. Das Urwir zerbricht, und die Erstarrung im Dienste der Ichbewahrung beginnt. Die Kurve der kindlichen Organfunktionen bekommt harte und tote Stellen, gleichsam Schwielen oder Narben. Die funktionalen Dressate machen sich bemerkbar, die im Laufe der Zeit sogar in anatomischen Veränderungen der Organe ihren Ausdruck finden. Das gesamte Verhalten des Kindes stellt bald darauf ein einheitliches, in sich geschlossenes und unabhängiges Lebenssystem dar, das sich in Form von zahllosen Dressaten seine eigene Verfassung aufbaut. Das Kind ist ein selbständiges Wesen geworden und hat einen eigenen Charakter bekommen. Der Charakter ist also gleichzeitig der Ausdruck und das Mittel der Selbstständigkeit. Gegen Ende der Reifezeit pflegt er soweit vollendet zu sein, daß die übliche Schilderung der Pädagogen von der tiefen Einsamkeit und Unzugänglichkeit der jungen Menschen durchaus zutreffend ist[3].

Diese Abgeschlossenheit nach außen erweist sich aber als ebenso lebenswidrig wie vorher die völlige Offenheit. Der Jugendliche befindet sich wiederum in einer Unstimmigkeit, die allmählich in einen Leidenszustand hineinführen muß. Die Unfähigkeit, am Leben der anderen Subjekte unmittelbar teilzunehmen, bringt es mit sich, daß man seine Mitmenschen als Objekte betrachten muß. Und da man sich selbst als einziges Subjekt nicht zu erleben vermag, droht das Subjekterleben ganz zu verschwinden. Man macht sich selbst zu seinem eigenen

3) Besonders anschaulich findet sich diese Schilderung bei Eduard Spranger (L. 8).

Objekt und dadurch auch zum Objekt der anderen. Die Wirklichkeit scheint nur noch aus Objekten zu bestehen. Jedes Verstehen von Subjekt zu Subjekt, jedes Geben, Mitteilen, Schenken und Lieben wird unmöglich. Was eben noch als Annäherung an die Wirklichkeit erschien, die Überwindung der Lebenstäuschung des Säuglings, erweist sich nun als eine neue Täuschung und als eine neue Entfernung von der Wirklichkeit. Die Lebensrettung führt zu einer Verarmung des Lebens. Der Selbstschutz wird zur Ichhaftigkeit. Die Selbständigkeit wird zur Isolierung, und Leiden ohne Ende erwachsen aus diesem irrtümlichen Verhalten (Tabelle 2, Übergang von B nach C).

Die Umfinalisierung der Organfunktionen auf die Ich-Erhaltung führt zur Einschränkung der Sensibilität, zur Unterbrechung des unmittelbaren Verstehens, zur Lähmung des Mitgefühls und der Anteilnahme. Diese tendenziöse Vertiefung des Schnittes zwischen Subjekt und Subjekt beschränkt aber gleichzeitig die Leistungsfähigkeit und Anpassungsfähigkeit des Organismus. Die Funktionen, die nunmehr durch Dressate eingeengt sind, vermögen sich nicht mehr im freien Spiel ihrer infinalen Möglichkeiten zu entfalten. Die Anpassung an Wärme, Kälte, Hunger und Anstrengung und ebenso die Verständigung mit anderen (z. B. fremdsprachigen) Menschen, die Geistesgegenwart und die Selbstregulierung der Gesundheit ist um so geringer, je mehr Dressate für die Ich-Erhaltung wirksam sind, oder wie man nun auch sagen kann, je starrer der Charakter des Menschen sich ausgebildet hat.

Darum ist die Leistungsfähigkeit und auch die Fähigkeit zum Ertragen von gesundheitsschädlichen Einflüssen im Kriege weit größer als im Frieden. Durch die gemeinsame Gefahr wird die Isolierung der Subjekte ein wenig gelockert, die Organfunktionen werden von ihrer Umfinalisierung ein wenig befreit, und die schöpferischen Kräfte in den Menschen kommen mehr zur Entfaltung. Es ist derselbe Vorgang, wie wir ihn vorhin bei der Scheinreligion und bei der Gymnastik beschrieben haben und wie er auch im Liebeserlebnis in Erscheinung tritt. Es muß nur immer wieder betont werden, daß in allen diesen Fällen (außer in der Liebe) die vorübergehende Angleichung an die Lebendigkeit sofort wieder in den Dienst ichhafter Zwecke tritt, daß es sich also um Scheinklärungen handelt, die in um so größere Leiden hineinführen müssen.

Unser Charakter schützt uns gegen das Zertretenwerden, indem er uns gegen die übrigen Charaktere abgrenzt. Aber der Charakter ist auch die Quelle unserer bittersten Not. Er bewirkt, daß unser Werde-Leid immer wieder in die unfruchtbare Qual des Beharrens übergeht. Denn der Charakter ist die beharrende Form, die das Subjekt annimmt und in der es wie ein Objekt erscheint. Die immer steigende Qual aber zwingt uns immer wieder zur Änderung und schließlich zur Auflösung unseres Charakters. Wir müssen zurückkehren zu unserer ursprünglichen Freiheit und Offenheit. Wir müssen wieder durchlässig werden für die infinale Zweckhaftigkeit des Lebens und bereit zur Verschmelzung, zur Funktionseinheit mit den Mitmenschen. Diese zweite Offenheit, die Sensibilität des Erwachsenen, unterscheidet sich aber von der ersten Offenheit, von der Sensibilität des Säuglings, dadurch, daß der Erwachsene über die ganze Unsumme von Mitteln verfügt, die er sich auf dem langen Wege der Ichhaftigkeit erworben hat. Alle Erfahrungen aus der äußeren Welt und der gesamte Aufbau seines Innenlebens samt allen Möglichkeiten und Fähigkeiten, die zuvor nur zwangsläufige Charakterzüge waren, dienen nun in ständig wachsender Freiheit der infinalen Entfaltung des Lebens. Die Starrheit und Gebundenheit des Charakters verschwindet mehr und mehr, und an ihre Stelle tritt die produktive, unerschöpfliche Persönlichkeit.

Der Schritt vom Urwir zur Ichhaftigkeit (von A nach B, Tabelle 2, S. 205) entspricht der Loslösung des Kindes von der Mutter, dem unvermeidlichen Wirbruch und dem „Verrat“ durch die Erwachsenen; der Schritt von der souveränen zur subalternen Ichhaftigkeit (von B nach C) wird durch die Tragödie der Teufelskreise bewirkt, und der Schritt von der Ichhaftigkeit zur Reifenden Wirhaftigkeit (von C nach D) erfolgt durch die Krisen, die mehr oder weniger gründlichen Ich-Katastrophen im Klärungsprozeß. Die Schwierigkeiten aber, die dem Schritt von C nach D im Wege stehen, die sogenannten Widerstände, entsprechen Zug um Zug den Schwierigkeiten, die beim Schritt von A nach B durchlebt werden mußten. Die Auflockerung des Charakters, die sich in den Krisen vollzieht, ist ebenso schmerzhaft wie seine Erstarrung, die durch den Wirbruch zustande kam.

Der Weg von A über B und C nach D, der Weg durch die Erstarrung und die Auflockerung des Charakters, stellt den unerläßlichen Entwicklungsgang des Kulturmenschen dar. Wer von A direkt nach D gelangen wollte, wer sich oder anderen die weite Wanderung durch die Nöte und

Irrtümer der Charakterentwicklung zu ersparen suchte, der mißverstünde das Leben. Er würde auf D zu stehen meinen und sich in Wahrheit zwischen B und C bewegen. Aber eines Tages würde die Ich-Katastrophe um so furchtbarer über ihn hereinbrechen.

Fragt man sich auf Grund dieser Einsichten, was denn nun der Begriff „Charakter" im Bereiche der nonischen Charakterkunde zu bezeichnen habe, so wird eine eindeutige Antwort im Sinne einer kurzen Definition noch immer nicht möglich sein. Es werden sich statt dessen drei Seiten des Begriffs oder drei Problemkreise ergeben, die aber wiederum in klaren und eindeutigen Beziehungen zueinander stehen, so daß wir mit dem Worte Charakter nicht einen einfachen (statischen) Begriff, sondern ein bewegtes Kräftespiel und dementsprechend ein dynamisches System von Begriffen (und entsprechenden Tatbeständen) zu bezeichnen haben.

Unter menschlichem Charakter verstehen wir zunächst ganz allgemein das System der Bestimmungen für das Verhalten des Subjektes, soweit diese Bestimmungen vom Subjekte selbst (in seiner Reaktionsbasis) mit sich geführt werden. Damit ist gesagt, daß der Mangel an Nahrungsmitteln oder die mißliche soziale Lage, die den Arbeitslosen zur Verzweiflung bringt, nicht mit zu seinem Charakter gehört, daß aber ihre Folgen, nämlich die steigende Mutlosigkeit oder die Unfähigkeit, länger standzuhalten, sowie die Art seines Reagierens, Zorn, Stumpfsinn oder Aberglaube, sehr wohl zu den Zügen seines Charakters gezählt werden müssen. Und ferner zeigt sich schon hier, daß der Charakter immer und auf jeden Fall etwas Veränderliches, etwas in Entwicklung Begriffenes sein wird.

Des Genaueren gehören zum Charakter erstens die Fähigkeiten und Mittel sowie die Aufgaben und Grenzen, die der Mensch durch seine Erbanlagen, seine soziale Situation und seine bisherige Entwicklung in sich aufgenommen hat. Die sogenannten „Temperamente", die „Begabungen", die Leistungsfähigkeit der Organe sowie ihre Störbarkeit und vor allem die seelischen und geistigen Möglichkeiten gehören dazu. Aber alle diese Bestimmungen würden irreführend sein und müßten ein falsches Charakterbild ergeben, wenn sie nicht von vornherein mit der nächsten Gruppe von Bestimmungen in Beziehung gesetzt würden.

Die zweite Gruppe von Charakterbestimmungen besteht aus den Dressaten. Die ichhafte Eingrenzung und Umfinalisierung der eben erwähnten Fähigkeiten und Möglichkeiten muß aufs genaueste erforscht werden, wenn unliebsame Enttäuschungen und schwere Fehler (beispielsweise in der Pädagogik) vermieden werden sollen. Falls etwa ein Mensch seinen Partner immer wieder verleumden muß, gerade weil er ihn liebt, darf man ihn noch nicht für einen Verräter halten; er kann im Grunde der denkbar treueste Charakter sein; nur wird seine Treue durchkreuzt von einem verhängnisvollen Dressat. – Aber gerade das System der Dressate bedingt die Festigkeit oder Starrheit, die man landläufig als „Charakter" im engeren Sinne bezeichnet. Und gerade die Überwindung dieser Art von Charakter gehört mit zu den Aufgaben unseres Lebens.

Drittens muß man aber auch die ursprüngliche und ebenso die Reifende Wirhaftigkeit zu den Charakterformen rechnen. Dann ist Charakter der weitere Begriff, dem sich Urwir, Ich und Reifendes Wir als zusammenhängende

Stufenfolge unterordnen. Eine Charakterbestimmung wie „Dieser Mensch zeigt starke Reste von ursprünglicher Wirhaftigkeit; seine Ichhaftigkeit ist noch im Wachsen begriffen, Teilkrisen fehlen bis jetzt, das Reifende Wir ist fast gar nicht entwickelt“, eine solche Charakterbestimmung versucht die Stelle des Weges anzugeben, auf der dieser Mensch jetzt gerade steht. Gleichzeitig enthält sie aber eine Aussage über das Verhältnis zwischen Ichhaftigkeit (starrem System der Dressate) und Wirhaftigkeit (lebendigem System der körperlichen, seelischen und geistigen Möglichkeiten), wie es in diesem Augenblick bei dem betreffenden Menschen zu finden ist.

Um also den Charakter eines Menschen im praktischen Einzelfalle so genau wie möglich zu bestimmen, müssen wir angeben:

1. Welche rassischen Anlagen sind vorhanden, welche Fähigkeiten sind entwickelt, welche naturhaften Grenzen müssen innegehalten werden, welche Zumutungen wirken als unerträglich?
2. Welche Dressate sind wirksam, wie starr ist die Ichhaftigkeit, und wie weit sind die eben erwähnten Grenzen durch Dressate, wie weit sind sie durch physische und psychische Unmöglichkeiten bedingt?
3. Wie verhalten sich Urwir, Ichhaftigkeit und Reifendes Wir zueinander, welche Krisen sind schon durchlaufen, welche Teufelskreise wirken, und wie nahe steht die nächste Krisis bevor?

Noch klarer zeigt sich der Sinn des menschlichen Charakters, wenn man nicht seine mehr psychologische, sondern seine mehr soziologische Seite betrachtet. Und zwar empfiehlt es sich dann, die Begriffe, die uns aus dem Leben der Staaten geläufig sind, gleichsam als soziologische Bilder anzuwenden, so daß sich die eben geschilderten vier Entwicklungsstufen in folgender Weise darstellen:

Das Kind findet sich zunächst als gut eingeordneter Teil einer Gesamtheit vor. Sein Verhältnis zu den Mitmenschen gleicht dem Verhältnis einer Familie zu den übrigen Familien des Stammes, oder demjenigen einer Provinz zu den übrigen Provinzen des gleichen Staates. Ein Interessengegensatz zwischen ihnen wird noch nicht empfunden, da die Interessen des Ganzen mit den Interessen der Teile übereinstimmen. Man kann diesen Zustand als den der primären Harmonie bezeichnen. (Tabelle 2 A.)

Aber das Kind befindet sich nur scheinbar in diesem Zustand. Es lebt zwar von sich aus so, als ob er bestünde. In der Wirklichkeit ist die Stammeseinheit schon in Familieneinheiten aufgelöst, der Staat ist in souveräne Provinzen zerfallen. Die Entdeckung dieses Tatbestandes wird als Verrat an der übergeordneten Einheit empfunden, aber die einzige Möglichkeit, sich mit dem Verrat auseinanderzusetzen, besteht in der eigenen Souveränitätserklärung. Nach innen wird eine Verfassung ausgebildet und nach außen eine Politik getrieben, deren letzter Sinn in der Aufrechterhaltung dieser Souveränität zu suchen ist. – Tatsächlich lassen sich die oft so widerspruchsvollen Verhaltungsweisen des jugendlichen Menschen immer einheitlich verstehen als die Versuche zur Verteidigung der eigenen Hoheitsrechte.

Bald zeigt sich jedoch, daß auch die Souveränität nicht tatsächlich besteht, sondern daß sie nur einen politischen Kunstgriff darstellt. Man tut so, als ob man souverän wäre, und wagt nicht einmal sich selbst einzugestehen, daß man es nicht ist. Aus dieser Sachlage ergibt sich die Notwendigkeit, daß die feierlich proklamierte Unabhängigkeit auch von den übrigen souveränen Staaten feierlich anerkannt werden muß. Das Ziel der Politik läuft also darauf hinaus, sich und den anderen immer wieder die Unabhängigkeit zu beweisen, die gar nicht besteht. Jede Staatsaktion muß mit Rücksicht auf ihre außenpolitischen Wirkungen sorgfältig erwogen werden. Man ist bei jedem Schritt abhängig von der Beurteilung, die dieser Schritt bei den Nachbarn finden wird. Der jeweils wichtigste Nachbar wird zur Beziehungsperson, und was eben noch als Souveränität erschien, erscheint nun als Subalternität. Man ist um so abhängiger von der Meinung des anderen, je mehr Wert man auf den Schein der Unabhängigkeit legt. – Und tatsächlich läßt sich das Verhalten der Menschen oft bis in ihr reifes Alter hinein im Sinne einer derartigen Politik verstehen. Ihr Charakter stellt sich nun gleichsam als die Summe der historischen Voraussetzungen und Bedingungen ihrer Politik dar.

Aus dem absurden politischen Ziel, die Souveränität des subalternen Staates aufrechtzuerhalten, ergibt sich schließlich die Alternative, daß dieser Staat entweder zugrunde gehen oder aber seine politischen Ziele der Wirklichkeit anpassen muß. Wer den letzteren Schritt wagt, muß sich eingestehen, daß er einerseits nicht unabhängig ist und daß er andererseits doch die Verantwortung trägt. Und zwar ist er nicht nur verantwortlich für sein eigenes Schicksal, sondern auch für das Schicksal der Gesamtheit, als deren Teil er sich nun erkennt. Er ist autonom nach innen und Bundesgenosse nach außen. Die Souveränität der Staaten erweist sich als Irrtum, ebenso wie ihre Subalternität sich als Irrtum erweist. Die letztere verschwindet, wenn die erstere aufgegeben wird. Es gibt keinen Staat, der nicht autonom und gleichzeitig für die Staatengemeinschaft verantwortlich wäre. Dieser Zustand läßt sich als die autonome Harmonie bezeichnen.

Der Entwicklungsgang des Menschen erscheint nun als ein immer neuer, durch immer neue Leiden erzwungener Fortschritt auf dem Wege zur Klarheit. Jede neue Stufe der Klärung ist gleichbedeutend mit der Überwindung der bisherigen Irrtümer und der bisherigen Leiden. Und jede Stufe bedeutet doch wieder einen neuen, wenn auch geringeren Irrtum und darum ein neues, aber nicht geringeres Leiden. Und auch der neue Irrtum enthält, weil neues Leid mit ihm verbunden ist, in sich die Nötigung zu seiner eigenen Überwindung. Und vielleicht vollzieht sich ein ähnlicher Prozeß, wie er hier in der Überwindung des Charakters beschrieben wurde, noch einmal und noch gründlicher in der Überwindung der körperlichen Gebundenheit, wenn wir sterben. Wir wissen es nicht. Wir wissen nur, daß wir dem unbekannten Vorgang des Sterbens gegenüber um so ruhiger bleiben, je rückhaltloser wir uns vorher bei der Überwindung der charakterlichen Gebundenheit dem infinalen Werden anvertraut haben. Aber da wir nie ganz von unserem Ich und somit auch nie ganz von unserem Charakter loskommen, werden wir auch nie ganz frei und nie ganz mutig dem Tode entgegengehen können. Nur geringer und immer geringer kann der Erdenrest werden, an den wir gefesselt bleiben. Verschwinden wird er erst im Augenblick des Todes.

„Inquietum est cor nostrum, donec requiescat in te."

„Ruhelos ist unser Herz, bis es ruht in dir."

Siebenter Teil

Theoretischer Hintergrund

25. Die Aufgabe der Charakterkunde

Es ist nicht allzu schwer, sich Menschenkenntnis zu erwerben, aber es gehört ein langes Leben dazu. Manch einer, der sich aus Beruf oder Neigung damit befaßt, die Charaktere seiner Mitmenschen zu ergründen, wird im Laufe der Jahrzehnte ein recht guter Menschenkenner. Lehrer, Ärzte, Geistliche, Parteiführer, alle Lenker der Politik und der Wirtschaft leisten das, was sie leisten, weit weniger auf Grund ihrer besonderen Fachkenntnisse als vielmehr auf Grund der einfachen Tatsache, daß sie allmählich zu Menschenkennern geworden sind.

Wir alle brauchen die Menschenkenntnis so nötig wie das tägliche Brot. Aber wir können nicht warten, bis die Weisheit des Alters sie uns gleichsam von selber darbringt. Ja, für manche von uns reicht ein langes Leben noch nicht einmal aus, um die nötige Erfahrung zu erwerben. Es erhebt sich daher immer wieder die Frage, ob man sie nicht wie jedes andere Wissen durch ein Studium denen, die sie suchen, zugänglich machen kann. Dazu müßte aber die Menschenkenntnis lehrbar sein. Es müßte eine wissenschaftliche Charakterkunde geben, in der sich die volkstümlichen oder künstlerischen Einsichten aller Menschenkenner (die sogenannten vorwissenschaftlichen Einsichten) zu einem einwandfreien und beweisbaren System von Begriffen und Urteilen zusammenschlössen.

Indessen hätte die Wissenschaft längst eine solche Charakterkunde geschaffen, wenn sie nicht bei der Lösung dieser Aufgabe auf eine Schwierigkeit gestoßen wäre, die sie bisher nicht zu überwinden vermochte. Es ist die Schwierigkeit des Standpunktes, wie sie sich etwa aus folgender Überlegung ergibt: Ein Kind ist nicht imstande, über die Erlebnisse eines Erwachsenen zu urteilen. Ein Unmusikalischer kann die Wirkungen der Musik, ein Liebesunfähiger kann die Liebe und ein Ungläubiger kann den Glauben nicht vollauf verstehen. Das Kennzeichen einer Wissenschaft ist aber, daß sie für einen jeden, der sich die Zeit und die Mühe dazu nimmt, auf dem Wege rein verstandesmäßiger Schulung zugänglich sein muß. Das eben bedeutet der logisch einwandfreie Aufbau auf der Grundlage allgemeingültiger Beobachtungen, den wir von jeder Wissenschaft mit Recht verlangen können. Es ist aber sinnlos, von der Charakterkunde zu verlangen, daß sie dem Unreifen die Reife verständlich mache.

Die Voraussetzung für die Charakterkunde ist nicht nur eine wissenschaftliche Schulung der Vernunft, die für jeden gesunden Menschen erreichbar wäre, sondern noch etwas ganz anderes: die Reifung des eigenen Charakters. Hier ist alles Studium und alle Intelligenz nutzlos, solange das eigene Erlebnis fehlt. Es handelt sich also nicht um eine Wissenschaft, deren Träger die allgemeine Vernunft ist, sondern um ein System von Einsichten, oder wenn man will, um „Weisheit“, als deren Träger sich die einzelne Persönlichkeit darstellt und deren Umfang genau so weit reicht wie die innere Reifung dieser Persönlichkeit.

Unter der Voraussetzung, daß die charakterologische Bedeutung des Reifungsprozesses anerkannt wird, läßt sich freilich ein Begriffssystem aufstellen, das in sich logisch ist, das den Erfahrungen tatsächlich gerecht wird, sie verständlich macht und ihre Beeinflussung ermöglicht.

Diesem Begriffssystem kann man das Prädikat „Wissenschaftlichkeit" nicht absprechen, doch ist diese Wissenschaft nur für denjenigen Teil der Menschheit beweisbar und brauchbar, der von jenem Reifungsprozeß etwas verspürt hat. Daß aber die Gruppe dieser reifenden Menschen einen immer größeren Prozentsatz unseres Volkes umfasse, ist eines der praktischen Ziele, die der Charakterkunde gestellt sind.

Diese Sachlage zeigt sich in voller Deutlichkeit, sobald es sich darum handelt, gerade diejenigen Ereignisse und Zusammenhänge zu verstehen, die hier unter dem Kennwort der „Klärung" oder „Reifung" beschrieben worden sind. Wem dieses Erlebnis fremd geblieben ist und wer auch seine Vorstufen und Andeutungen noch nicht verspürt hat, der wird es leugnen. Und wenn er es an anderen sich vollziehen sieht, wird er Theorien aufstellen, die es anderweitig, etwa als Krankheit oder als Selbstbetrug, zu deuten und in die ihm bekannten Erfahrungen einzuordnen suchen. Da es aber seinem Wesen nach jenseits dieser Erfahrungen liegt, wird er nicht imstande sein, ihm gerecht zu werden; ja, er wird nicht einmal aus ihm lernen können.

Wir werden also je nach der Einschätzung jener „Klärung" zwei verschiedene Auffassungen des menschlichen Lebens feststellen können. Und wir werden finden, daß diese beiden Auffassungen selbst wieder zwei verschiedenen Reifegraden des menschlichen Charakters entsprechen. Verständlich aber wird die hier dargestellte Charakterkunde nur für diejenigen sein, die entweder die Klärung erlebt haben oder doch von ihren Vorläufern erfaßt worden sind. Die anderen werden zwar Gegenstand unserer Untersuchungen sein, doch werden sie unsere Einsichten nicht selber auf sich oder auf andere anwenden können. – Die Darstellung aber des Unterschiedes zwischen den reifen und den unreifen Menschen und die Erforschung der Reifungsvorgänge selbst bilden die wesentliche Aufgabe der Charakterkunde.

26. Die tote oder kausale Betrachtung

Wer die Klärung für das wesentliche Ereignis des Menschenlebens hält, der weiß, daß der Weg dorthin durch Leiden führt und daß alle, die dem Leiden ausweichen wollen, auch die Klärung verfehlen. Die Entwicklung stellt sich ihm also als eine Kurve dar, die absinkt, durch einen Tiefpunkt geht und wieder aufsteigt. Wer dagegen die Klärung nicht kennt, wird immer das Ideal einer möglichst gradlinigen Entwicklung verteidigen. Das ist das klassische Ideal: Der Weg des Tüchtigen führt ohne Leid und ohne Krisis hinauf in den Olymp. Darum lehrt die Lebensweisheit des Altertums, wie man dem Leiden aus dem Wege gehen soll, oder wie man, wenn es kommt, sich seiner möglichst gut erwehren kann.

Dabei ist es gleichgültig, ob das Ziel dieser Entwicklung, der „Vollmensch", als ein bestimmtes Naturziel gedacht wird, das gleichsam aus der Höhe den Menschen zu sich hinaufzieht (wie die platonische Idee oder auch die aristotelische Entelechie), oder ob man sich einen inhaltlich unbestimmten Fortschritt vorstellt, der durch die der Natur innewohnenden Triebe gleichsam von unten her hinaufgedrängt wird (wie etwa im neueren Darwinismus). Kennzeichnend ist in jedem Falle, daß die Entwicklung als eine Auswirkung schon vorher vorhandener Kräfte angesehen wird, daß also genau genommen alles Zukünftige schon von Anfang an festliegt, kausal bestimmt oder determiniert ist.

Damit wird die Produktivität, die schöpferische Gestaltungskraft so vieler Menschen und Völker zu einem unlösbaren Problem. Und damit offenbart sich der im tiefsten Grunde mechanistische Charakter aller dieser Lebensauffassungen. Letzten Endes wäre nämlich die Welt dann doch nur eine Maschine; vielleicht eine unendlich komplizierte, aber doch eine prinzipiell berechenbare Maschine. Und darum wäre es die Aufgabe der Wissenschaft, die Geheimnisse des Lebens aus der Welt zu schaffen. Aber man mache sich klar, daß Gegenstand solcher Forschung immer nur etwas sein kann, das durch seine Grundvoraussetzungen und durch den gesetzmäßigen Zusammenhang von Ursache und Wirkung seit Ewigkeit her festgelegt ist. Solche Wissenschaft kennt nicht nur keine Schöpfung, sondern sie kennt auch keine einzelnen schöpferischen Akte, keine Produktivität, weder in einem endlichen Lebewesen noch in der Gesamtheit des Lebendigen. Sie kennt nichts schlechthin Neues, sondern immer nur neue Gruppierungen alter Teile. Das aber heißt: Sie kennt nur Totes.

Das Ideal dieser Forschung ist die Physik, die alles Geschehen auf die gesetzmäßige Verschiebung eines letzten einheitlichen Etwas (der Elektronen, der Atome, des Äthers oder der Energie) zurückzuführen sucht, jeder aber, der den Menschen zum Gegenstande einer solchen nur-naturwissenschaftlichen (kausalen) Betrachtungsweise machen will, setzt stillschweigend voraus, daß alles Seiende letzten Endes Mechanismus sei, also tot sei; er bekennt sich weltanschaulich zum Determinismus, und das heißt, er stempelt den Menschen zu etwas Totem, ehe er anfängt, ihn zu erforschen.

Die geistreichste Darstellung des menschlichen Seelenlebens auf dieser mechanistischen Grundlage ist die Psychoanalyse. Aber gerade diese Lehre zeigt deutlich die Bruchstelle, die allen derartigen Systemen notwendigerweise innewohnt: sie kennt nicht den Begriff der Verantwortung. Der Einzelmensch ist nicht mehr der Täter seiner Taten, sondern er ist das Schlachtfeld, auf dem die in ihm wohnenden Triebe und Instanzen (wie das Ich-Ideal, das Ich und das Es) miteinander um die Vorherrschaft ringen. Getan wird nicht, was der Mensch will, sondern was dem jeweils stärksten Triebe entspricht. Das aber hängt wieder von den Schicksalen der Triebe ab, die durch Erbanlage und Kindheitseinflüsse gestaltet werden. Wer Glück hat, besteht aus einem harmonischen Triebsystem, und wer Unglück hat, geht in den Konflikten seiner Triebe zugrunde. Es ist aber durchaus nicht einzusehen, wieso der Verbrecher oder der Kranke weniger gut daran ist als der sogenannte Gesunde. Denn für Triebschicksale ist niemand verantwortlich, und für die Begriffe „gut“ und „schlecht“, „gesund“ und „krank“, „glücklich“ und „unglücklich“ dürfte in diesem Denksystem kein Platz sein.

Es ist ein gewaltiger Unterschied, ob man sagt: „Der Hunger sucht seine Befriedigung in der Nahrungsaufnahme“ oder ob man sagt: „Der hungernde Mensch sucht seine Befriedigung in der Nahrungsaufnahme.“ Denn im ersten Falle kann jeder Apfeldieb behaupten: „Ich bin es nicht gewesen, mein Hunger hat den Apfel gestohlen.“ – Man stoße sich nicht an der Kindlichkeit dieses Beispiels.

Wer die Anschauungen der bisherigen Psychologie und ihre Handhabung etwa bei Gericht genauer kennt, der wird wissen, daß man sich dort oft genug auf einen Standpunkt stellte, der kurz und ungeschminkt durch den Satz gekennzeichnet wird: nicht der Angeklagte hat das Verbrechen begangen, sondern sein Trieb oder sein Affekt; oder wenn es nicht der Affekt war, war es der Alkohol; oder wenn nicht der Alkohol, so waren es die Voreltern, die ihm ein solches Blut und ein solches Gehirn vererbt haben; nur er selber war es auf keinen Fall.

Der Determinist muß zu immer neuen Erklärungsversuchen greifen, um dem Begriff der Verantwortung aus dem Wege zu gehen. Denn Determinismus und Verantwortung schließen sich aus. Wer seine Handlungen aus Ursachen erklären kann (die nicht er selber sind), der ist selbst nicht für seine Handlungen verantwortlich. Denn es waren ja Ursachen da, die ihn zwangen, so zu handeln. Alles ursächlich Erklärbare muß mit Notwendigkeit geschehen, wie es geschieht, und konnte nicht verändert werden, da keine Ursache zur Änderung da war – denn sonst wäre es eben geändert worden. Es gibt im Bereiche der deterministischen Wissenschaft weder Freiheit, noch Verantwortung, noch Produktivität, und darum gibt es, wenn man es genau nimmt, dort auch kein Leben.

Wer aber zugibt, daß das Wichtigste im ganzen Umkreis unserer Erfahrungen, nämlich das menschliche Handeln, nicht Gegenstand der deterministischen Naturwissenschaft sein kann, weil es etwas Undeterminiertes, nämlich den lebendigen, durch Verantwortung gebundenen Menschen zur Ursache hat, der hört auf, Determinist zu sein. Er hat die andere Seite der Welt, nämlich die lebendige

Verantwortung und damit jene „Reifung“, die der kausalen Betrachtungsweise unsichtbar bleiben muß, schon ins Auge gefaßt.

Für die naturwissenschaftliche Betrachtungsweise herrscht also im Lebendigen und im Toten gleichmäßig die restlose Festlegung durch Ursache und Wirkung. In diesem Weltbild fehlen Freiheit, Verantwortung und schöpferisches Gestalten vollständig. Wer aber das Leben mit lebendigen Augen ansieht, findet allenthalben im Reiche des Lebendigen neben der toten Kausalität und über sie hinaus die Möglichkeit des schöpferischen Handelns und die Gebundenheit durch die Verantwortung. Diese wissenschaftliche Betrachtung muß indeterministisch sein. Wir wollen sie vorläufig als „Lebenswissenschaft“ oder „Vitalwissenschaft“ der toten Naturwissenschaft oder Materialwissenschaft gegenüberstellen.

Wer nur ein naturwissenschaftliches Weltbild hat, muß notwendigerweise in seiner praktischen Lebensführung anders handeln, als er in seiner wissenschaftlichen Selbstbesinnung zu denken gewohnt ist. Erst wenn dieser Widerspruch ihn zwingt, den Determinismus aufzugeben, kann sich der Reifungsprozeß in ihm vollziehen.

Die Frage aber, wie es denn kommt, daß man die Wirklichkeit sowohl von der einen wie von der anderen Seite her betrachten kann, wie die beiden Betrachtungsweisen sich zueinander verhalten, wie sie das praktische Handeln beeinflussen und wie die praktische Lebenserfahrung wieder auf die Betrachtungsweise zurückwirkt – diese Fragen stellen eine neue Fassung der vorhin genannten Aufgabe der Charakterkunde dar.

27. Die lebendige oder infinale Betrachtung

Wer das Reich des Lebendigen so betrachtet, daß die Verantwortlichkeit der Einzelnen und der Völker im Mittelpunkt des Gesichtsfeldes steht, der kann den letzten Grund einer Tat nicht in Ursachen suchen, die etwas anderes sind als der Täter selbst. Der letzte Grund jeder Tat muß der Täter selbst sein. Fragt man aber weiter, warum er gerade diese Tat getan hat und keine andere, so darf die Antwort nicht nur die zeitlich nach rückwärts liegenden Ursachen aufzählen, sondern sie muß vor allem das Ziel angeben, dem der Täter durch seine Tat zustrebte. Nur durch die Ziele, nicht durch die Ursachen läßt sich etwas Wesentliches über den Täter aussagen. An Stelle des Zusammenhanges von Ursache und Wirkung tritt für unsere Betrachtungsweise der Zusammenhang von Mittel und Zweck. Wir sagen nicht mehr „das Kind ißt seine Suppe, weil der Hunger es treibt", sondern wir sagen, „das Kind ißt seine Suppe, um satt zu werden"; ganz ähnlich, wie wir vorhin nicht mehr sagen wollten „der Hunger führt zum Apfelstehlen", sondern „der Hungernde stiehlt den Apfel." – Durch diese Änderung des Ausdrucks haben wir den Abgrund übersprungen, der zwei Weltanschauungen, zwei Kulturkreise und vielleicht zwei Jahrhunderte voneinander trennt.

Nun wird man die Mittel-Zweck-Verbindung, die durch die Worte „um zu" angedeutet werden soll, überall da gelten lassen, wo es sich um bewußte oder absichtliche Lebensäußerungen handelt. Man wird zugeben, daß ein Kind manchmal weint, um Mitleid zu erregen, aber man wird diesen Zweck durchaus nicht in allen Fällen anerkennen. Damit aber kommen wir zu dem wichtigsten

Unterschied zwischen der Verbindung von Ursache und Wirkung (Kausalität) und der Verbindung von Mittel und Zweck (Finalität). Die letztere ist durchaus nicht die Umkehrung der ersteren, wie man gewöhnlich annimmt. Denn eine bestimmte Ursache muß immer ein und dieselbe bestimmte Wirkung haben. Die Verbindung zwischen beiden ist zwangsläufig. Einem Ziele aber können die verschiedensten Mittel dienen; die Wahl steht frei; und das gleiche Mittel kann im Dienste der verschiedensten Ziele verwandt werden; auch diese Wahl steht frei. Wenn also das Kind einmal weint, um Mitleid zu erregen, so ist damit noch gar nichts ausgemacht über das Ziel des späteren Weinens. Diese Frage muß jedesmal neu beantwortet werden, und die Verallgemeinerung, die Aufstellung von Gesetzen, wie sie in der Naturwissenschaft angestrebt wird, würde für die Charakterkunde einen Fehler in der Methode bedeuten. – Hier zeigt sich die Zusammengehörigkeit der Charakterkunde mit den sogenannten Kulturwissenschaften, und zwar besonders mit Soziologie und Geschichte, die etwas Einmaliges und Unwiederholbares erforschen. Es bedarf dabei kaum noch der Erwähnung, daß auch diese Disziplinen, ebenso wie die Charakterkunde selbst und wie alle Wissenschaften, die sich auf Lebendiges richten, nicht kausal-deterministisch, sondern final-indeterministisch sein müssen[1)].

Aber selbst wenn man zugibt, daß das Weinen des Kindes stets im Dienste irgendeines Zieles steht, kann man doch noch behaupten, daß andere Tätigkeiten, wie etwa das Atmen oder das Träumen, nicht durch ein Ziel, son-

1) Man vergleiche Heinrich Rickert (L. 6).

dern durch eine Ursache hervorgerufen werden. Man sagt z. B., die Ursache des Atmens sei der Kohlensäureüberschuß im Blute, der anregend auf das Atemzentrum wirkt. Indessen wird niemand bestreiten, daß die Atmung trotzdem im Dienste der Lebenserhaltung steht; man atmet, um zu leben, und zwar um so mehr, je größer der Kohlensäureüberschuß wird. Je mehr das Ziel in Gefahr gerät, um so heftiger werden die Mittel zu seiner Erreichung angewendet. Man sieht hier, wie das Suchen nach Ursachen sich zwanglos als untergeordnete Methode in das übergeordnete Suchen nach den Zielen einfügt. Dem Atmenden aber ist weder der eine noch der andere Zusammenhang bewußt.

Wenn wir die Betrachtung des Lebens mit Hilfe der Mittel-Zweck-Verbindung durchführen wollen, müssen wir uns klarmachen, daß bewußte Mittel im Dienste unbewußter Zwecke stehen können. Man atmet mit Bewußtsein, aber man denkt nicht daran, daß man sonst sterben würde. Und andererseits können auch unbewußte Mittel für bewußte Ziele verwendet werden. Ein guter Schauspieler will einen bestimmten Eindruck hervorrufen, aber er erreicht sein Ziel nur, wenn der größte Teil der aufgewandten Mittel sich aus unbewußten Feinheiten der Sprache und der Bewegung zusammensetzt, die er nicht „macht", sondern die um seines Zieles willen in ihm entstehen. Und drittens sind in jedem Lebewesen zahllose unbewußte Mittel im Dienste unbewußter Zwecke wirksam. Die meisten inneren Organe arbeiten, ohne daß ihr Träger sich dessen bewußt ist, und auch ohne daß er den Sinn ihrer Wirksamkeit kennt.

Wir sehen an diesen Beispielen, daß die Mittel-Zweck-Verbindung, sobald man sie als allgemeine Denkform anwendet, jeweils über sich hinausweist, und daß sie nicht etwa an der Grenze der bewußten oder bekannten Ziele haltmacht. Denn jedes Ziel, und sei es auch noch so weit gefaßt, muß notwendigerweise selbst wieder als Mittel im Dienste eines noch höheren Zieles stehen, ohne Rücksicht darauf, ob der Träger dieser Ziele sich eines solchen Zusammenhanges bewußt ist oder nicht. Wir wollen daher unterscheiden zwischen bewußten Zielen und unbewußten Zwecken, und wir haben schon gesehen, wie wichtig diese Unterscheidung ist. Aber zunächst genügt die Feststellung, daß jeder Mensch Zwecke verfolgt, die weit über seine Ziele hinausreichen. Verantwortlich ist er jedoch auch für seine Zwecke.

Hier liegt der wichtigste Fortschritt der neueren Charakterkunde gegenüber allen früheren Anschauungen. Der Mensch ist der Träger seiner Ziele und Zwecke, ja, er ist nur vorhanden, sofern er Ziele und Zwecke in sich trägt. Aber die Pyramide seiner Zwecke hat einen Gipfel, der sich im Unendlichen verbirgt. Die dem Leben innewohnende Zweckhaftigkeit führt uns über jeden angeblichen Endzweck hinaus. Oder anders ausgedrückt: Der Sinn der Finalität ist die Infinalität, der Endzweck ist unendlich.

Eine Handlung nämlich, die nur zweckhaft ist, so daß ein bewußtes Endziel oder ein unbewußter Endzweck ihr letztes Motiv bildet, muß noch als toter, mechanischer und darum sinnloser Vorgang ablaufen. Auch die Kausa finalis ist eine Kausa; sie sprengt noch keineswegs den Rahmen des Determinismus. Und tatsächlich gehören zahllose „neurotische“ Vorgänge hierher. Nicht nur die Zwangshandlungen und Zwangsgedanken, sondern auch viele Ängste können geradezu als Musterbeispiele für diese psychosklerotische Entartung von Lebensvorgängen dienen. Aber auch viele Leistungen sogenannter gesunder Menschen lassen die Abschnürung von der infinalen Zielpyramide und die Unterstellung unter ein nur-finales und darum ichhaft erstarrtes Ziel deutlich erkennen. Diese Leistungen haben dann immer „kompensatorischen" Charakter. Sie können objektiv noch leidlich wertvoll sein; subjektiv sollen sie nicht etwa dem Leben dienen, sondern dem Ich, das sie hervorbringt. Darum tragen sie die Kennzeichen der Psychosklerose an sich; sie lassen bei aller Sauberkeit, allem Fleiß und aller Erfindungskunst doch stets die innere Lebendigkeit und die wirkliche Produktivität des menschlichen Geistes, kurz den Hauch des Infinalen vermissen. Je mehr eine Leistung im Dienste des Infinalen steht (aber nicht nur stehen soll, sondern tatsächlich von ihm getragen wird), um so mehr erweist sie sich als sinnvoll, als lebendig und als produktiv. – Zweckhaftigkeit ist die Kategorie des Nur-Finalen, des Menschlich-Allzumenschlichen; Sinnhaftigkeit ist die Kategorie des Infinalen, das weit über unser menschliches Dasein hinausgreift.

Hier zeigt sich in aller Schärfe der Gegensatz zwischen der *natur*wissenschaftlichen oder kausalen Forschungsrichtung und der infinalen Denkweise, die wir als die vitalwissenschaftliche bezeichnen. Jede kausale Betrachtung muß ein in sich geschlossenes System von Ursachen und Wirkungen abzugrenzen, sich als Gegenstand gegenüberzustellen und mit Hilfe von Naturgesetzen restlos zu erkennen suchen. Die infinale Denkweise sucht nie einen in sich geschlossenen Gegenstand, dem sie sich gegenüberstellt, sondern sie sieht in allem Lebendigen ein ewig offenes und dem Unendlichen (der Totalität) angeschlossenes System, zu welchem dem Verstehenden ein innerer Zugang sich öffnet, da auch er, der Verstehende, dem gleichen Unendlichen angehört.

Die Infinalität thront nicht etwa als platonische Idee über oder als aristotelische Entelechie inwendig in den Dingen. Sie existiert nicht außerhalb der Wirklichkeit. Sie wirkt nur, wo Materie ist (genau wie Subjektität nur sein kann, wo Objekte sind). Sie bedeutet die Sinnhaftigkeit des Lebens überhaupt, sie drückt die grundsätzliche Zielstrebigkeit und die unbegrenzte Finalität aus, die der Gesamtheit des Lebendigen innewohnt. Darum steht sie im Gegensatz zur begrenzten Finalität, zum Vorhandensein der einzelnen Ziele und Zwecke, die sich stets nur auf einen Teil des Lebendigen und auf ein widerruflich abgeschnürtes Stück der Lebenszeit beziehen. Finalität ist noch deterministisch gedacht. Jeder einzelne Endzweck wirkt als causa finalis. Nur der Begriff der Infinalität sichert die indeterministische Betrachtungsweise. Aber das Infinale darf nicht etwa inhaltlich bestimmt gedacht werden. Es ist ein leerer Begriff, dessen allmähliche Erfüllung erst durch die Verwirklichung des Lebens zustande kommt, doch nie auf dieser Erde restlos erreicht werden kann.

Aber nach all diesen Überlegungen läßt sich ein gewichtiger Einwand erheben. Es fragt sich nämlich, ob der Grund einer Tat nun nicht doch schließlich außerhalb des Täters zu suchen sei, und zwar in jenen überpersönlichen Zwecken, die weit jenseits von aller Vorstellbarkeit im Unendlichen liegen und die den Einzelmenschen regieren, wie ein Mensch Marionetten regiert. Aber das wäre wieder mechanisch gedacht. Es zeigt sich vielmehr, daß jeder Mensch, soweit er nicht irgendwelchen Hemmungen und Irrungen unterliegt, die Infinalität des Lebens unmittelbar in sich spürt. Der Mensch ist infinal wirksam, sofern er lebendig und schöpferisch handelt. Er ist kausal bedingt, sofern er seinen Fehlern und Entgleisungen unterliegt. Und ferner läßt sich zeigen, daß man zwar auch für die infinal zweckmäßigen Handlungen verantwortlich ist, daß diese Verantwortlichkeit aber keinerlei Bedeutung haben kann, weil ja mißliche Folgen nur eintreten können, wo Hemmungen und Irrungen die infinalen Zwecke verfälscht haben. Das Leben zieht uns nicht für unsere richtigen, sondern nur für unsere falschen Handlungen zur Rechenschaft.

Der Mensch bleibt Objekt und Subjekt zugleich, solange er lebt. Als Objekt kann er zum Gegenstand der kausalen Naturbetrachtung gemacht werden. Seine Veranlagung, sein Körper, seine Bedürfnisse, seine soziale Lage und auch die Lebensaufgaben, die das Schicksal ihm stellt, wirken als kausale Faktoren auf ihn ein. Er hat recht, wenn er alle diese Dinge in ihren Zusammenhängen und ihrem Machtbereich kausal durchdenkt. Aber außerdem ist er noch ein lebendiges Subjekt. Er kann und soll sich produktiv (subjektal) mit allen kausalen Faktoren auseinandersetzen. Er muß infinales Subjekt bleiben inmitten der kausalen Ketten, die ihn fesseln wollen. Und dieses Subjektsein, diese Möglichkeit der unberechenbaren produktiven Leistungen, muß er nicht nur bei sich selber, sondern auch bei seinen Mitmenschen (die also nicht rein kausal verstanden werden können) erkennen und anerkennen und fürchten und lieben. Aber nicht nur die kausale Einschränkung und Bestimmung seiner subjektalen Lebendigkeit von außen her (durch Aufgaben, Bedürfnisse, vorhandene und fehlende Mittel), sondern auch von innen her (durch ichhafte Erstarrung, Dressate, Psychosklerose) muß erkannt und anerkannt werden; doch freilich nicht, damit er sich ihr beuge, sondern damit er sie überwinde.

Die weitere Frage, wie jene Hemmungen und Irrungen entstehen, wie sie sich im Leben des Einzelnen auswirken, wie sie allmählich ihren Träger in den Klärungsprozeß hineintreiben und wie sie schließlich in diesem Prozeß überwunden werden – diese Fragen bilden die dritte Fassung, in der sich die Aufgabe der Charakterkunde uns darstellt.

28. Subjekt und Objekt

Jede Lebensäußerung geht von einem lebendigen Wesen, von einem Subjekt aus und ist auf einen Gegenstand, auf ein Objekt, gerichtet. Das ist so selbstverständlich, daß es kaum einer Erwähnung bedürfte, wenn es nicht Lebensvorgänge gäbe, deren Objekt schwer zu bezeichnen ist. Das Subjekt, als der Träger oder die Quelle des Lebensvorganges, ist immer nachweisbar. Es gibt kein Lachen ohne jemanden, der lacht, und kein Laufen ohne den, der läuft. Aber der Lachende lacht vielleicht, ohne einen Gegenstand zu haben, den er belacht. Und was soll etwa der Gegenstand des Spazierengehens sein?

Indessen sahen wir schon, daß es zwar Lebensfunktionen ohne (bewußtes) Ziel, aber keine solchen ohne (unbewußte) Zwecke gibt. Und sobald wir den Zweck wissen, wissen wir auch den Gegenstand. Der Gegenstand ist immer ein Stück der Welt, und der Sinn ist immer eine Veränderung dieser Welt. Wer lacht, scheinbar nur um zu lachen, der verändert den Zustand in seinem eigenen

Organismus und ändert damit ein Teilchen der Welt. Und bei allen anderen Körperfunktionen ist es das gleiche. Ganz dasselbe gilt, wenn es sich nur um einen flüchtigen Gedanken oder eine kaum bemerkbare Stimmung handelt, also um sogenannte Innenvorgänge, die sich stets als Vorstufen zu Taten oder gleichsam als unvollendet gebliebene Taten erkennen lassen. Gemeint ist auch hier letzten Endes eine Veränderung der Wirklichkeit. Freilich bleibt der Erfolg dieser inneren Vorgänge zunächst auf eine Veränderung der sogenannten inneren Welt beschränkt. Es sind die Einsichten, die Gedanken, Gefühle und Pläne, kurz, die Voraussetzungen und Bereitschaften zu künftigen Veränderungen der Außenwelt, die hier zunächst in aller Stille verändert werden (die Weiterentwicklung der Reaktionsbasis).

Gegenstand jeder Funktion ist also die Welt, auch da, wo scheinbar kein Gegenstand zu finden ist, und zwar ist es entweder die äußere Welt der Materie oder die seelische Welt der Gemütszustände oder die geistige Welt der Gedanken und Begriffe. Und Zweck jeder Funktion ist eine Änderung dieser Welt, auch wenn die Änderung zunächst noch so geringfügig oder sinnlos erscheinen mag.

Das Subjekt der Funktion, die eigentliche Quelle des Lebensvorganges, ist weder der Organismus noch irgendein Teil der inneren Welt. (Denn eine solche Auffassung würde wieder auf den Weg der Teilung führen, an dessen Ende die Psychoanalyse steht.) Das Subjekt ist nichts, das sich mit Worten nennen ließe, denn sonst wäre es ja ein Stück der Außenwelt, ein Gegenstand, ein Objekt und also kein Subjekt mehr. Es ist wie ein mathematischer Punkt, der räumlich nichts ist und der doch durch sein Vorhandensein die mathematische Figur bestimmt, so daß sie ohne ihn nicht wäre, was sie ist. Vom Subjekt aus liegt auch die sogenannte Innenwelt noch außen. Auch die innigste und verborgenste Regung im Gemütsleben, etwa eine Sehnsucht oder eine uneingestandene Traurigkeit, ist für das Subjekt immer noch etwas Außenseiendes, denn das Subjekt kann sich diesen Regungen gegenüberstellen und sie zum Gegenstand seiner Beurteilung machen. Das Subjekt ist selbst kein Stück der Welt. Es gehört weder der Körperwelt noch der seelischen Welt noch der geistigen Welt an, sondern es steht immer der ganzen Welt, an die es gebunden ist und ohne die es nicht sein kann, als ein ewig Verborgenes (und doch als das Wirksamste) gegenüber.

Man wird einwenden, daß der Mensch durch seine Körperlichkeit gezwungen sei, sich als Objekt zu fühlen. Jeder Schlag, jeder Luftzug, jeder Sinneseindruck, der ihn trifft, trifft ihn als Objekt. Aber hier gerade muß die Unterscheidung durchgeführt werden. Wer sich nur als Objekt, als toter Gegenstand fremder Einwirkungen gebärdet, betrügt sich selbst. Er verheimlicht, daß er gleichzeitig Subjekt bleibt. Wenn er sich aber eingestehen würde, daß er Subjekt und Objekt zugleich ist, würde er schon der Wahrheit näher kommen. Er würde allmählich begreifen, daß er nicht nur aktives, handelndes, sondern auch passives, leidendes Subjekt ist. Menschsein heißt aktives und passives Subjekt zugleich sein, und dieser Tatbestand bildet die Grundlage für seine Verantwortlichkeit.

Die Rückwirkungen der eigenen Taten, die der Mensch als aktives Subjekt vollzieht, treffen ihn wiederum als passives Subjekt. Sie schaffen ihm Leid oder Freude. Ein

Junge, der seinen Spielgefährten schlägt, handelt als aktives Subjekt. Der Geschlagene schlägt seinerseits den Angreifer. Dieser leidet jetzt als passives Subjekt, er trägt die Folgen seiner Handlungsweise. Aber auch wenn er sich diesen Folgen entziehen will, etwa durch die Flucht, trägt er noch die Folgen seiner Flucht vor den Folgen. Er kann mit seinem Gefährten nicht weiterspielen.

Man kann nie einen anderen Menschen, sofern er Subjekt ist, zum Objekt machen. Das heißt, man kann ihn weder „haben“, noch „behandeln“, noch „beurteilen“, noch zum Mittel für irgendwelche Ziele „gebrauchen“. Man kann zwar seinen Körper oder seine Neigungen oder sein Wissen sich dienstbar machen – sofern er, das freie Subjekt, es erlaubt. Aber ihn selber kann man in seinen Fähigkeiten oder Eigenschaften nicht mit erfassen. Denn er ist und bleibt Subjekt, bleibt außerhalb der erkennbaren Welt und kann nie Gegenstand für uns werden – vorausgesetzt, daß er von seinem Subjektsein Gebrauch macht.

Meistens aber erleben wir uns selber nicht als Subjekte. Man beurteilt, berechnet und behandelt sich selber genau so, wie man die anderen berechnen und behandeln möchte, nämlich als Gegenstand. Man macht sich selbst zu seinem eigenen Objekt. Man hält sich selbst für begabt oder dumm, für gut oder schlecht, und man glaubt auch, die Ursache zu wissen, warum man so oder so geworden ist. Das aber heißt: Man macht sich ausschließlich zum Gegenstand der *Natur*wissenschaft, was nur in Hinsicht auf Bedingungen und Mittel, aber nicht in Hinsicht auf Ziel, Zweck und Sinn des Lebens erlaubt ist. Man unterwirft sich auf diese Weise ausschließlich dem Zusammenhang von Ursache und Wirkung und spricht sich selber die Freiheit ab; man entkleidet sich der Würde des Subjektes und damit auch der Produktivität. Und man hört tatsächlich auf, den anderen gegenüber als Subjekt zu wirken, sobald man sich benimmt, als ob man ihr Objekt wäre. Man läßt sich von den anderen bestimmen, weil man sich für bestimmbar hält.

Was vorhin als die Scheu vor der Verantwortung erschien, erscheint jetzt als die Scheu vor dem „gleichzeitig Aktiv- und Passivsein". Denn frei sein, verantwortlich sein und Subjekt sein ist das gleiche. Es bedeutet lebendig sein, schöpferisch sein, nicht Welt sein, sondern in der Welt sein und der Welt gegenüberstehen, die Welt vervollständigen zu dem, was sie sein soll, sie beleben und sie verändern. Gleichzeitig aber bedeutet es auch, den Rückwirkungen des Lebens und sogar den Zufälligkeiten des Naturgeschehens ausgeliefert sein. Es bedeutet, in Raum und Zeit an bestimmte historische, soziale und biologische Zustände gebunden sein. Kurz, Leben bedeutet sich auseinandersetzen müssen mit Aufgaben, Gefahren und Feinden, mit eigenen und fremden Irrtümern, mit Krankheit und Entbehrung, mit Geburt und Tod. Im Menschen greift das infinale Leben durch die Finalität in die tote Welt des Kausalen hinein und gestaltet sie, quer durch alle Irrungen und Umwege hindurch, in der Richtung auf die lebendige und infinale Totalität. Aber dieses Wachsen der lebendigen Wirklichkeit gelingt nur durch die unentrinnbare Bindung des lebendigen Menschen an den toten Zusammenhang von Ursache und Wirkung, oder anders ausgedrückt, durch sein Folgentragenmüssen.

Die Charakterkunde, die sich von diesem Standpunkt aus ergibt, nennen wir die nonische (Characterologia nonica). Sie hat in ihrem Prinzip Ähnlichkeit mit der sogenannten negativen Theologie des Mittelalters, die von dem Gedanken ausging, daß jede Aussage, die man über Gott machen kann, notwendigerweise falsch sein muß. So wissen wir, daß alles, was wir über den Menschen aussagen können, notwendigerweise unzulänglich ist. Es betrifft stets nur seine einzelnen Charakterzüge, seine Grenzen, Fehler und Beschränktheiten oder seine Ziele, Mittel, Fähigkeiten und Möglichkeiten. Aber es betrifft nicht ihn selber, der sich die Ziele setzt und die Mittel schafft und der die Ziele und die Mittel beibehält oder verändert. Gegenstand einer nonischen Wissenschaft ist also nicht das, was sie letzten Endes erforschen will, sondern nur das, was diesem letzthin Gemeinten im Wege steht oder ihm dient. Paradox ausgedrückt: der Gegenstand der nonischen Forschung ist nur die Grenze ihres Gegenstandes. In diesem Sinne ist der Charakter die Grenze des Menschen.

Wissenschaft, und zwar sowohl Naturwissenschaft wie auch die hier vertretene Lebenswissenschaft, besteht nur da zu Recht, wo es sich um Welt, also um Objekte handelt, aber der Mensch, sofern er Subjekt ist, kann nun und nimmer Gegenstand einer Wissenschaft werden; sofern er jedoch unfrei lebt, sofern er sich als Objekt und als Stück der Welt erweist, muß er wissenschaftlich erklärbar sein. Die Charakterkunde ist demnach nicht nur Wissenschaft, aber sie schließt einen Teil in sich ein, der allen Anforderungen exakter Forschung gerecht wird. Das ist einerseits die Lehre von den Mitteln, Fähigkeiten und Grenzen der verschiedenen Rassen, Völker und Einzelmenschen und andererseits die Lehre von den Verirrungen des Subjektes, von den Mißlichkeiten, die entstehen, sofern der Mensch sich nicht mehr als Subjekt benimmt.

Sobald er sich zum Objekt macht, entzieht er sich der Infinalität und unterliegt im gleichen Augenblick der toten Kausalität. Dann ist er „erklärbar". Und ebenso sind alle Folgen der Irrung bis hinein in die Katastrophen des Klärungsprozesses Gegenstand exakter Forschung. Die Klärung selbst aber, das Neuaufleuchten des Subjektes, das Neuhervortreten der infinalen Einstellung, liegt wieder jenseits aller wissenschaftlichen Erkennbarkeit. Sofern also die Charakterkunde versucht, den Klärungsprozeß darzustellen, ist sie, vom Standpunkt der Wissenschaft aus gesehen, unbeweisbare Dichtung, und vom Standpunkt des Lebens aus gesehen ein Versuch, die Wahrheit zu sagen.

Achter Teil

Beispiele[1)]

29. Der Charakter eines Dreijährigen

Karl Z. ist $2^3/_4$ Jahre alt. Bisher soll er zugänglich und freundlich gewesen sein. Er hat zur richtigen Zeit Laufen und Sprechen gelernt. Auch in Hinsicht auf Reinlichkeit unterschied er sich kaum von anderen Kindern. Das einzige, was man ihm nachsagen konnte, war eine allzu starke Anhänglichkeit an seine Pflegerin. Er hatte von den ersten Lebenswochen an eine Kinderfrau, deren einzige Aufgabe die Pflege und Erziehung des Knaben war. Und er hatte sich daran gewöhnt, ihr auf Schritt und Tritt zu folgen. Er aß nur, wenn sie dabei war, und schlief nur, wenn er sie im Nebenzimmer wußte. Gelegentlich waren aus dieser Bindung schon Schwierigkeiten entstanden. So hatte bei einer Sommerreise, die ursprünglich ohne die Kinderfrau ausgeführt werden sollte, die Störung in den Lebensgewohnheiten des Knaben zu sehr heftigen Reaktionen geführt. Er hatte damals, etwa ein Jahr alt, zwei ganze Tage lang geweint, hatte kaum geschlafen und gar nichts gegessen, so daß man sich entschloß, die Kinderfrau eiligst nachkommen zu lassen.

Etwa 6 Wochen, ehe der Fall zur Beratung kam, mußte die Kinderfrau aus äußeren Gründen endgültig das Haus verlassen. An ihre Stelle trat ein junges Mädchen von kaum 20 Jahren. Sie war ruhig, freundlich und sicher und

1) Beispiele für die Anwendung der nonischen Charakterkunde gibt es in beliebig großer Anzahl. Aber begreiflicherweise läßt sich die Erlaubnis zur Veröffentlichung des Materials nicht immer erreichen. So kommt es, daß sämtliche Beispiele außer diesem ersten schon anderwärts, wenn auch weniger ausführlich, veröffentlicht worden sind.

legte in der Behandlung ihres Schutzbefohlenen eine auffallende Geduld an den Tag. Aber es gelang ihr nicht, die Krisis des Kindes, die sich an den Personenwechsel anschloß, zu überwinden.

Gegen die körperliche Gesundheit des kleinen Karl war nichts einzuwenden. Auch als die Krisis ihren Höhepunkt erreichte, konnten die Kinderärzte keinerlei Krankheitssymptome an seinem Organismus entdecken. Nur seine Lebensgewohnheiten waren gestört. Er aß sehr wenig, alle festen Speisen wurden wieder erbrochen. Sein Schlaf war sehr unruhig, er schrie mehrmals des Nachts auf, lag lange weinend im Bett, ehe er wieder einschlief, und kam meist nur zur Ruhe, wenn die Mutter neben ihm saß und leise und gleichmäßig mit ihm plauderte. Tagsüber war er weinerlich, ließ sich nicht zum Spielen überreden und klammerte sich an seine Mutter, als ob er Furcht habe, sie ebenfalls zu verlieren.

Infolge der geringen Nahrungsaufnahme und des unruhigen Schlafes wurde sein Kräftezustand immer schlechter. Er wurde blaß und mager, und je länger die Krisis dauerte, desto mehr wuchsen seine Empfindlichkeit, seine Ängstlichkeit und seine Weinerlichkeit. So war seine Lage recht bedenklich, trotzdem keinerlei körperliche Krankheit vorlag. Es war nicht nur dem Psychologen, sondern auch den Eltern völlig klar, daß hier eine Schwierigkeit von seiten des Charakters bestand, die aber in ihren Rückwirkungen zu ernsten körperlichen Schädigungen führen konnte.

Den Ausgangspunkt bildete, wie es schien, die zu innige Bindung des Kindes an die erste Pflegerin. Indessen blieb noch die Frage offen, warum diese Bindung so stark geworden war und warum sie einen so unheilvollen Einfluß auf die weitere Entwicklung des Kindes ausübte. Erst durch die genauere Einsicht in diesen Zusammenhang konnte man hoffen, die richtigen Wege zur Abhilfe zu erschließen. Darum mußte man zunächst versuchen, die Charakterform jener Pflegerin möglichst eindeutig festzustellen.

Sie war eine kinderlose Witwe von etwa 50 Jahren und hatte in der Pflege dieses Knaben ihren einzigen Lebensinhalt gesehen. Ihr Minderwertigkeitsgefühl kam in der oft wiederholten Bemerkung zum Ausdruck, daß sie nur noch gut genug dazu sei, fremder Leute Kinder zu betreuen, um dann zum alten Eisen geworfen zu werden, wenn die Kinder herangewachsen seien. „Der Mohr hat seine Schuldigkeit getan, der Mohr kann gehn." – Ihr Geltungsstreben lief naturgemäß auf den Versuch hinaus, sich allenthalben unentbehrlich zu machen, und darum sorgte sie nicht nur mit peinlicher Gewissenhaftigkeit für das körperliche Gedeihen ihres Schutzbefohlenen, sondern sie versuchte auch, seine seelische Entwicklung mit allen nur erdenklichen Mitteln zu fördern.

Man beachte, daß diese Frau nicht im eigentlichen Sinne des Wortes als nervös oder gar als neurotisch bezeichnet werden kann. Aber durch ihre schicksalsmäßige Situation war ihr der Abbau ihrer Ichhaftigkeit bisher soweit erspart geblieben, daß ihre sachlichen Absichten allenthalben noch durch persönliche Ziele verfälscht wurden. Man wird ihr auch diese Schwäche nicht verübeln können, aber man wird zugeben müssen, daß in dieser Unsachlichkeit der Pflegerin der Ausgangspunkt für die schwere Charakterstörung des Kindes zu suchen ist.

Selbstverständlich war der Kinderfrau das Unsachliche an ihrer Einstellung nicht bewußt, und ihre Maßnahmen, die zur völligen Unselbständigkeit des Kindes führten, erschienen ihr selbst und auch den Eltern als ganz besondere Beweise von Aufopferung, Geduld und Verständnis für die kindliche Seele.

Bezeichnend für den Fehler in ihrer Grundeinstellung war die Art, in der sie das Kind beim Laufenlernen unterstützte. Sie versuchte, ihm jeden Mißerfolg zu ersparen. Sie umgab es mit so viel Schutzmaßregeln, daß es eher ängstlich als mutig wurde und daß es langsamer als andere Kinder, aber ohne Beulen und ohne Geschrei zum Laufen kam. Indessen zeigte sich bald, daß dieses Laufenkönnen immer an bestimmte Bedingungen gebunden blieb. Zunächst hieß die Bedingung ungefähr: „Ich wage nur, Schritte zu machen, wenn die Hände der Kinderfrau dicht neben mir sind." Allmählich lockerte sich dieses Gesetz dahin, daß die Gegenwart der Kinderfrau im gleichen Zimmer verlangt wurde. Und schließlich konnte an Stelle der Kinderfrau auch die Mutter als schützender Engel anerkannt werden.

Das Dressat war also in Hinsicht auf die Person nicht allzu starr. Völlig unbeweglich erwies es sich aber in Hinsicht auf die räumlichen Bedingungen. Bis zum Beginn der individualpsychologischen Beratung wollte Karl Z. ohne das Beisein seiner Beziehungspersonen niemals auf eine Treppe steigen oder auch nur eine größere Unebenheit des Bodens überwinden. Und hier liegt der Schwerpunkt seines Charakterfehlers: Er hatte nicht gelernt, das Risiko eines Mißerfolges auf sich zu nehmen. Er trug in seinem Verhalten aufs deutlichste zur Schau, daß er die Beziehungsperson für jedes Mißgeschick und jede Unannehmlichkeit, die ihn traf, restlos verantwortlich machte. Ja, er verlangte sogar, daß man ihn von vornherein vor allen Gefahren beschütze. Und er scheute nicht vor der Anwendung seiner stärksten Machtmittel zurück, wenn er den Eindruck hatte, daß die Beziehungsperson diese ihre einmal übernommene Pflicht verabsäumen wollte. Darum brach er in ein lautes und demonstratives Geschrei aus, wenn er an eine Schwelle oder Stufe kam und die Kinderfrau nicht sofort herbeieilte, um ihn hinüberzuheben. Und genau das gleiche zeigte sich bei allen anderen Problemen der kindlichen Entwicklung.

Das Bauen bestand für ihn darin, daß die Kinderfrau nach seinen Anweisungen kunstvolle Türme aufführte. Und er wurde sehr böse, wenn sie seinen architektonischen Intentionen nicht auf das exakteste nachkam. Aber nicht nur die Spiele, sondern auch die Pflichten des täglichen Lebens waren an zahllose Bedingungen geknüpft, die sämtlich darauf hinausliefen, das Kind vor Niederlagen zu schützen, und deren Einhaltung durch die vorhin genannten Machtmittel erzwungen wurde. – Seinem Typus nach war Karl ein Star mit einigen heimchenhaften Zügen.

Wir haben hier auf frühkindlicher Stufe schon das vollständige Bild eines starren Charakters. Eine ganze Reihe von Dressaten ist vorhanden, und als ihr gemeinsamer Sinn ist die Ichbewahrung des Kindes deutlich erkennbar. Der Generalnenner sämtlicher Dressate heißt hier wie bei allen Menschen „keine Niederlage erleiden“; wobei aber „Niederlage“ noch in einem sehr einfachen und unmittelbaren Sinne gemeint ist. Die Umdeutung und Umwertung dieses Begriffes, durch die das Charakterbild der Erwachsenen oft so außerordentlich undurchsichtig erscheint, fehlen hier noch ganz. Aber dieser Mangel an Kompliziertheit in der inneren Verfassung ist neben dem selbstverständlichen geringeren Umfang des Erfahrungsmaterials der wesentliche Unterschied zwischen dem Charakter des Kindes und dem des Erwachsenen.

Auch die Differenzierung des Strebens nach Ichbewahrung in seine beiden Pole Minderwertigkeitsgefühl und Geltungsbedürfnis ist schon deutlich erkennbar. Ebenso ist die Indienststellung der Beziehungsperson (in erster Linie der Kinderfrau, später der Mutter) bereits in voller Schärfe ausgebildet. Damit aber ist gesagt, daß eine Besserung schon hier nicht mehr von der Beeinflussung einzelner Dressate erwartet werden darf, sondern daß eine grundlegende Änderung der kindlichen Gesamtpersönlichkeit angestrebt werden muß.

Neu hinzukommende Erfahrungen können nur eine weitere Ausgestaltung der Dressate zur Folge haben, ohne die Ichhaftigkeit des Kindes zu berühren. So versuchte die Mutter einmal kurz nach dem Abgang der Pflegerin, das Kind beim Waschen dadurch gefügig zu machen, daß sie ihm eine Belohnung versprach, wenn es artig sein würde. Es war artig und bekam die Belohnung, benahm sich aber an den darauffolgenden Tagen um so ungebärdiger und erzwang auf diese Weise die regelmäßige Wiederholung der Artigkeitsprämie. Der Lohn wurde hier (wie bei anderen Gelegenheiten die Strafe) durch das Kind sofort in das System der ichhaften Sicherungen eingegliedert, so daß die Ichhaftigkeit eher eine Stärkung als eine Minderung erfuhr. Die Mutter, die seit dem Verschwinden der Pflegerin die Rolle der Beziehungsperson übernehmen mußte, sah sich zu einer neuen Tributleistung verpflichtet und hatte eine kleine Bequemlichkeit, nämlich die abendliche Wäsche ohne Geschrei, durch eine pädagogisch recht ungünstige Steigerung ihrer Verpflichtungen erkauft.

Helfen konnten hier keinerlei Erfahrungen des Kindes, sondern nur das, was wir im Gegensatz zur Erfahrung als Erlebnis bezeichnet haben. Das Kind mußte erleben, daß seine Angst vor der Niederlage sinnlos und sein Streben nach der Ichbewahrung überflüssig war. Es mußte erleben, daß die Entfaltung seiner Kräfte ohne Rücksicht auf sein Ich (oder was dasselbe ist, auf seine Beziehungsperson) weit rascher vor sich gehen konnte als innerhalb dieser Rücksicht. Und es mußte erleben, daß es beglückender ist, auf eigene Verantwortung und Gefahr eine Entdeckungsreise in ein unbekanntes Zimmer oder in ein unbekanntes Gebüsch hinein zu wagen, als unter ständigem Bangen um die schützende Hand des Erwachsenen immer wieder den schon gewohnten Kreis seiner alltäglichen kleinen Triumphe zu wiederholen.

Die Schwierigkeit, welche auf diesem Wege zu überwinden war, bestand hier wie bei den meisten Kindern nicht nur in der Starrheit der kindlichen Dressate, sondern darüber hinaus noch in der Bindung der Mutter an das Kind. Sie war, trotzdem man sie ebensowenig wie die Kinderfrau als neurotisch bezeichnen konnte, doch so gründlich an die Verhaltungsweise des Kindes gewöhnt, daß es ihr zunächst nicht gelingen wollte, sich aus der Rolle der Beziehungsperson freizumachen. Indessen erwies es sich als günstig, daß die ursprüngliche Beziehungsperson, die durch ihre unsachliche Einstellung die Ichhaftigkeit des Kindes herangezüchtet hatte, bereits verschwunden war, und daß die Mutter erst seit wenigen Wochen diese Rolle übernommen hatte. Die neue Pflegerin dagegen war noch nicht zur Beziehungsperson geworden. Das Kind verhielt sich ihr gegenüber gleichgültig, es gehorchte ihr nicht und verlangte auch nicht nach ihrer Hilfe. So mußte man also den Plan der Heilung im wesentlichen auf eine Änderung im Verhalten der Mutter gründen.

Die Charakteranalyse eines so kleinen Kindes besteht in der Hauptsache aus der Charakteranalyse seiner Beziehungsperson. Es kam also darauf an, der Mutter eine innere Einstellung zu verschaffen, die dem Kinde die vorhin erwähnten Erlebnisse übermitteln konnte. Und zwar wurde der Mutter die wünschenswerte pädagogische Haltung verstandesmäßig sehr bald klar. Aber bei der Umsetzung aus der Theorie in die Praxis schwankte sie, wie es nicht anders sein kann, längere Zeit hin und her. Bald zeigte sich eine erzwungene Kühle und Unerbittlichkeit, die das Kind unnötig erschreckte, und bald fiel sie in ihre frühere allzu mitleidige Haltung zurück. In beiden Fällen antwortete das Kind mit einer Verschärfung seines Kampfes.

Allmählich aber fand die Mutter immer häufiger den richtigen Ton. Sie ließ sich in ihrer freundlichen Sachlichkeit immer weniger beirren, und je besser sie gegen das zornige und klagende Geschrei des Knaben und, was ihr noch schwerer wurde, gegen seine zärtlichen Schmeicheleien gewappnet war, um so mehr mußte das Kind wohl oder übel auf die Indienststellung seiner Beziehungsperson verzichten. Eines Tages stand er rufend und weinend an der Türschwelle zwischen dem Kinderzimmer und dem Schlafzimmer der Eltern. Die Mutter ließ sich in ihrer

Arbeit nicht stören, sondern sagte ihm mit unerschütterlicher Freundlichkeit nur immer wieder dieselben Worte: „Komm nur allein, du bist groß genug." Es dauerte etwa eine halbe Stunde, bis das Kind sich beruhigte, und eine weitere Viertelstunde verging, während der es schweigend vor der Schwelle stand und ab und zu den einen Fuß erhob, als wollte es das Wagnis versuchen. Dann aber war es in einem unbeobachteten Augenblick, in dem die Mutter sich gerade über ihre Wäschetruhe gebeugt hatte, plötzlich mitten im Schlafzimmer.

An dieser Stelle hätte die Mutter durch eine ungeschickte Wendung alles wieder verderben können. Sie bemerkte recht wohl das glückliche Leuchten in den Augen des Kindes und wäre gern in eine Art von Siegesjubel ausgebrochen. Dann aber hätte sich dem Kinde ein neuer Anspruch auf eine Leistungsprämie eingeprägt, und darum fand es die Mutter sachlicher, dies Überschreiten der Schwelle als etwas Selbstverständliches hinzunehmen. Und sie tat recht daran. Dann am Abend, als der Vater nach Hause kam, marschierte der kleine Karl ostentativ über die Schwelle hin und her, und der Vater ließ sich verleiten, ihn dafür durch ein Stück Schokolade zu belohnen, worauf das Kind seine Leistung wiederholte und zum Vater zurückkam mit den Worten: „Noch einmal gemacht."

Da der Vater, der tagsüber im Geschäft war, nicht viel Gelegenheit hatte, pädagogische Fehler zu begehen, hing der weitere Verlauf der Heilung ausschließlich von der Mutter ab. Und sie brachte es dahin, daß das Kind im Laufe weniger Monate nicht nur allein in seinem Zimmer blieb (was vorher ganz unmöglich war), sondern daß es auch aus eigenem Antrieb anfing zu klettern und zu turnen und daß es bald mehr Geschmack an gymnastischen Wagnissen fand, als den Eltern lieb war. Der Widerstand gegen das Essen verschwand sehr bald, die Schlafstörung trat noch längere Zeit hindurch auf, wurde aber immer seltener. Am längsten von allen Symptomen erhielt sich die Ängstlichkeit im Dunkeln.

Je mehr der Junge aber lernte, sich auf eigene Faust mit den Dingen seiner Umgebung auseinanderzusetzen, um so weniger war er auf seine Beziehungsperson angewiesen, und um so weniger brauchte er um die Geltung seines Ich besorgt zu sein. Nach einem halben Jahr war seine Scheu vor Niederlagen soweit geschwunden, daß man sogar wagen konnte, ihn zu kritisieren und ihn dem Konkurrenzkampf seiner Altersgenossen auszusetzen. Durch seine zwanglose Eingliederung in einen Kindergarten erwies er sich schließlich als vollständig geheilt.

30. Ein diebisches Kind

Erwin A. ist sieben Jahre alt. Er gilt für sanft, zärtlich, träumerisch und begabt. Aber seit einigen Monaten machen sich immer häufiger Unredlichkeiten bei ihm bemerkbar, die sämtlich darauf hinauslaufen, daß er sich auf unrechtmäßige Weise Süßigkeiten verschafft. Er entwendet kleine Geldbeträge aus der Wirtschaftskasse seiner Mutter, oder er läßt sich Geld geben für Sammlungen und Anschaffungen, die angeblich von der Schule gefordert werden. Und immer kauft er für die so erlangten kleinen Summen Süßigkeiten, die er dann mit einem Freunde teilt.

Im Rahmen der üblichen Erziehung versuchte seine Mutter, die eine rechtschaffene und wohlmeinende Landfrau war, ihn zuerst durch vernünftige Vorstellungen und moralische Gründe zu beeinflussen. Sie sagte ihm, daß man auf diese Weise die Liebe und die Achtung seiner Mitmenschen verliere, daß die Welt nicht bestehen könne, wenn jeder nehmen wollte, was ihm beliebte, und daß man ein schlechter Mensch sei und ins Gefängnis müsse, wenn man gestohlen habe. Aber alles dies blieb ebenso wirkungslos wie die unverkennbare Tatsache, daß die Mutter durch die Diebereien ihres Sohnes aufs tiefste bekümmert wurde. Das Verhalten des Kindes änderte sich nicht. Nur seine Vorsicht steigerte sich, so daß es immer schwerer wurde, ihn zu ertappen.

Man beschloß, zu strengeren Maßregeln zu greifen. Der Vater, der als Landwirt und alter Soldat ohnehin zu Gewaltmitteln neigte, nahm sich nun der Sache an. Er verhängte ein gerechtes, aber unerbittliches Strafgericht über den Sohn. Es gab Schläge, dann Hungertage und zuletzt Arrest in einer dunklen Kammer. Aber es half nichts. Die Diebstähle und Unterschlagungen häuften sich in bedenklicher Weise, und schließlich gaben die Eltern dem Drängen der Lehrerin nach und wandten sich an eine individualpsychologische Beratungsstelle.

Der Vater stellte seinen Sohn vor mit den Worten: „Er hat einen schlechten Charakter. Ich weiß nicht, von wem er ihn geerbt hat. Wir haben alles versucht, und es hat sich herausgestellt, daß er unverbesserlich ist. Es ist eben sein Charakter."

Zunächst mußte aufgeklärt werden, warum die bisher angewandten Erziehungsmittel versagt hatten. Die Mutter erklärte: „Durch Belehrung geht es nicht. Das Kind weiß alles, es versteht ganz genau, daß es nicht stehlen darf und daß es nachher bestraft wird. Aber es hilft nichts. Das Wissen kann nichts ausrichten gegen den Trieb." Und der Vater sagte: „Man muß ihn immer strenger behandeln, bis er fühlt, daß er auf falschem Wege ist. Wer nicht hören will, muß fühlen." Er wollte die eine Willensrichtung des Kindes, den „Stehltrieb", durch eine andere Willensrichtung bekämpfen, nämlich durch den „Selbsterhaltungstrieb", der jedem Menschen anrät, schmerzhafte Strafen zu vermeiden. Er wollte den Teufel mit Beelzebub austreiben.

Aber der Mensch tut durchaus nicht immer, was er in seinen bewußten Gedanken für richtig hält. Und er tut auch nicht, was seine angeblichen „Triebe" ihm anraten. Und er unterläßt auch nicht, was sie ihm widerraten. Sondern er tut, was ihn in der Richtung auf seine uneingestandenen Zwecke vorwärts zu bringen verspricht. Er tut, was seinem Ich-Ideal dient. Solange das Ich-Ideal und die damit verbundenen Dressate die Gleichen bleiben, kann weder eine Belehrung noch eine Erfahrung den Charakter des Menschen ändern. Nur zu immer raffinierteren Mitteln kann man ihn zwingen. Die Änderung des Charakters, der Übergang von der ichhaften zur sachlichen Verhaltungsweise, kann nur durch positive Erlebnisse, durch die Ermutigung und die Neubegründung des Vertrauens zum Leben herbeigeführt werden.

Wer aber auf Grund derartiger Überlegungen beschließen würde, dem Kinde Mut zu machen, ihm seine Tüchtigkeit vor Augen zu führen und ihm die Freundschaft der Erwachsenen um jeden Preis fühlbar zu machen, der würde es nur noch mehr in seiner Ichhaftigkeit bestärken. Wer den ichhaften Menschen straft, vergrößert sein

Minderwertigkeitsgefühl; wer ihn lobt, unterstützt sein Geltungsstreben. Bildlich gesprochen: wer den unteren Pol heben will, hebt statt dessen den oberen, und wer den oberen senken will, senkt statt dessen den unteren. In beiden Fällen wird der Unsachliche noch unsachlicher, als er vorher war. Die pädagogische Aufgabe besteht vielmehr darin, das Geltungsbedürfnis und das Minderwertigkeitsgefühl gleichzeitig zu beseitigen und auf diese Weise die ichhafte Verhaltungsweise in die sachliche überzuführen. Das aber kann weder auf dem Wege über das Wissen noch auf demjenigen über das Wollen geschehen, sondern es muß zwischen Wissen und Wollen hindurch der Punkt berührt werden, in dem sich auch das Kind schon als Subjekt zu erleben vermag. – Man nehme das Kind ernst. Und man suche es zu verstehen, nicht wie man ein Objekt, sondern wie man ein Subjekt versteht. Man verfahre mit dem Kinde, wie man mit sich selbst verfahren würde. Dann wird die Ichhaftigkeit des Kindes verschwinden, sofern man selber seine Ichhaftigkeit abgebaut hat.

Erwin A. war der Jüngste von fünf Geschwistern. Darum hatte ihn die Fürsorge der Älteren, und besonders zweier Schwestern, ziemlich stark verzärtelt und verweichlicht, so daß er meinte, man sei verpflichtet, ihm alles Schwere zu ersparen. Und andererseits hatte er sich an den Gedanken gewöhnt, „Ich kann nicht, was die anderen können, denn ich bin klein und hilfsbedürftig." Hier ist die ichhafte Linie mit ihren beiden Polen, dem Geltungsstreben und dem Minderwertigkeitsgefühl, noch in ihrer ursprünglichen und einheitlichen Form erkennbar. Aber die Starrheit, die ihr und den aus ihr entstandenen Dressaten später anhaftete und die das Kind veranlaßte, trotz stärkster Gegenmotive an den untauglichen Mitteln festzuhalten, diese Starrheit ist noch nicht verständlich geworden.

Die früheste Erinnerung Erwins heißt: „Ich bin hingefallen, und die Mutter gibt mir Schokolade." Die Mutter aber meinte, es sei wohl möglich, daß sie dem Jungen früher einmal ein solches „Pflaster" bewilligt habe, prinzipiell jedoch sei sie durchaus gegen ein derartiges Verfahren, besonders weil ihr Jüngster ohnehin von den Geschwistern und den Großeltern verzogen werde. Und der Junge bestätigte dies. „Mutter gibt mir nie mehr etwas Süßes", sagt er, „außer zu Weihnachten und zum Geburtstag".

Die Erinnerung bezieht sich also auf eine längst entschwundene und gleichsam sagenhafte Vergangenheit, in der Erwin noch der anerkannte und verwöhnte Liebling seiner Mutter war oder zu sein glaubte. Er trägt diese Erinnerung wie einen Rechtsanspruch mit sich herum, der sich etwa in die Worte fassen läßt: „Erwin darf nicht leiden! Wenn Erwin leidet, wird er getröstet." Die Welt (oder die Mutter) ist verpflichtet, alles Böse, das ihm geschieht, wiedergutzumachen. Wenn sie aber diese Pflicht versäumt, ist für alles Weitere nicht mehr er, sondern sie verantwortlich. – Sein Ich-Ideal heißt (wie er erst nach einer langen, freundschaftlichen Aussprache verriet): „Prinz Fortunatus". Er möchte der schöne, liebenswürdige, von allen bewunderte Märchenprinz sein, dem es immer gut geht und der nie zu leiden braucht. – Seinem Typus nach ist er zunächst ein Heimchen.

Freilich müssen die negativen Erlebnisse, die einmal zur Aufstellung eines solchen Ideals geführt haben, überaus schmerzlich gewesen sein. Wir können sie diesmal im einzelnen nicht mehr erforschen (es sei denn, daß wir uns die Zeit zu einer langen und umständlichen Charakteranalyse nehmen wollten). Wir können nur aus ihren Nachwirkungen erschließen, daß das Kind damals aus einem glücklichen und bedürfnislosen Zustand in einen unglücklichen und leidensvollen Zustand geraten ist. Der erste dieser beiden Zustände mußte ihm nachher wie das verlorene Paradies erscheinen, und es mußte alles darangesetzt werden, ihn wieder herzustellen und für alle Zeiten aufrechtzuerhalten. Gleichzeitig aber wurde auch erlebt, daß man als Kind für sich allein nicht imstande ist, sich den Zustand des Glücks zu verschaffen. Deshalb mußte der Wunsch nach dem Glück in Form eines Rechtsanspruches auftreten, wozu freilich zahlreiche positive Erfahrungen mit der Mutter, den Geschwistern und den Großeltern die Gelegenheit geboten haben mögen. Der Anspruch auf Glück stellt sich also gleichzeitig dar als ein Anspruch auf die Hilfeleistung der anderen. Diese anderen sind einerseits unentbehrlich, andererseits aber unzuverlässig in ihrer Rolle als Vermittler des Glücks. Darum muß die unbewußte Politik des Kindes sich in erster Linie mit den Beziehungen zu diesen anderen befassen. Sie sind zu Beziehungspersonen geworden.

Jedesmal, wenn das Leben eine negative Erfahrung brachte, mußte jener Rechtsanspruch stärker hervortreten. Und je mehr das drohende Unglück die nun schon bereitliegenden Minderwertigkeitsgefühle wachrief, desto heftiger mußte sich sein unausgesprochener Appell an die Beziehungsperson bemerkbar machen. (Das Nicht-warten-können, das in dem gesamten Verhalten des Kindes zu beobachten ist, wird aus dieser Überlegung völlig verständlich.) Wenn aber nun die Beziehungsperson versagte und doch der Anspruch auf Glück nicht aufgegeben werden konnte, trat eine Notlage ein, die das Kind zur Anwendung aller nur irgend denkbaren Hilfsmittel zwang. Und ein solches Hilfsmittel war in früheren positiven Erfahrungen gegeben, nämlich im Diebstahl.

Zufällig wußte sich die Mutter noch einer kleinen Szene zu erinnern, die wohl nicht die einzige in ihrer Art gewesen sein mag. Die Großmutter saß mit ihren Enkeln am Kaffeetisch, und der Jüngste, damals Dreijährige, bettelte um ein Stück Zucker. Die Großmutter schlug ihm seine Bitte ab, und das Kind war dem Weinen nahe. (Man sieht, wie groß seine Reizbarkeit war.) Eines von den größeren Geschwistern machte ihm Zeichen, daß es die Zuckerstückchen von der Untertasse der Großmutter heimlich nehmen könnte, und die Großmutter tat, als ob sie es nicht bemerke. Das Kind nahm den Zucker, und die Großmutter spielte die Erstaunte. Ihr Zucker sei verschwunden, ein Heinzelmännchen müßte unter dem Tisch sitzen, und derartiges mehr.

Das Ich des Kindes war gerettet. Sein Wunsch war in Erfüllung gegangen, und seine Überlegenheit über die Großmutter war deutlich zum Ausdruck gekommen. Sein Rechtsanspruch an die Beziehungsperson war befriedigt. Freilich wären derartige kleine Erfahrungen ohne alle Folgen geblieben, wenn nicht später jene Notlage eingetreten wäre, die das Kind zwang, alles nur irgend Erdenkliche zur Wiederherstellung seines bedrohten Glückszustandes zu unternehmen. Je mehr aber die Notlage sich verschärfte, um so unerbittlicher trat nun der Anspruch auf:

„Wenn ich leide und ihr mich nicht tröstet, müßt ihr euch von mir bestehlen lassen (denn dazu seid ihr meine Beziehungspersonen)." Und je häufiger und je länger die Notlage auftrat, um so starrer bildete sich dieser Anspruch als Dressat aus, das nun kurzweg lautete: „Wenn es mir schlecht geht, muß ich stehlen." – So mischten sich in den Typus des Heimchen einige cäsarische Züge hinein, die aber sorgsam versteckt gehalten wurden, weil der Mut zur offenen Selbsthilfe nicht ausreichen konnte.

Selbstverständlich wäre es nicht erlaubt, eine so umfassende Entwicklungsgeschichte einzelner Dressate nur aus den wenigen hier mitgeteilten Tatsachen erschließen zu wollen. Es gehört dazu die eingehende und sorgfältige Aussprache mit den Eltern und dem Kinde selbst. Alles, was an Erinnerungen, Anekdoten, Träumen, Phantasien, Spielen, Leistungen und Unarten in Erfahrung zu bringen ist, muß dabei in Betracht gezogen werden. Und zwar ist die Methode zunächst die des Historikers. Der Psychologe muß die Glaubwürdigkeit und die etwa vorliegende tendenziöse Auswahl und Entstellung des Materials berücksichtigen und muß auch der Art und Weise und der Reihenfolge, in der das Material vorgebracht wird, seine Aufmerksamkeit schenken. Sein wichtigstes methodisches Hilfsmittel ist aber weder ein historisches noch ein wissenschaftliches, sondern es geht über beide Wissenschaften hinaus und stellt gewissermaßen ihre Vereinigung dar. Es ist das charakterologische Experiment.

Er zwingt, ob er will oder nicht, durch sein eigenes Verhalten den anderen ebenfalls zu einer bestimmten Verhaltungsweise. Sofern er die Wechselwirkungen zwischen sich und dem anderen im Sinne der Schicksalsmasche zu verstehen vermag, kann er sich aus dem Verlauf seiner Unterhaltung mit dem Kinde ein tiefgreifendes Verständnis für seine eigene und für des Kindes innere Verfassung verschaffen. Es ist die gewöhnliche vorwissenschaftliche Methode der Menschenbeurteilung, nun aber verschärft und korrigiert durch das sogenannte Spiegelprinzip. Nicht das Benehmen des anderen schlechthin darf beurteilt werden, sondern nur das Benehmen des anderen in bezug auf das eigene Benehmen. Dies eigene Benehmen aber darf wiederum nicht obenhin und äußerlich betrachtet werden, sondern der Grad der eigenen Ichhaftigkeit muß mit allen Hilfsmitteln der nonischen Charakterkunde erforscht werden.

Erwin war zuerst sehr schüchtern und zurückhaltend. Er sprach entweder gar nicht oder nur so leise, daß man ihn nicht verstehen konnte. Die Mutter versuchte immer wieder, ihn durch Ermunterungen und Drohungen zum lauten Sprechen zu veranlassen. Und je leiser er sprach, um so erregter wurde sie, und je mehr sie sich erregte, um so mehr wuchs seine Schüchternheit und um so leiser wurde seine Sprache.

Es war ein hartes Stück Arbeit, der Mutter diesen Teufelskreis sichtbar zu machen. Sie konnte nicht begreifen, daß der Psychologe nicht die einzelnen Worte, sondern das gesamte Verhalten des Kindes verstehen wollte, und daß das laute Sprechen eines schüchternen Menschen immer erlogen sein muß. Allmählich aber gelang es, die Schicksalsmasche zwischen Mutter und Kind außer Kraft zu setzen, da die Mutter sich schweren Herzens mit der Sprechweise ihres Sohnes einverstanden erklärte. Und sofort machte sich die Schicksalsmasche zwischen dem Kinde und dem Pädagogen bemerkbar. Die Rolle der Beziehungsperson ging von der Mutter auf ihn über.

Er fing nun an, dem Kinde zu erzählen, wozu es so leise spreche und wozu es lüge und stehle und auch, wozu es soviel Süßigkeiten esse, nämlich immer, um der Prinz Fortunatus zu sein. Und es geschah, was in solchen Fällen fast ausnahmslos geschieht: Das Kind verstand plötzlich sein eigenes Benehmen, und es fing zuerst leise und dann immer unbefangener an zu lachen. Es nickte eifrig, wenn ihm die Zusammenhänge einleuchteten, fiel aber sofort in seine scheue Verlegenheit zurück, wenn die Schilderung nicht mehr seiner inneren Erfahrung entsprach. In der Kinderanalyse kann der Pädagoge bis in die feinsten Einzelheiten hinein aus dem wechselnden Ausdruck in den Augen des Kindes erkennen, ob er sich auf der richtigen oder auf der falschen Fährte befindet. Er ist gewissermaßen der Dolmetscher, der alles, was das Kind durch sein Verhalten berichtet, in Worte übersetzt (aber in bildhafte, lebendige Worte, wie sie im Märchen vorkommen, und nicht in abstrakte Begriffe). Und je richtiger er übersetzt, um so lebendiger wird das Kind, sobald er aber schlecht übersetzt, sinkt das Kind in seine lebenswidrige Haltung zurück. Das Belebende aber ist, daß hier zwei Subjekte, nämlich ein Erwachsener und ein Kind, mit gleichem Eifer und fast gleicher Sachlichkeit an einer gemeinsamen Aufgabe arbeiten: an der Erklärung und Beseitigung der dunklen und bisher von niemandem verstandenen inneren Nöte des Kindes.

In einer Viertelstunde war Erwin von dieser Arbeit so ganz ergriffen, wie nur ein siebenjähriges Kind ergriffen sein kann. Er sprach weder zu leise noch zu laut, aber zwischen seinen Lachanfällen standen ihm die Tränen in den Augen, und er mußte immer wieder schlucken, um nicht zu weinen.

Es kam nun zutage, daß jeder Diebstahl und jede Nascherei einen Kurzschluß darstellte, der zwar zuerst ein Siegesgefühl mit sich brachte, dann aber von einer schweren Angst vor der Entdeckung gefolgt war. Die Beseitigung des alten Minderwertigkeitsgefühls durch den Kurzschluß brachte also stets ein neues Minderwertigkeitsgefühl mit sich, das wieder durch einen neuen Kurzschluß ausgeglichen werden mußte.

Sowohl Erwin wie auch der Psychologe und die Mutter sahen ein, daß man auf diese Weise niemals aus der Nascherei herauskommen konnte. Ja, es war klar, daß man durch die ewige Jagd nach dem Glück mit Sicherheit in die Fürsorgeanstalt und ins Gefängnis und bis ins Zuchthaus gelangen mußte. Aber der Teufelskreis ließ keinen Ausweg offen. „Weil mich etwas drückt, muß ich naschen; weil ich naschen muß, muß ich stehlen; weil ich stehle, bin ich bedrückt, und weil ich bedrückt bin, muß ich naschen."

Was war zu tun? Ratlos sahen die drei sich an. Aber die Stimmung war schon ziemlich heiter, ganz als ob im Grunde keiner mehr an die Unentrinnbarkeit des Teufelskreises glaubte. Die Lösung lag schon in der Luft. Aber sie ließ sich noch nicht in Worte fassen.

„Warum fühlst du dich eigentlich so oft bedrückt?" fragte der Psychologe. Und nach einigem Hin und Her kam Erwin auf die Antwort: „Es drückt mich immer, wenn ich nicht der Prinz bin." Der andere: „Lohnt es sich denn, aus Sehnsucht nach dem Prinzenthron in die Fürsorgeanstalt zu wandern?“ – Erwin sagte hilflos: „Ich will ja gar nicht mehr Prinz sein. Es geht doch von allein.“ – Der andere: „Du wolltest doch Prinz sein, weil du nicht Erwin sein wolltest. Und wenn du jetzt auch nicht mehr Prinz sein willst, so willst du doch trotzdem noch nicht Erwin sein.“ – „Ja, das stimmt.“ – „Ist es denn so schlimm, Erwin zu sein?“ – „Ja, schlimm.“ – „Aber es ist nur schlimm, weil Erwin stiehlt und nascht. Ein Erwin sein, der nicht stiehlt und nicht nascht, ist gar nicht schlimm.“ – „Nein, das würde gehen.“ – „Aber man stiehlt nur, wenn man nicht Erwin sei will. Sobald du zufrieden bist, Erwin zu sein, brauchst du nicht mehr zu stehlen. Und dann wird es dir auch gefallen, einfach nur Erwin zu sein.“ – „Ich weiß es nicht.“ – „Du mußt es versuchen. Denn es bleibt dir sowieso nichts anderes übrig, als Erwin zu sein. Oder bist du nicht in Wirklichkeit immer nur Erwin?“ – „Ja.“ – „Na also, dann versuche es.“ –

Es wurde noch ein Bild gezeichnet, auf dem Prinz Fortunatus den oberen Pol der Ich-Linie einnahm, während ein zerlumpter Dieb den unteren Pol bezeichnete. Erwin selber stand mit ein paar Freunden in der Mitte, auf der Linie der Sachlichkeit. Die Bedeutung dieser „Biblia pauperum“ wurde durch zwei rasch zurechtgemachte Verse ein für allemal festgelegt:

> „Geht mir was quer,
> groll ich sehr,
> als ob ein Prinz beleidigt wär’.“

Und:

> „Nicht oben ist,
> nein, unten ist,
> wer fremde Schokolade frißt.“

Dreimal im Laufe eines Monats wurden diese Zusammenhänge auf das gründlichste durchgesprochen. Dann waren alle Unredlichkeiten verschwunden. Erwins Sachlichkeit war um ein gutes Stück gewachsen. Sein Charakter hatte sich geändert. Ein Rückfall ist im Laufe von etwa vier Jahren nicht eingetreten.

Was aber hat ihn geheilt? Die Mutter behauptete, daß sie ihm genau die gleichen Dinge schon hundertmal gesagt hatte. Aber wenn das auch teilweise richtig sein mag, so muß man doch zugeben, daß die Einsicht des Kindes nicht den Hauptfaktor des Klärungsprozesses bildete. Das Ausschlaggebende dürfte vielmehr gewesen sein, daß es dem Pädagogen gelang, in verhältnismäßig einwandfreier Weise dem Kinde gegenüber Subjekt zu bleiben und es selber als Subjekt anzusehen. Er ließ sich weder durch die Mutter noch durch das Kind selbst dazu verführen, es zum Objekt seiner Erziehung zu machen. Dadurch hat er in dem Kinde den Mut erweckt, auch seinerseits die Haltung des Subjektes anzunehmen, nachdem der Versuch, den Pädagogen zur Beziehungsperson zu machen und ihn dadurch zum Objekt zu erniedrigen, wieder und wieder mißlungen war. Immer reiner spiegelte sich das eine Subjekt im anderen, immer mehr fielen im klaren Licht dieser Spiegelung die unsachlichen Ansprüche und Bedenken von beiden ab, und immer stärker trat das verschüttete Vertrauen wieder hervor. Je mehr der Mut stieg, um so mehr verschwand das Minderwertigkeitsgefühl und das Geltungsbedürfnis, und um so sachlicher wurde die Haltung des Kindes.

31. Eine Fehl-Analyse

Martha U. ist 19 Jahre alt. Sie war von jeher fröhlich und gutmütig, solange man keine unbequemen Forderungen an sie stellte. In schwierigen Lagen wußte sie sich oft durch Scherze oder kleine Frechheiten einen günstigen Ausweg zu schaffen, so daß man sie für schlagfertig und in gewissem Sinne sogar für begabt hielt. Trat aber eine ernstliche Aufgabe an sie heran, wie etwa die Ausbildung zu einem Berufe, oder eine Arbeit, mit der sie sich ihren Lebensunterhalt verdienen sollte, so versagte sie vollständig. Sie behauptete, daß sie nichts leisten könne. Und wenn man ihr sagte, daß sie es müsse, antwortete sie lächelnd: „Schlagt mich tot, wenn ihr wollt, aber arbeiten kann ich nicht." – Ihrem Typus nach war sie ein Tölpel mit vielen cäsarischen und einigen starhaften Zügen.

Ihre Eltern, die ein kleines Geschäft hatten, waren nicht in der Lage, sie ohne Gegenleistung zu ernähren. Aber sie hatten vergebens alles nur Erdenkliche versucht, um ihre soziale Einordnung zu erzwingen. Doch war weder im Guten noch im Bösen bei ihr etwas zu erreichen. Sie interessierte sich für nichts, außer für schöne Kleider. Aber auch auf diese verzichtete sie, wenn man sie ihr vorenthielt.

Als sie 16 Jahre alt war, hatte man sie zur Erlernung des Haushalts in ein Internat gebracht, in dem es ziemlich streng zuging. Aber sie fügte sich weder in die Hausordnung, noch tat sie die ihr aufgetragene Arbeit. Auf alle Strafen antwortete sie mit einem freundlichen Lächeln. Aus Stubenarrest und Schlägen machte sie sich wenig. Sie sagte: „Es ist schade, daß ihr so rohe Menschen seid, aber ihr versteht es nicht besser."

Als man sie zur Strafe hungern ließ, freute sie sich offensichtlich und erklärte dem Hausvater, daß er nun am Ende seiner Kunst sei, denn verhungern lassen dürfe er sie nicht; ihr aber schade es nichts, wenn sie hungern müsse, da sie ja dadurch einen Sieg über die Anstalt erringe. Gegen diese Auffassung war er machtlos. Er schrieb dem Vater, daß sie ein völlig charakterloses Geschöpf sei, das wahrscheinlich von einem bösen Geiste regiert werde. Er könne sie nicht in seinem Hause behalten, denn hier sei nicht mehr der Erzieher zuständig, sondern der Arzt.

Aber die Ärzte stellten fest, daß sie weder schwachsinnig noch in ihrem Willensleben erkrankt war. Ihr Charakterbild erinnerte zwar äußerlich an die sogenannte moral insanity. Aber bei genauerem Zusehen fand man, daß sie außerordentlich intelligent war, wenn es darauf ankam, ihre Interessen zu wahren, und daß sie über eine ganz ungewöhnliche Willenskraft verfügte, wenn sie dadurch einen Sieg über ihre Erzieher erringen konnte. Nur standen sowohl die Intelligenz wie auch die Willenskraft im Dienste ihrer eigenen Bequemlichkeit.

Ihr Ich-Ideal ließ sich deutlich erkennen. Es hieß: „Leben wie eine Prinzessin." Und ihr Minderwertigkeitsgefühl, das weniger offen zutage lag, zwang sie, alle Versuche, sich aus eigener Kraft ein angenehmes Leben zu verschaffen, von vornherein abzulehnen. Sie war im Grunde von ihrer eigenen Unfähigkeit so überzeugt, daß sie ihr Ich-Ideal nur unter der Formel aufrechterhalten konnte: „Ihr anderen seid verpflichtet, für meine Bequemlichkeit zu sorgen (denn ich selber bin dazu nicht imstande)."

Wer von ihr verlangte, daß sie arbeite, oder gar, daß sie etwas lerne, der verlangte von ihr (gemäß ihrem Minderwertigkeitsgefühl), daß sie sich einer Niederlage unterziehe und somit auf ihr Ich-Ideal verzichte. Darum war jeder, der ihr zur sachlichen Einordnung verhelfen wollte, von ihr aus gesehen ein erbitterter Feind. Die Feinheit und die Unbeirrbarkeit dieser gefühlsmäßigen Wertung ließ erkennen, daß auch hier wie bei allen ichhaften Menschen die Reizbarkeit, die Irritabilität das ausschlaggebende Kennzeichen des Charakterbildes war, trotzdem man zunächst weit eher den Eindruck von Stumpfheit, Dickfelligkeit und Mangel an Ehrgefühl haben konnte. Auch hier bildete ein übersteigerter Ehrgeiz und ein Streben nach Selbstvergottung die Hauptlinie des Charakters.

Man versteht jetzt, daß es für einen solchen Menschen durchaus sinngemäß ist, wenn er allen Reizen und Werten des Lebens und auch dem Ehrgeiz (im gewöhnlichen Sinne des Wortes) unempfindlich gegenübersteht. Aber es fragt sich nun, wie diese überaus starre innere Verfassung zustande kommen konnte.

Martha war das einzige Mädchen zwischen zwei älteren und drei jüngeren Brüdern. Sie mußte von Anfang an versuchen, sich so gut sie konnte ihrer Haut zu wehren, denn die Brüder verlangten nicht nur allerhand Dienstleistungen von ihr, sondern neckten und verspotteten sie auch ununterbrochen, weil sie nur ein „langhaariges Mädchen“ sei. Die Mutter machte sie ebenfalls, weil sie ein Mädchen war, für die Unarten ihrer jüngeren Geschwister verantwortlich. Und immer wieder mußte sie sich unterordnen und die Folgen für die Taten der anderen erdulden, weil sie „nur ein Mädchen“ war.

Das Haus ihrer Eltern lag am Rande einer kleinen Stadt. Und es ergab sich von selbst, daß Martha, wenn sie sich der Bedrängnis durch die Eltern und Geschwister entziehen wollte, in den Gärten oder in dem dahinterliegenden Walde verschwand. Da konnte sie fröhlich und „gesicherten Ichs" umherwandern, ohne daß jemand sie neckte oder tadelte oder eine Dienstleistung von ihr verlangte. Und wenn sie schließlich nach Hause kam, zeigte es sich, daß ihre lange Abwesenheit nicht nur eine Rettung vor den Plagen des Alltags, sondern sogar eine Vergrößerung ihres Ansehens in der Familie mit sich brachte. Denn ihre Mutter machte sich wegen ihres langen Ausbleibens ernstliche Sorgen, und obwohl sie schalt, merkte ihr Martha doch an, daß sie froh war, ihr Kind wieder gesund und wohlbehalten vor sich zu sehen. Durch diese Erfahrung bekam die damals etwa Zehnjährige ein Mittel in die Hände, das ihr immer mühelos zum Siege verhalf. Und es ist kein Wunder, daß sich im Dienste ihrer Ich-Erhöhung das Dressat ausbildete: „Wenn die Menschen mich bedrücken, lasse ich alles stehen und liegen und laufe hinaus in den Wald."

Die Befolgung dieses Dressates hat sie im Verlauf der nächsten Jahre auch in den schwierigsten Situationen immer wieder zum Siege geführt. Als sie in der Schule versagte, kümmerte sie sich nicht mehr um die Bücher und noch weniger um die Lehrer, sondern ging singend hinaus in den Wald. Aus den Strafen machte sie sich noch weniger als aus den Niederlagen bei den verschiedenen Prüfungen, und siehe da, je weniger sie selbst die Niederlage empfand, um so mehr trug der Lehrer, der sie strafte oder prüfte, alle Zeichen einer Niederlage zur Schau. Sie sah, wie nacheinander der Vater, der Klassenlehrer, der Rektor, der Heimleiter, der Pfarrer, der Schularzt und sogar ein großstädtischer Professor über ihre Unbeeinflußbarkeit in Verzweiflung geriet. Und als sie nach ihrer Einsegnung in eine Dienststelle gebracht wurde, gelangte sie selbstverständlich mit Hilfe des gleichen Rezeptes zu der gleichen Überlegenheit. Man schickte sie als völlig unbrauchbar nach Hause, und sie konnte wieder leben wie eine Prinzessin.

Die Quintessenz ihrer kindlichen Erfahrungen lautete etwa: „Je weniger ich mir aus den Menschen mache, desto mehr machen sie sich aus mir. Und wenn man sich mit Ausdauer und Gründlichkeit gegen jede Beeinflussung sträubt, gelangt man schließlich dazu, daß die anderen Menschen einem den Willen tun.“ Aus dieser Einstellung ergab sich auch für die Probleme des Liebeslebens eine Lösung, die dem heranwachsenden Mädchen die Gefahr einer inneren Erschütterung ersparte und ihr statt dessen neue Wege zur Überlegenheit über ihre Mitmenschen öffnete. Sie trat allen jungen Männern mit derselben freundlichen und beinahe frechen Unbefangenheit entgegen, ließ sich aber innerlich auf keinerlei ernstliche Verbindung mit ihnen ein. Sie ging zum Tanzen, ließ sich Geschenke machen, tauschte Zärtlichkeiten und Scherze mit ihren zahlreichen Verehrern aus, fühlte aber keinerlei Unbehagen oder Kränkung, wenn eine andere ihr vorgezogen wurde, und war selber ebenso gern bereit, allein zu gehen wie sich begleiten zu lassen. Auf diese Weise reizte sie die jungen Leute außerordentlich stark, ohne jemals ein ernstliches Risiko auf sich zu nehmen. Ihr Bedürfnis nach Zärtlichkeiten war nicht sehr stark und ordnete sich unbedingt ihrem Geltungsbedürfnis unter, so daß auch hier (trotzdem man es bei diesem naiven Menschen anders erwartet hätte) von einem „Geschlechtstrieb“ nicht die Rede sein konnte. Und man sieht deutlich, daß ihre angebliche Charakterlosigkeit aus lauter starren Charakterzügen bestand.

Selbstverständlich kann man einen solchen Menschen weder durch Belehrungen noch durch Lohn und Strafe aus seiner Ichhaftigkeit herausmanöverieren. Hier kann nur die Ich-Katastrophe Abhilfe schaffen, und die Katastrophe mußte automatisch in dem Augenblick beginnen, in dem das lebenswidrige Ich-Ideal sich selbst widersprach.

Dieser Augenblick trat ein, als der Vater des jungen Mädchens starb. Es erwies sich nämlich, daß das elterliche Haus mitsamt dem Geschäft verkauft werden mußte und daß der Erlös kaum ausreichte, um die Schulden zu bezahlen. Die Kinder waren daher gezwungen, sich von nun ab selbst ihren Lebensunterhalt zu verdienen. Und Martha, die nichts anderes gelernt hatte, mußte sich wohl oder übel entschließen, eine Stellung als Dienstmädchen anzunehmen.

Sie ging nach Berlin. Aber man wird verstehen, daß es ihr auf ihren neuen Arbeitsstellen nicht besser erging, als es ihr einige Jahre vorher ergangen war. Ihr Charakter war noch genau derselbe, sie war durchaus nicht geneigt, ihr Prinzessinnenideal aufzugeben, und darum behielt man sie nirgends länger als eine oder zwei Wochen. Gerade als sie zum vierten Male die Stelle wechseln mußte, kam sie durch Zufall mit einer charakterologischen Beratungsstelle in Berührung. Und was kurze Zeit vorher noch völlig ausgeschlossen erschienen wäre, nämlich eine wirksame Charakteranalyse, fand nun einen ziemlich günstigen Boden. Ihr Selbstvertrauen war soweit erschüttert, daß gelegentlich schon das in der Tiefe verborgene Minderwertigkeitsgefühl hervorzubrechen drohte. Es gab Stunden, in denen sie gedankenlos vor sich hinstarrte, in denen sie von der Hoffnungslosigkeit ihres Lebens überzeugt war und (was ihr als das allerschlimmste erschien) in denen sie sich gedrängt fühlte, ihren Kummer anderen Menschen mitzuteilen.

Der erste Teil der Charakteranalyse verlief daher nahezu reibungslos. Sie war zwar zuerst sehr mißtrauisch gegen die sachliche Haltung des Therapeuten. Immer wieder vermutete sie, daß er sie herabsetzen, sie tadeln oder sich über sie lustig machen wollte. Da er ihr aber immer wieder nachweisen konnte, warum sie von ihrer fehlerhaften Grundeinstellung her diesen unbegründeten Verdacht notwendigerweise haben müßte, begriff sie allmählich, daß es jetzt nicht darauf ankam, sich gegen einen vermeintlichen Feind zu verteidigen, sondern ihre eigene ichhafte Brille abzunehmen und zu sehen, ob ihr Unglück nicht aus ihren eigenen Vorurteilen hervorgewachsen sein könnte. Nach der Überwindung dieser ersten Widerstände wurde ihr sehr bald klar, daß die fälschliche Gleichsetzung von Arbeit und Verantwortlichkeit mit Erniedrigung einerseits und von Nichtstun und Verantwortungslosigkeit mit Prinzessinnentum andererseits nur durch die bedrängten wirtschaftlichen Verhältnisse und irrigen Werturteile in ihrem Elternhause zustande gekommen war. Und sie begriff auch, daß sich diese Vorurteile nur zu so starren und verhängnisvollen Charakterzügen auswachsen konnten, weil sie sich zunächst im Kampfe des Kindes um seine Ich-Bewahrung als geeignete Waffen erwiesen. Sie sah sich also gezwungen, entweder auf ihr

Ziel, die Ichbewahrung, zu verzichten, oder aber, wenn sie an diesem Ziele festhalten wollte, weniger starre und weniger lebenswidrige Mittel zu suchen.

Dies Entweder-Oder stellt für den weiteren Verlauf des Klärungsprozesses keine günstige Voraussetzung dar. Solange dem Menschen noch die Möglichkeit bleibt, das ichhafte Ziel festzuhalten und seinem Leidenszustand durch eine geschicktere Wahl der Mittel ein Ende zu machen, wird er ausnahmslos den letzteren Weg einschlagen. Nur wenn die Alternative heißt: „Entweder die Ziele ändern oder elend zugrunde gehen", kommt eine wirkliche Klärung zustande. Im vorliegenden Falle hatte der Psychologe, vermutlich auf Grund seiner eigenen Ichhaftigkeit, der Ichhaftigkeit seiner Schutzbefohlenen eine Hintertür geöffnet, durch die sie leichten Kaufes der Krisis entrinnen konnte.

Es läßt sich nicht mehr nachweisen, worin im einzelnen der Fehler bestand und wie er hätte vermieden werden können. Sicher ist nur, daß der Ausgang der Analyse hätte besser sein müssen, wenn kein Kunstfehler vorgekommen wäre. Martha erklärte nämlich eines Tages, sie wisse nun, worauf es ankomme. Man müsse seine Vorurteile ablegen, müsse die Welt und die Menschen so sehen, wie sie sind, und müsse versuchen, zwar durch Arbeit, aber durch möglichst wenig Arbeit sich ein möglichst angenehmes Leben zu schaffen. Gegenüber diesem resoluten Zugreifen ihres neu (und zu früh) erwachten Mutes mußten alle Hinweise des Psychologen auf die Unerbittlichkeit des Lebens, die nur sachliche Wege gelingen läßt, völlig wirkungslos bleiben. Es war, als ob ein leeres, theoretisches Moralisieren gegen eine kraftvolle und verantwortungsbereite Lebendigkeit angehen wollte. Martha versicherte, daß sie bereit sei, die Folgen ihrer etwa noch bestehenden Fehler auf sich zu nehmen, daß sie aber das kümmerliche Leben eines Dienstmädchens satt habe und daß sie sich ein Geschäft gründen werde.

Einige Wochen später hatte sie mit einem wohlhabenden Industriellen Bekanntschaft geschlossen, eingestandenermaßen ohne jede Spur von Liebe und nur zum Zweck der Finanzierung ihres Geschäftes. Daß eine schöne Reise in die Alpen dabei zustande kam, faßte sie nur als angenehme und belanglose Nebenerscheinung auf, und daß sie schwanger war, als sie zurückkehrte, und daß sie sich das Kind nehmen lassen mußte, um ihr Ziel nicht zu verfehlen, erschien ihr wie ein unangenehmer, aber ebenfalls belangloser Nebenumstand. Bald darauf konnte sie einen kleinen, aber günstig gelegenen Konfitürenladen eröffnen. Und jetzt ist sie die Leiterin eines ziemlich großen Geschäftes. Sie ist arbeitsam, klug, und solange es sich um ihre kaufmännischen Interessen handelt, sogar gewissenhaft. Aber sie betrachtet nach wie vor alle Mitmenschen im Grunde als ihre unversöhnlichen Feinde, und sie wird auf diesem Standpunkt stehenbleiben, bis das Leben sie aufs neue in den Klärungsprozeß hineinzwingt.

32. Ein Liebesunfähiger

Bernhard D. ist ein Kunsthistoriker von 28 Jahren, der trotz seiner Jugend schon erhebliches Aufsehen bei seinen Fachgenossen erregt. Er besitzt ein überaus feines Einfühlungsvermögen für fremde Stile. Aber nicht nur den Kunstwerken der Vergangenheit und der Gegenwart, sondern auch den Menschen, die diese Kunstwerke schufen, steht er mit so viel Achtung und Verständnis gegenüber, daß er von seinen Freunden scherzhaft der „Beichtvater für Lebende und Tote“ genannt wird. Und in Übereinstimmung mit dieser Fähigkeit, die sich zunächst als reine Sensibilität darstellt, steht sein praktisches Verhalten im täglichen Leben. Er ist überaus hilfsbereit, aufopferungsfähig, zuverlässig und anspruchslos. „Die anima candida der Pariser Bohème“, „Der Berliner Jünger des Heiligen Franziskus“, „Das schlagende Herz in der Münchener Totenkammer“ – das sind die Ehrentitel, die man ihm an den Stätten seiner Wirksamkeit verliehen hat.

Es scheint ihm weder an Mut noch an Sachlichkeit zu fehlen. Indessen ist er körperlich liebesunfähig, wenn er seelisch zu lieben meint. Er ist nahezu impotent. – Dieser Tatbestand aber würde im Widerspruch stehen zu unserer Auffassung von der Einheitlichkeit des Charakters und bedarf deswegen einer besonders eingehenden Erörterung.

Seit drei Jahren lebt er mit einer Frau zusammen, die er vor wenigen Monaten geheiratet hat. Sie ist ein Jahr älter als er und schon seit längerer Zeit durch eine fast lückenlose Gemeinsamkeit der Interessen und der Weltanschauung mit ihm verbunden. Ihre Gemeinschaft wird immer unkörperlicher und nimmt an geistiger Intensität wenn möglich noch zu. Sie leben wie Bruder und Schwester, arbeitsam, sparsam und freundlich. Und sie würden mit ihrer Lage zufrieden sein, in der Meinung, daß alle ihre Liebeskraft vergeistigt wäre, wenn der Mann nicht anderen Frauen gegenüber ganz naive erotische Wünsche verspürte. Nicht sein Mangel an Potenz, sondern der Gegensatz zwischen der geringen sexuellen Spannung, die er der eigenen Frau gegenüber empfindet, und der weit stärkeren Spannung, die die fremden Frauen in ihm erregen, bringt ihn innerlich aus dem Gleichgewicht und veranlaßt ihn schließlich zur Charakteranalyse.

Die genaue Besprechung des Tatbestandes ergibt zunächst ein Bild, das der Freudschen Teilung zwischen Madonnen- und Dirnenliebe entspricht. Die Gattin ist für Bernhard D. die Madonna, der alle seine Verehrung, seine geistige Zuneigung und seine scheue Zärtlichkeit gehört. Die anderen Frauen, die erregend auf ihn wirken, sind derbe, sinnenfrohe Geschöpfe, denen gegenüber er sich keinerlei Zwang aufzuerlegen braucht. Ihnen gelten seine sexuellen Träume und, wie er meint, auch seine Potenz. Die beiden Frauentypen, oder besser, sein Verhältnis zu ihnen, charakterisiert er durch die Namen Botticelli und Rubens. „Mit einer Madonna von Botticelli", sagt er, „kann man unmöglich zu Bett gehen, und mit einer Bäuerin von Rubens kann man unmöglich etwas anderes tun als das." Als Ideal schwebt ihm die Vereinigung beider Typen vor, deren stilistische Absurdität ihn aber lachen macht.

Indessen stellt es sich bald heraus, daß die erotische Spannung zwischen ihm und den Rubens-Frauen nur auf Träume, Phantasien und einige recht zaghafte Annäherungsversuche beschränkt geblieben ist. Als Grund gibt er an, daß eine ernstliche Untreue gegen seine Gattin für ihn vollständig ausgeschlossen sei. Auch ein früheres, lange dauerndes Verhältnis zu einem anderen Mädchen sei monogam und nahezu platonisch verlaufen.

Man wird hier fragen müssen, ob in diesem Falle die scheinbare Treue nicht in Wirklichkeit ein Zeichen von Mutlosigkeit darstellt. In seinen Phantasien war dieser

„Jünger des Heiligen Franz“ jedenfalls weder monogam noch keusch. Sie verrieten vielmehr eine deutliche Neigung zu sadistischer Machtentfaltung. Denn einen besonderen Reiz übte die Vorstellung gefesselter oder geschlagener Frauen auf ihn aus. Und es hatte sogar den Anschein, als ob seine kunsthistorischen Studien zeitweise durch derartige Motive mitbestimmt wurden. Aber diese Feststellungen, die für Bernhard D. noch keinerlei Neuigkeiten enthielten, führten zunächst nicht weiter. Auch der Verdacht, daß seine angebliche Treue nur eine aus der Not gemachte Tugend sein könnte, ließ ihn noch unberührt. Die Stelle, wo die Widerstände sich zur Verteidigung der bedrohten Ichhaftigkeit erheben, war noch nicht erreicht.

Aber nun entstand eine zweite Frage. Sie lautete nicht (wie man es vom Standpunkt der Triebpsychologie aus erwarten könnte), wer denn letzten Endes als Ziel seiner Wünsche und als Objekt seiner Erotik gemeint sei; sondern sie lautete nonisch: Woran liegt es, daß seine erotischen Wünsche sich nicht seiner Gattin zuwenden? Und wir erfahren, teils aus seinen Träumen, teils aus seiner Selbstbeobachtung, das folgende:

Der Rubens-Frau, oder, um den Ausdruck Freuds zu gebrauchen, der Dirne gegenüber ist die freie Entfaltung der Sexualität und auch ihre Steigerung bis zum Orgasmus vorstellbar, weil man sich vor ihr nicht zu schämen braucht. Vor der Madonna schämt man sich, und darum wagt man nicht, sich ihr gegenüber „wie ein Tier“ zu benehmen. Der Dirne ist man auf jeden Fall überlegen. Aber der Madonna darf man sich nur in einer Haltung nähern, in der man sich auch ihr gegenüber sicher fühlt. Die körperliche Leidenschaft würde vor ihr als Schandmal erscheinen. Und warum? Weil Sinnlichkeit niedriger ist als Geistigkeit.

Es scheint, als ob das Kulturproblem der ganzen europäischen Geschichte sich hier aufrollen müßte. Was ist höher zu werten: Sinnlichkeit oder Geistigkeit, Freiheit oder Disziplin, Dionysos oder Apollo, Kain oder Abel, Griechentum oder Christentum? – Aber es zeigt sich, daß dieses kulturelle Wertproblem hier wie in den meisten anderen Fällen nur konstruiert wird, um das Problem der Ichhaftigkeit zu verdecken.

Man setze einmal statt Dirne und Madonna die Bezeichnungen ein, die die Beziehungen zur eigenen Machtposition des Mannes charakterisieren. Dann muß die Dirne, als die Unterlegene, die Sklavin heißen, während die Madonna, der gegenüber man noch etwas zu verlieren hat, und auf die man also Rücksicht nehmen muß, die Herrin zu nennen wäre. Und tatsächlich entspricht diese Einteilung der tendenziösen Apperzeption, die man bei fast allen entmutigten Männern antreffen kann.

Die erotische Lage stellt sich nun folgendermaßen dar: Mit der Sklavin könnte man etwas tun, was man sich mit der Herrin nie erlauben würde. Und was ist das? Es ist das Willfährigmachen, das Unterwerfen. Die Begattung wird, wenn auch in verschleierter und verfeinerter Form, als eine Erniedrigung des Weibes aufgefaßt. Und die Voraussetzung dazu ist, daß der Mann sich sicher fühle, daß er imstande sei, die Partnerin zu übermannen. So wird es verständlich, daß alles, was an Bedenken und Störungen der Liebeserlaubnis eines solchen Mannes im Wege steht, in der Vorstellung einer drohenden Niederlage mündet.

Hier erhebt sich für den Jünger des Heiligen Franz die überraschende Frage, ob er sich denn vor einer Demütigung fürchte. Und er bekennt: Ja, auf dem Gebiete der Erotik wäre ihm eine Niederlage unerträglich; und zwar ohne Rücksicht darauf, ob sie in einem Versagen seiner Potenz oder in der Unerregbarkeit der Frau bestünde. „Das erotische Erlebnis ist nur denkbar, wenn die Partnerin noch erregter, noch tierischer, noch sündhafter, noch mehr den Trieben hingegeben ist als man selber."

Freilich muß nun weiter gefragt werden, ob nicht etwa die gleiche Empfindlichkeit gegen Erniedrigungen auch auf anderen Gebieten besteht. Und so ist es in der Tat. Trotz der scheinbar so gelassenen Haltung zeigt sich bei genauerer Nachforschung, daß dieser Menschenfreund sich nur wohl fühlt, solange er anderen helfen kann. Der Gedanke, daß andere ihm helfen könnten, ist ihm unerträglich. Das Ideal des „Heiligen" entspricht hier also derjenigen inneren Verfassung, die am besten geeignet war, das überaus empfindliche Geltungsstreben zu verstecken. Das Dressat: „Ich habe keine Bedürfnisse" hatte den Sinn, daß er niemals Mangel leiden wollte. Das Dressat der Bescheidenheit bedeutete: Ich dränge mich nie vor, weil ich nie anspruchsvoll erscheinen will, und ich bitte nie um etwas, weil ich zu stolz bin zu bitten. Das Dressat der Hilfsbereitschaft verschaffte ihm den immer wiederholten Beweis seiner Überlegenheit über die Hilfsbedürftigen. Aber alle diese Ichhaftigkeit wäre ihm nie zum Bewußtsein gekommen, wenn nicht die erotische Unstimmigkeit verraten hätte, daß in der inneren Verfassung dieses Scheinheiligen etwas faul war. Auch hier zeigte sich, daß der Fehler nie auf diesem oder jenem Teilgebiet des Charakters liegt, daß niemals nur das eine oder das andere Dressat fehlerhaft ist, sondern daß stets die gesamte Struktur des Charakters den Fehler enthält und daß das Wesen dieses Fehlers in der Starrheit und sein Sinn in der Ichhaftigkeit beruht.

Auf Grund dieser Überlegung erwies sich sein Mangel an Potenz als der ehrliche und angemessene Ausdruck für die tatsächlichen Beziehungen zwischen ihm und seiner Frau. Er schätzte seine Partnerin entweder als Objekt, sofern er sich selbst als Subjekt fühlte (aber er war nicht imstande, sie ebenfalls als Subjekt gelten zu lassen). Das war seine Situation der Sklavin gegenüber. Oder aber er vermochte die Partnerin als Subjekt anzuerkennen, doch nur unter der Bedingung, daß er sich selbst zu ihrem Objekt erniedrigen konnte. Dann wurde die Partnerin zur Beziehungsperson, und er wurde zu einem subalternen Organ ihres Organismus. Das war die Lage, in der er sich jeder Madonna gegenüber befand. In beiden Fällen erwies er sich als liebesunfähig. Er vermochte die Verschmelzung zwischen Subjekt und Subjekt nicht zu erleben. Andererseits aber ließen sich seine Sexualorgane nicht, wie bei so vielen anderen Menschen, auf eine ichhafte Ausübung ihrer Funktion umfinalisieren. Und diese Ehrlichkeit seines Organismus, unter der er immer qualvoller litt, wurde ihm gerade wegen dieses Leidens zur Rettung. Denn es gab nun für ihn kein Zurück mehr. Er mußte sich entweder von der Frau trennen, die er nicht zu lieben vermochte, oder aber er mußte seine Ichhaftigkeit so weit abbauen, daß die infinalen Funktionen der Verschmelzung in ihm zur Entfaltung kommen konnten. Er befand sich in der Zange des Schicksals, aus der es kein Entrinnen mehr gab.

Die nächste Aufgabe bestand jetzt in der Erforschung der Entstehungsgeschichte seiner Ichhaftigkeit.

Er hatte seinen Vater früh verloren und war als einziger Knabe in einem Haushalt aufgewachsen, der sich aus seiner Mutter, zwei Tanten und einer Schwester zusammensetzte. Seine früheste Erinnerung war, daß er vor einer Tante davon lief, weil sie ihn küssen wollte. Ferner erinnerte er sich, daß er als Kind nie „danke" sagen konnte und daß er öfters, wenn er nicht brav war, in eine dunkle Kammer gesperrt wurde. Seine ganze Kindheit war erfüllt von einem verzweifelten, aber ihm selbst unbewußten Kampf gegen überlegene Frauen. Er durfte sich einerseits keiner von ihnen anvertrauen, weil er sonst verraten wurde. Jede echte Gefühlsäußerung, jeder Einfall und jede Entdeckung, die seine Entwicklung mit sich brachte, wurde als „drollig, originell und durch und durch herzig" in der Familie erzählt, und bestaunt und belacht. Andererseits aber konnte er ohne die Bewunderung dieser vielen Damen schon nicht mehr leben. Sein Gefühl von Unterlegenheit verlangte nach dem ständigen Ausgleich durch die Anerkennung derer, die ihm überlegen waren. Darum trat seine Ichhaftigkeit von Anfang an in der Gestalt auf, daß er sich als den bewunderungswürdigen Diener der Madonnen fühlte, der viel zu bescheiden war, als daß er jemals seine wahren Gefühle hätte zeigen mögen. Sein Ich-Ideal nahm frühzeitig die Form des christlichen Heiligen an, und die vorhin beschriebenen Dressate erwuchsen sinngemäß aus diesem Grundgedanken seiner inneren Verfassung. – Seinem Typus nach war er ein Heimchen mit starhaften Zügen.

Der uneingestandene Wahlspruch seines Lebens hieß: Ich will geliebt werden, aber ich will nicht lieben, denn wer liebt, muß leiden.

So kam es, daß er nicht nur liebesunfähig, sondern auch leidensunfähig und erlebnisunfähig blieb, bis das Problem seiner Mannhaftigkeit auftauchte und ihn ins Leiden, ins Erleben und in den Klärungsprozeß hineintrieb. Bis dahin aber war es ihm gelungen, Kind zu bleiben, während seine Frau an der Schwere ihres Schicksals reifte. Freilich hätte diese immer wachsende Dissonanz sie beide alsbald in die eheliche Krisis hineingeführt, wenn nicht seine Frau auf Grund ihrer eigenen Dressate und unbeschadet ihrer körperlichen und seelischen Entbehrungen gerade den kindlichen Mann nötig gehabt hätte. So aber erwies sich ihre Ehe als eine Scheingemeinschaft, die noch jahrelang in scheinbarem Glück hätte andauern können.

Inzwischen jedoch war schon die Einsicht erreicht, daß er in seiner Frau, auch wenn er sie als Madonna verehrte, nur scheinbar das menschliche Subjekt anerkannte. In Wahrheit war sie seine Beziehungsperson, oder wie wir in einem solchen Falle sagen, sein Regiersklave. Er ordnete sich ihr bescheiden und dienstbeflissen unter, so daß sie scheinbar Subjekt blieb. Sie mußte die Lasten des Subjektseins, die Verantwortlichkeit und den ehrlichen Einsatz der Gefühle auf sich nehmen, sie mußte regieren. Er aber in seiner scheinbaren Subalternität mied die Verantwortung und ging unberührt, unangetastet, unbeschmutzt und erlebnislos im Glanze seines Heiligenscheins durch das Leben, dessen seelischen Aufwand seine Frau zu tragen hatte. Sie sollte zwar regieren, aber er wollte der Souverän sein; er der König, sie die Kanzlerin; ihm die Krone, ihr die Plage. Sie: die von ihm mit der Regierung betraute Madonna – und er: Gott-Vater.

Sein Minderwertigkeitsgefühl hieß: „Ich bin den Frauen nicht gewachsen, ich bin kein Mann." Und daraus entsprang sein Geltungsbedürfnis: „Ich will sein wie Gott." Je heftiger ihn aber das Verlangen nach der Gottähnlichkeit erfüllte, um so sorgfältiger mußte er jeder Niederlage aus dem Wege gehen, um so weniger durfte er sich so niedrige Dinge wie Sehnsucht, Leidenschaft oder gar Sinnenfreude gestatten, um so weniger durfte er lieben, um so weniger durfte er Mann sein und um so heftiger mußte er nach der Gottähnlichkeit streben. Das war der Teufelskreis, der sich mit Notwendigkeit aus seinen Dressaten ergab und der ihn nicht mehr zur Ruhe kommen ließ.

An dieser Einsicht zerbrach sein Ich-Ideal. Denn es ließ sich nicht mehr verheimlichen, daß er auf Grund seines bisherigen Ideals genau das Gegenteil dieses Ideals erreicht hatte. Er strebte bald mehr, bald weniger bewußt nach dem Ideal der Heiligkeit oder Vollkommenheit und sah nun, daß er in die denkbar ärgste Unheiligkeit und Unvollkommenheit, nämlich in die Selbstvergottung hineingeraten war. Er mußte sich eingestehen, daß er, ohne es zu wissen, von jeher nicht sich in den Dienst des Heiligen, sondern das Heilige in den Dienst seines Ich gestellt hatte. Sein eigentliches Ziel war die Ich-Erhöhung gewesen. Und weiter mußte er sich eingestehen, daß er zwar die denkbar raffiniertesten Mittel zur Erreichung dieses Zieles angewandt hatte, daß aber das Ergebnis aller Bemühungen nicht die Erhöhung, sondern die Erniedrigung seines Ich gewesen war. Und vor allem mußte er eingestehen, daß er litt.

Darin aber lag für ihn eine gewaltige Annäherung an die Wirklichkeit. Seit etwa 20 Jahren brach zum ersten Mal ein Erlebnis über ihn herein: das Leiden am eigenen Ich. Und schon war er nicht mehr der Alte. Denn mit der Leidensfähigkeit begann eine unaufhaltsame Revolution seiner inneren Verfassung. Die völlige Abdankung seines Ich schien nur noch eine Frage der Zeit zu sein, die Dressate hielten nicht mehr stand, neue, ihm ungewohnte Verhaltungsweisen machten sich bemerkbar, er kannte sich selbst nicht mehr, und die Angst vor dem Neuen, die Angst vor dem Einsturz der bisherigen Ordnung, die Angst vor dem Wahnsinn brach aus seinem inneren Chaos hervor.

In dieser Not und dieser Verwirrung wandte er sich betend an Gott. Er betete um Klarheit, Männlichkeit und Liebesfähigkeit, und zwar so inbrünstig und ehrlich, daß er eines Tages sagen konnte: wenn sein bisheriges Leben weiter nichts hervorgebracht hätte als nur diese wenigen Stunden tiefer Frömmigkeit, so hätte es sich schon gelohnt. Bald aber geriet er in noch größere Verwirrung, weil auch sein ernstlichstes Beten völlig unerhört blieb. Der Sturm seiner inneren Entwicklung nahm, wenn möglich, noch zu, und weder Mannhaftigkeit noch Klarheit noch Liebesfähigkeit trat ein. Die fortschreitende Charakteranalyse aber ergab, daß all sein Beten noch im Dienste der Ichhaftigkeit gestanden hatte.

Er wehrte sich verzweifelt gegen diese Feststellung; eine Unsumme von heftigsten Widerständen erhob sich; er behauptete, für das Letzte und Edelste, das ihm noch blieb, für seinen Glauben zu kämpfen – und kämpfte doch noch für sein Ich. Schließlich aber mußte er einsehen, daß jeder,

der um Beseitigung seiner Leiden bittet, noch ichhaft bittet. Nicht mehr leiden bedeutet ichhaft bleiben, darum steht ein solches Gebet im Dienste des Rückzuges und nicht im Dienste eines vordrängenden Lebens. Es ist eine in die Maske der Frömmigkeit gekleidete List des Ich, aber es ist kein Gebet. Denn es verlangt von Gott, daß Gott den Betenden von sich fern halte. So bittet ein Kind den Arzt, daß er ein Geschwür nicht aufschneide, weil der Schnitt zu weh tut. Der Arzt wird dem Kinde die Bitte nicht verübeln, aber erfüllen wird er sie nicht. Denn er weiß recht gut, daß das Kind ihn sonst für alle Qualen, die das nicht aufgeschnittene Geschwür verursacht, verantwortlich machen wird. Falls er das Geschwür aufschneidet, wird das Kind sagen: „Ich habe dich so gebeten, mir keine Schmerzen zu machen, und du tust mir sehr weh, also hast du mich nicht lieb.“ Und falls er das Geschwür nicht aufschneidet, wird das Kind sagen: „Ich habe dich so gebeten, mir keine Schmerzen zu machen, und nun sind meine Schmerzen größer denn je, also bist du ein schlechter Arzt.“

Solange das Kind ichhaft ist, bittet es um Erlassung der Schmerzen, sobald es aber sachlich wird, bittet es ohne Rücksicht auf die Schmerzen um die Beseitigung der Ursache, aus der die Schmerzen entstehen. Und diese Bitte wird ihm der Arzt erfüllen. Auf unseren Fall angewandt heißt das: Solange Bernhard D. um etwas bat, was sein Leiden verringern sollte, bat er ichhaft. Erst wenn er ohne Rücksicht auf die Vergrößerung oder Verringerung seines Leidens um die Beseitigung des Übels bat, aus dem alles Leid entsprang, nämlich um die Beseitigung der Ichhaftigkeit, war er sachlich eingestellt.

Es konnte kein Zweifel mehr bestehen. Bernhard D. hatte Gott zu seinem Regiersklaven machen wollen, genau wie er vorher seine Frau und noch früher seine Mutter zu Regiersklaven gemacht hatte.

„Aber ich kann ohne Gott nicht leben." – „Davon ist nicht die Rede. Aber bisher haben Sie wahrscheinlich ohne Gott gelebt, da Sie sich selbst zum Gott und Gott zum Sklaven machen wollten." – „Sie haben mir meine Religion zerstört!" – „Wenn sie zerstörbar war, war sie nicht echt." – „Was soll ich nun tun? Wie soll ich nun weiterleben? Ich habe keinen Grund mehr unter den Füßen." – „Sehen Sie Ihre Lage ruhig an und tun Sie, was Sie für richtig halten." – „Sie haben mir alle Sicherheit und alle Ruhe genommen! Nun helfen Sie mir weiter! Sonst tragen Sie die Verantwortung!" – „Jetzt machen Sie mich zum Regiersklaven. Aber wenn Sie noch genauer hinsehen, sehen Sie, daß auch das noch ein Selbstbetrug ist. In Wirklichkeit sind Sie auf sich allein angewiesen, und alle diese Versuche, sich an andere anzuklammern, machen es nur immer schlimmer." – „Ich schäme mich, daß ich mich so haltlos vor Ihnen zeige. Ich schäme mich auch, daß ich vorhin das von der Zerstörung meiner Religion gesagt habe." – „Aber die Gelassenheit des Heiligen war auch nur eine Maske. Seien Sie froh, daß Sie sie nicht mehr haben." – „Alles ist verrückt, Sie und ich und Gott und Teufel, alles ist verrückt. Jetzt gehe ich nach Hause, es ist mir einerlei, was daraus wird."

Er ging. Die Krisis hatte ihren Höhepunkt erreicht. Die Flucht hinter die Beziehungspersonen war ihm unmöglich geworden. Weder die Mutter, noch die Gattin, noch den Psychologen, noch Gott konnte er in Zukunft verantwortlich machen. In dieser völlig neuen Lage gab es theoretisch drei Möglichkeiten. Er konnte sich das Leben nehmen, er konnte krank werden, oder das Leben konnte zum Durchbruch kommen. Die Bedingungen aber, von denen es abhing, ob das eine oder das andere eintrat, waren wissenschaftlich nicht mehr berechenbar.

Am nächsten Tage erschien er ruhig und freundlich zur vereinbarten Stunde. Er erzählte ungefähr folgendes (das Protokoll ist am nächsten Tage aus der Erinnerung niedergeschrieben. Es ist also nicht in den sprachlichen Ausdrücken, sondern nur dem Sinne nach wahrheitsgetreu): „Ich habe jetzt begriffen, welchen Sinn die Hölle hat. Die Hölle ist das große Heilmittel, sie ist sozusagen die große Klinik Gottes für die schwereren Fälle. Dort geschieht nämlich gerade das, was man am allerwenigsten vertragen kann, und man lernt, was man am wenigsten versteht. Man wächst an den Stellen, an denen man zu klein geblieben ist. Und das dauert so lange, bis man das Versäumte nachgeholt hat. Aber man holt wirklich alles nach.

Ich habe jetzt erlebt, was es heißt, keine Maske mehr zu tragen. Ganz offen sein, ohne alles Getue, ohne alle Dekoration, ohne alle Rücksicht auf den Eindruck, den man macht, und auch ohne Rücksicht auf den Eindruck, den man auf sich selber macht, einfach durchleben, was das Leben bringt – das ist, wenn man es wagen soll, so furchtbar, daß man tausendmal lieber sterben möchte –, und wenn man es tut, ist es so einfach, daß man denkt, man habe es von jeher getan.

Ich habe die Hölle kennengelernt, und ich ahne etwas von Gott.

Ich weiß jetzt auch, was die mittelalterlichen Maler mit

ihren Bildern von Höllenstrafen gemeint haben. Das sind keine sadistischen Phantasien, sondern es sind wahrheitsgetreue Darstellungen der ersten Stufe des Erlösungsweges. So ein ungerechter Richter oder ein Wollüstling oder ein Geizhals, der sein Leben lang gelogen hat, der seine Angst und seine Erbärmlichkeit vor sich und vor den anderen versteckt hat, der 30 Jahre lang den Glücklichen und Erfolgreichen spielen mußte, sogar vor seiner eigenen Frau – stellen Sie sich diese Unsumme von uneingestandener Verquältheit vor! –, der kommt nun in die Hölle, die Holbein gemalt hat. Und die schwarzen Teufel fallen mit den Messern über ihn her und zerfleischen ihn von allen Seiten. Da hört alles Versteckspielen auf. Die schönen Kleider fallen ab. Nackt liegt er da und brüllt. Er kann und will und braucht seine Qualen nicht mehr zu verbergen. Er darf schreien, aus vollem Halse, so daß jeder weiß, wie es um ihn bestellt ist. Was muß das für eine Seligkeit sein, wenn man zum erstenmal in seinem Leben rückhaltlos zeigen darf, wie es einem ergeht!

Und rund herum die anderen erleben genau das gleiche, dieselbe Befreiung in derselben Qual, dasselbe Verschwinden aller Maskerade, alles Selbstbetruges und aller Illusion. Sie alle, genau wie man selbst, hatten längst schon überall und immer die Teufel hinter sich, die sie zerfleischten, nur durfte man es nicht eingestehen, weil man noch immer den Eindruck machen mußte, als ob man auf Erden im Himmel sei. Darum ist unsere Erde, als die uneingestandene Hölle, eine doppelte Hölle. Und wenn man in die richtige, ehrliche Hölle gerät, ist man schon halb im Himmel.“ –

Zwischen dem vorigen und diesem Gespräche hatte sich

in ihm die Einsicht durchgesetzt, daß jeder Mensch ein autonomes Subjekt ist, daß jeder allein ist, wenn es gilt, das Schicksal zu tragen, und daß niemand die Verantwortung oder gar die Folgen seiner Taten auf andere abzuwälzen vermag. Diese Einsicht bedeutet das endgültige Loslassen der Beziehungspersonen und somit den Verzicht auf die (ichhaft mißbrauchten) Reste des Urwir. Es ist ein überaus schmerzhafter Riß, gleichsam das Zerschneiden einer seelischen Nabelschnur, und darum zunächst das Erlebnis der äußersten Verlassenheit und der äußersten Schwäche. Gleichzeitig aber ist es das Erlebnis der ungeschminkten Wahrhaftigkeit, ein Verzicht auf die letzten Ausflüchte und Umwege, deren man sich bisher noch bedient hat. Es ist der erste Zusammenstoß Stirn an Stirn mit der unverschleierten und ungefärbten Wirklichkeit, und es ist eine Annäherung an die Wahrheit, die frei macht.

Die Einsicht, daß man, um ehrlich sein zu können, zunächst einsam sein muß, und das Eingeständnis, daß man an dieser Einsamkeit leidet, und die Bejahung des gegebenen Tatbestandes einschließlich der Liebesunfähigkeit, diese drei Schritte waren gleichzeitig zustande gekommen. Das Minderwertigkeitsgefühl war verschwunden, denn wer mitten im Schicksal steht, braucht nicht mehr zu fürchten, daß er kein Mann sei. Und das Geltungsbedürfnis, das Streben nach dem Ideal des Heiligen, war ebenfalls verschwunden, denn wer sich der Wirklichkeit nähert, der vergißt die Ideale und fängt an, sich mit dem Alltag auseinanderzusetzen. Die Ichhaftigkeit nahm ab, die Sachlichkeit nahm zu, der Mut wuchs, und die Dressate verloren ihre Kraft.

Die nächsten Wochen brachten zwei bedeutsame Charakteränderungen für Bernhard D. Seine größere Sachlichkeit ermöglichte es ihm zum ersten Male, seine Partnerin zu sehen, wie sie war. Er begriff nun endlich, daß sie keine Madonna war, sondern ein leidender Mensch, der sein schweres Schicksal mühsam schleppte. Und er begriff, daß man ihr nicht helfen konnte, indem man sie „behandelte". Er erlebte ihr Subjektsein. Und das zweite Neue, das in sein Leben trat, war die Entdeckung, daß es keine Schande ist, Gefühle zu haben. Er, der Kunsthistoriker, bemerkte jetzt, daß er bisher nur Gefühle aus zweiter Hand, nur den Niederschlag oder die Darstellung von Gefühlen, aber nicht die Gefühle selbst erlebt hatte. Nun lernte er die Sehnsucht kennen und die Traurigkeit und, als Schwerstes und Letztes, auch die Freude. Er begriff, daß es nicht unmännlich ist, sich dem Gefühl zu überlassen, sondern daß es unmännlich ist, den Gefühlen aus dem Wege zu gehen.

Es zeigte sich, daß nur, wer autonom ist, auch bündnisfähig ist, oder, was dasselbe sagt, daß nur, wer selbst Subjekt ist, auch den anderen als Subjekt anerkennen kann, und daß nur, wo zwei gegenseitig anerkannte Subjekte sich begegnen, das überpersönliche Subjekt, das Wir, in Wirksamkeit tritt. Aber es dauerte noch mehrere Monate, bis zwischen Bernhard D. und seiner Gattin die reine Subjektität so weit hervorgetreten war, daß sie nicht mehr der Versuchung erlagen, sich gegenseitig zum Objekt zu machen. In dem gleichen Maße aber, in dem ihnen dies gelang, wuchs ihre innere Verbundenheit und ihre gemeinsame Freiheit.

Das Symptom jedoch, das den Ausgangspunkt des

Klärungsprozesses gebildet hatte, verschwand erst nach und nach im Laufe von zwei Jahren. Immer wieder zeigte sich, daß die Aufgabe der Bejahung des gegebenen Tatbestandes, und damit der Verzicht auf den Gesundheitsanspruch, und damit die Beendigung der Anklagen gegen das Schicksal, noch nicht vollständig gelungen war. Und immer wieder erwuchsen aus dieser Verzögerung neue Leiden, neue Belastungsproben und neue Schritte auf dem Wege zur Klärung. Schließlich aber war auch dieses Symptom verschwunden. Die körperlichen Organe brachten ehrlich zum Ausdruck, was erlebt wurde: die Verschmelzung der beiden Subjekte. Und doch dauerte der Klärungsprozeß noch fort. Denn je feinfühliger Mann und Frau wurden, um so schmerzlicher empfanden sie die leisen Dissonanzen, die aus den Resten ihrer beiderseitigen Ichhaftigkeit entstanden, und um so unerbittlicher sahen sie sich gezwungen, sich um die Überwindung ihrer Ichhaftigkeit zu bemühen. Der Weg vom größeren zum kleineren Irrtum erwies sich als der Weg von der kleineren zur größeren Liebe.

Schlußwort

Es unterliegt keinem Zweifel, daß die nonische Charakterkunde den wissenschaftlich eingestellten Menschen zunächst unbefriedigt lassen muß, da sie sich weigert, positive Aussagen über ihren letzten und eigentlichen Gegenstand zu machen, nämlich über den Menschen als den lebendigen Träger seines Charakters. Das eigentlich wirksame Prinzip, das allen Charaktereigenschaften und allen Charakteränderungen zugrunde liegt (und das hier als „Leben" bezeichnet wird), bleibt völlig im Dunkeln, so daß der Wissenschaftler von den besprochenen Vorgängen nach ihrer Besprechung vielleicht kaum mehr weiß, als er vorher von ihnen gewußt hat.

Der religiöse Mensch aber wird ebenso unbefriedigt bleiben, wenn auch aus dem entgegengesetzten Grunde. Er wird die Lösung der irdischen Rätsel, die ihm aus seinem eigenen Erleben vertraut ist, zwar in den nonischen Darlegungen immer wieder anklingen fühlen, aber er wird ihre unzweideutige Benennung schmerzlich vermissen. Weder auf den Heilsplan noch auf den Erlöser ist nach seiner Meinung an der gebührenden Stelle mit der gebührenden Betonung hingewiesen. Und darum wird er, der Positive, sich mit einem Standpunkte nicht einverstanden erklären, von dem aus alle Urteile notwendigerweise mit den Worten „non est..." anfangen müssen.

Aber Nonik bedeutet die reinliche Scheidung dessen, was begrifflich eben noch erfaßt werden kann, von dem, was aller gedanklichen Formulierung spottet. Nonik ist auf wissenschaftlichem Gebiete die bescheidene und unverbrüchliche Innehaltung der Grenzen, die die Erkenntniskritik der empirischen Forschung aufzeigt: sie ist die

Aussparung des Subjektes. Und auf religiösem Gebiete ist sie die unbedingte Befolgung des zweiten Gebotes: die sorgfältige Trennung zwischen Charakterkunde und Theologie sowie zwischen Charakteranalyse und seelsorgerisch angewandter Dogmatik.

Die praktische Arbeit wird dem nonischen Verfahren allenthalben rechtgeben. Denn nur auf diese Weise kann der Psychologe vor den Fehlern einer vitalistischen oder materialistischen Vergottung seiner selbst oder (was ebenso schlimm ist) Vergottung der Natur bewahrt werden. Und nur auf diese Weise kann der Geistliche gegen den üblichen theologischen Kurzschluß (nämlich gegen die Übertretung des zweiten Gebotes) und gegen die Mißerfolge, die daraus zu entstehen pflegen, sichergestellt werden. Ja, man kann sagen, daß von jeher nur derjenige in der praktischen Arbeit Erfolg gehabt hat, der diese beiden Fehler zu vermeiden wußte und der doch von beiden nicht weit entfernt war, weil sich in ihm der Sinn für das reinliche Denken des Wissenschaftlers verband mit der unbedingt vertrauensvollen Seelenhaltung des religiösen Menschen. Wer aber so eingestellt ist, und nur wer so eingestellt ist, wird sich auch theoretisch mit der nonischen Charakterkunde befreunden, und nur ihm wird sie sich als brauchbar erweisen.

Literaturverzeichnis

(Die Zahlen in Klammern *hinter den Eigenamen* geben die Seiten dieses Buches an, auf denen der betreffende Autor erwähnt ist.)

1. *Huch, Ricarda:* (19) Entpersönlichung. Leipzig 1922. Insel-Verlag.

2. *Jung, C. G.:* (19) Das Unbewußte im normalen und kranken Seelenleben. Zürich, Leipzig, Stuttgart und Wien. Verlag Rascher & Cie.

3. *Kretschmer, Ernst:* (57) Körperbau und Charakter. Berlin 1931. Verlag Julius Springer.

4. *Künkel, Hans:* (19, 142, 203) Schicksal und Willensfreiheit. Jena 1926. Verlag Eugen Diederichs.

   –, Die Sonnenbahn. Jena 1926. Verlag Eugen Diederichs.

   –, Das Gesetz deines Lebens. Jena 1932. Verlag Eugen Diederichs.

5. *Lenz, Fritz:* (57) Menschliche Erblichkeitslehre und Rassenhygiene. München 1931. Verlag J. F. Lehmann.

6. *Rickert, Heinrich:* (224) Naturwissenschaft und Kulturwissenschaft. Tübingen 1926. Verlag J. C. B. Mohr.

7. *Selchow, Bogislaw von:* (19) Der Glaube in der deutschen Ich-Zeit. Verlag K. F. Köhler, Leipzig.

8. *Spranger, Eduard:* (206) Psychologie des Jugendalters. 7. Auflage. Leipzig 1926. Verlag Quelle & Meyer.